Raimund Schulz, Uwe Walter
Griechische Geschichte ca. 800–322 v. Chr.

Grundriss der Geschichte

Herausgegeben von Hans Beck, Karl-Joachim Hölkeskamp, Achim Landwehr, Steffen Patzold und Benedikt Stuchtey

Band 50/1

Raimund Schulz, Uwe Walter

Griechische Geschichte ca. 800–322 v. Chr

Band 1: Darstellung

DE GRUYTER
OLDENBOURG

ISBN 978-3-486-58831-6
e-ISBN (PDF) 978-3-486-84880-9
e-ISBN (EPUB) 978-3-11-039745-1

Library of Congress Control Number: 2021949012

Bibliografische Information der Deutschen Nationalbibliothek
Die Deutsche Nationalbibliothek verzeichnet diese Publikation in der Deutschen Nationalbibliografie; detaillierte bibliografische Daten sind im Internet über http://dnb.dnb.de abrufbar.

© 2022 Walter de Gruyter GmbH, Berlin/Boston
Satz: bsix information exchange GmbH, Braunschweig
Druck und Bindung: CPI books GmbH, Leck

www.degruyter.com

MIX
Papier aus verantwortungsvollen Quellen
FSC www.fsc.org FSC® C083411

Vorwort der Herausgeber

Die Reihe *Oldenbourg Grundriss der Geschichte* dient seit 1978 als wichtiges Mittel der Orientierung, sowohl für Studierende wie für Lehrende. Sie löst seither ein, was ihr Titel verspricht: ein Grundriss zu sein, also einen Plan zur Verfügung zu stellen, der aus der Vogelschau Einsichten gewährt, die aus anderen Perspektiven schwerlich zu gewinnen wären.

Seit ihren Anfängen ist die Reihe bei ihren wesentlichen Anliegen geblieben. In einer bewährten Dreiteilung wollen ihre Bände in einem ersten Teil einen Überblick über den jeweiligen historischen Gegenstand geben. Ein zweiter Teil wird bestimmt durch einen ausgiebigen Forschungsüberblick, der nicht nur den Studierenden in einem historischen Forschungsgebiet eine Übersicht über gegenwärtige wie vergangene thematische Schwerpunkte und vor allem Debatten gibt. Denn angesichts der Komplexität, Internationalität sowie der zeitlichen Tiefe, die für solche Diskussionen kennzeichnend sind, stellt es auch für Wissenschaftler eine zunehmende Herausforderung dar, über die wesentlichen Bereiche einer Forschungsdebatte informiert zu bleiben. Hier leistet die Reihe eine wesentliche Hilfestellung – und hier lässt sich auch das Merkmal identifizieren, das sie von anderen Publikationsvorhaben dieser Art deutlich abhebt. Eine umfangreiche Bibliographie rundet als dritter Teil die jeweiligen Bände ab.

Im Laufe ihrer eigenen Historie hat der *Oldenbourg Grundriss der Geschichte* auf die Veränderungen in geschichtswissenschaftlichen Diskussionen und im Geschichtsstudium reagiert. Die Reihe hat sich nach und nach neue Themenfelder erschlossen. Es geht nicht mehr ausschließlich darum, in der griechisch-römischen Antike zu beginnen, um das europäische Mittelalter zu durchschreiten und schließlich in der Neuzeit als unserer erweiterten Gegenwart anzukommen. Dieser Gang durch die Chronologie der deutschen und europäischen Geschichte ist für die Orientierung im historischen Geschehen weiterhin grundlegend; er wird aber zunehmend erweitert durch Bände zu nicht europäischen Themen und zu thematischen Schwerpunkten. Die Reihe dokumentiert damit die inhaltlichen Veränderungen, die sich in den Geschichtswissenschaften international beständig vollziehen.

https://doi.org/9783486848809-200

Mit diesen Inhalten wendet sich die Reihe einerseits an Studierende, die sich die Komplexität eines Themenfeldes nicht nur inhaltlich, sondern auch forschungsgeschichtlich erschließen wollen. Andererseits sollen Lehrende in ihrem Anliegen unterstützt werden, Themengebiete in Vorlesungen und Seminaren vermitteln zu können. Im Mittelpunkt steht aber immer der Versuch zu zeigen, wie Geschichte in ihren Ereignissen und Strukturen durch Wissenschaft gemacht wird und damit selbst historisch gewachsen ist.

Hans Beck
Karl-Joachim Hölkeskamp
Achim Landwehr
Steffen Patzold
Benedikt Stuchtey

Vorwort

Die letzte, bibliographisch ergänzte Auflage des Vorgängerbandes in dieser Reihe, verfasst von Wolfgang Schuller († 2020), erschien 2008, Konzeption und erste Fassung liegen jedoch mehr als vierzig Jahre zurück. In diesem langen Zeitraum haben sich die Rahmenbedingungen für den „Oldenbourg Grundriss“ doppelt verändert: Es gibt inzwischen eine nicht geringe Zahl von einbändigen Überblicken, außerdem gediegene Bücher zu den Hauptepochen der Griechischen Geschichte in den europäischen Hauptsprachen. Gleichzeitig sieht das Geschichtsstudium durch den sogenannten Bologna-Prozess heute anders aus als vor einer Generation. Orientierungswissen für Anfänger soll nunmehr vielfach durch stark elementarisierte Kompaktlehrbücher vermittelt werden, während fortgeschrittene Studenten punktuell an historischen Problemen arbeiten. Der forschungs- und problemorientierte Epochenüberblick, mit dem breiter angelegte Seminare sowie das Abschlussexamen fundiert vorbereitet werden könnten, hat auch insofern an Bedeutung verloren, als ‚Bildung‘ gegenüber Kreditpunkten ins Hintertreffen geraten ist und vielerorts am Ende des Studiums gar keine große Prüfung mehr steht. Die Bände der Reihe „Oldenbourg Grundriss der Geschichte“ (OGG) haben es daher heute schwerer als 1980, als sie wie Landregen auf einem trockenen Feld begrüßt wurden.

Dennoch sind Verlag und Verfasser überzeugt, dass die Reihe mit ihrem Konzept wertvoller denn je ist und eine Lücke füllt. Denn es fehlt ein Buch, welches das aktuelle Bild der Griechischen Geschichte von ca. 800/750 bis Alexander explizit an seine gedanklichen Voraussetzungen zurückbindet sowie pointiert den Stand der Forschung zu den wichtigsten Themen transparent macht. Nur so kann Geschichte als Problem erkannt werden und die Arbeit an den Quellen einen stabilen Rahmen erhalten. Eine solche reflektierte und kritische Orientierung soll auch Lesern dienen, die ihr Studium schon hinter sich haben, etwa Lehrern und Wissenschaftlern, die andere Epochen oder Disziplinen beackern, sowie allgemein Interessierten.

Anders als Wolfgang Schuller sind wir in der sowohl komfortablen wie delikaten Lage, bestimmte systematische Sachgebiete wie Religion, Wirtschaft, Haus und Familie sowie Geschlechterbe-

https://doi.org/9783486848809-201

ziehungen teilweise ausklammern zu können beziehungsweise zu müssen, weil dafür inzwischen in der parallelen „Enzyklopädie der griechisch-römischen Antike“ (EGRA) Synthesen und Forschungsüberblicke auf relativ aktuellem Stand vorliegen. Das entlastet, birgt aber auch die Gefahr, diese Sektoren in ihrer Bedeutung für die im vorliegenden Band behandelten Gegenstände zu vernachlässigen. So haben wir uns bemüht, einige unentbehrlich erscheinende Faktoren und Phänomene, etwa den Oikos oder den Krieg, zu integrieren, und verweisen ansonsten auf die EGRA-Bände. Für das Themenfeld „Konstruierte Identitäten: Mythen, Vergangenheitsfiktionen, Barbaren, Hellenen“ erschien es wenig sinnvoll, die verschiedenen, nur ganz exemplarisch anzuführenden Phänomene in beiden Teilen des Buches zu behandeln; das entsprechende Kapitel 2.7 im Forschungsteil bietet aber auch die nötige sachliche Auskunft.

Der Umfang des Manuskriptes erforderte es, das Werk zu teilen, wobei Band 1 den Darstellungsteil, die chronologische Übersicht, die Karten, ein Glossar mit Erklärungen wichtiger Begriffe sowie ein eigenes Register enthält. Dieser Band kann auch für sich als eine knappe, moderne Geschichte des antiken Griechenland vor Alexander gelesen werden. Band 2 umfasst den Forschungsteil sowie die Bibliographie. Querverweise mit arabischen Ziffern beziehen sich auf den jeweils gleichen Band, solche mit I oder II auf den jeweils anderen.

Alle antiken Jahreszahlen sind „v. Chr.“ zu verstehen, wenn nicht anders ausgewiesen oder evident (z. B. 1918). Aus ästhetischen und stilistischen Gründen verwenden wir das grammatikalisch korrekte generische Maskulinum. Im Text genannte Literatur ist durch die beigefügte Dezimalnummerierung leicht in der Bibliographie aufzusuchen. Fehlt die Angabe, so findet sich der Titel im gleichnamigen Unterkapitel der Bibliographie. Wenn wir überwiegend neuere und neueste Literatur nennen, so bedeutet das mitnichten, dass wir ältere Arbeiten für überholt und nicht mehr konsultierenswert hielten – es gibt auch auf dem Gebiet der Griechischen Geschichte junggebliebene Klassiker in erklecklicher Zahl! Nicht selten führen wir einen von ihnen an, auch solche aus dem 19. Jahrhundert, müssen aber zumal für die ‚mittelalte‘ Literatur auf die am Ende ca. 1900 Titel umfassende Zusammenstellung bei Schuller verweisen, der in dieser Hinsicht nützlich bleibt und überdies leicht zugänglich ist.

Wir danken dem Herausgeber Hans Beck sowie allen Kolleginnen, Kollegen und Freunden, mit denen wir bei unterschiedlichen Gelegenheiten Probleme der Griechischen Geschichte diskutieren konnten und die uns durch ihre Hinweise und Kritik weitergeholfen haben. Der Verlag hat es ermöglicht, das Werk ohne Kürzungen in zwei Bänden vorzulegen.

Bielefeld, im August 2021
Raimund Schulz / Uwe Walter

Inhaltsverzeichnis

Band 1

Band 2

I Darstellung

1 Griechische Geschichte: gedankliche und reale Voraussetzungen

1.1 Traditionen und neue Ausrichtungen

Die Geschichte der „alten Griechen“ war für fast zweihundert Jahre eine durch die Höhere Schule vermittelte Selbstverständlichkeit, so wie die der Römer. Diese Vertrautheit überdeckte einen wesentlichen Unterschied: Römer selbst haben den Gang der Ereignisse „seit Gründung der Stadt“ in verschiedenen Formaten immer wieder aufgezeichnet; „Römische Geschichte“ konnte damit bereits in der Antike als traditioneller und halbwegs fixer Gegenstand gelten. Bei den Griechen verhielt es sich anders. Zwar gab es ein durch Sprache und kulturelle Praktiken formiertes Bewusstsein, Hellene zu sein; strittig ist unter den Gelehrten nur, wie alt und wie ausgeprägt dieses Bewusstsein war. Aber niemand kam in der Antike auf die Idee, eine Gesamtgeschichte der Hellenen zu schreiben. Werke mit dem Titel „Helleniká“ behandelten meist nur die jüngste Vergangenheit und nie den gesamten Siedlungsraum der Griechen. Historiographie nahm, von der späten Universalgeschichte (Diodor) abgesehen, große Ereigniszusammenhänge – wie die Perserkriege bei Herodot und den Peloponnesischen Krieg bei Thukydides – oder einzelne Städte, Regionen oder prägende Gestalten zum Gegenstand. Erst im Gefolge des von Johann Joachim Winckelmann (1717–1768) in ganz Europa befeuerten ästhetischen Interesses an den antiken Griechen, zumal an der Entwicklung ihrer Ausdrucksformen des Schönen und Vorbildlichen, kam das Bedürfnis auf, nun auch die Geschichte ‚der Griechen‘ zu schreiben. Das Stichwort dafür fanden Winckelmann sowie die Philhellenen mit und nach ihm in der Freiheit. „Was sie taten und litten“, so formulierte Jacob Burckhardt (1818–1897) das Alleinstellungsmerkmal [1.2.1: Griechische Kulturgeschichte 1, 12], „das taten und litten sie *frei* und anders als alle frühern Völker.“

Keine antike Geschichte ‚der Griechen‘

Drang zur Synthese

Die vielfältigen Bemühungen um die alten Griechen (so die von den Römern geprägte Fremdbezeichnung: *Graeci*) oder Hellenen (so die Selbstbezeichnung) drängten ab etwa 1800 immer wieder zu einem Gesamtbild, das einerseits konsistent zu sein hat-

https://doi.org/10.1515/9783486848809-001

te – man sollte den Gegenstand jederzeit als mit sich selbst identisch erkennen können –, das andererseits aber auch im Modus der Erzählung eine Entfaltung oder Entwicklung präsentieren beziehungsweise sich wie ein lebender Organismus darstellen sollte. Den Drang zur Synthese bedingte auch der sich verfestigende Rang der Geschichtswissenschaft in der bürgerlichen Welt: Man hatte immer wieder Rechenschaft zu geben über das Gesamtbild und – in historistischer Weiterentwicklung – über den Gesamtverlauf. Die „Altertümer" enzyklopädisch zusammenzustellen, wie es seit der Renaissance betrieben wurde, galt nun als überholt (oder geringerwertig), und für eine systematische Rekonstruktion fehlten angesichts der Vielfalt der Phänomene und der ungleichmäßigen Überlieferung die sachlichen Voraussetzungen. Außerdem existierten im antiken Hellas viele Zentren, anders als im Fall von Rom. So wurde die Großerzählung in Form der entwicklungsgeschichtlich angelegten Gesamtdarstellung auf der Basis der literarischen Quellen zum Maß der Dinge, während sich die Forschung ausdifferenzierte, spezialisierte und mit ‚unordentlichen' Überresten wie den Inschriften oder den materiellen Funden und Befunden umzugehen lernte.

Die Griechische Geschichte als ausgearbeiteter Entwurf ist also wesentlich jünger als ihre römische Schwester. Maßgebliche Definitionsarbeit leisteten zunächst Autoren auf den Britischen Inseln unter dem Einfluss der Schottischen Aufklärung. Breit angelegt und auf politische Entwicklungen ausgerichtet, hoben sie sich von der antiquarischen Tradition ab und scheuten gegenwartsbezogene Analogien und Wertungen nicht. Ihren Höhepunkt fand diese Richtung in George Grote (1794–1871), einem gelehrten Bankier und Parlamentarier, dessen zwölfbändige „History of Greece" (1846–1856) den Gegenstand „Griechische Geschichte" definierte und die Debatten lange bestimmte. Wenn das Zeitalter der griechischen Stadtstaaten (Poleis) von etwa 750 bis 338 und in ihm die Geschichte der athenischen Demokratie bis heute besondere Aufmerksamkeit genießen, so ist dies zum Teil Grotes Wirken zu verdanken. Autoren wie er hatten dabei mit anspruchsvollen Problemen zu kämpfen. Es ging unter anderem darum, zwischen bloß erzählten Mythen und tatsächlicher Geschichte zu unterscheiden, wo die Quellen dies nicht taten, ferner generell über die bloße Wiedergabe der antiken Historiker hinauszukommen sowie fragmentarische Erzählungen und Überlieferungsinseln in ein

George Grote

größeres Ganzes zu integrieren. Der Impuls, solche Probleme anzugehen, hatte zu einem guten Teil politische Gründe. Im Vordergrund standen bei den Engländern die Grundfragen der Gestaltung von Monarchie und Demokratie, von Regierung und Repräsentation.

Politische Zeitgenossenschaft

Dieser politische Akzent haftete dem Interesse am Gegenstand auch weiterhin an: Der Blick auf die Griechische Geschichte wurde oft durch zeitbedingte Positionsbestimmungen und Auseinandersetzungen gelenkt, angefangen bei der geistigen Identifikation („Wir sind alle Griechen!") und der Idealisierung Athens (viel seltener Spartas) über das Studium der Polis und ihres angeblichen Scheiterns bis hin zu den Urteilen über die Athenische Demokratie, die Sklaverei, den athenischen oder spartanischen Imperialismus sowie die makedonisch-griechische Monarchie seit Alexander dem Großen (356–323). In diesem Rahmen bildete die mehrbändige „Griechische Geschichte" die maßgebliche Form, in der das Quellenmaterial kritisch behandelt wurde und zeitgenössische politische Themen in die Perspektive einflossen. Das galt zumindest für Deutschland und England, während in Frankreich ein systematischer, auf Felder wie Familie und Religion konzentrierter Ansatz dominierte, für den etwa Numa D. Fustel de Coulanges (1830–1889) steht. Es bestand also bei den Gelehrten wie im Publikum das Bedürfnis, den Sinn im Ganzen zu suchen und in der Erzählung plausibel gemacht zu finden. Die „Griechische Geschichte" als Werktitel wurde zum Rückgrat des neukonstituierten Fachgebiets; dabei gaben zwei Generationen lang deutsche Wissenschaftler den Ton an. Zu nennen sind hier vor allem die großen Mehrbänder von Georg Busolt (1850–1920), Karl-Julius Beloch (1854–1929) und Eduard Meyer (1855–1930), die einen ausgeprägten historischen Realismus pflegten. Dieser schlug sich in einer markanten Fixierung auf Staat und Macht nieder; auch wirtschaftliche Interessen und Entwicklungen sowie geistige Tendenzen spielten eine wichtige Rolle. Ernstgenommen wurde eine Synthese nur, sofern sie auf einem empirischen Fundament aus durchgearbeiteten Quellen sowie solider Detailforschung ruhte.

Die großen Drei um 1900

Hauptepochen

Bei einem so deutlich ‚erzeugten' Gegenstand ergab sich für die Gesamtschau die zentrale Frage, wie eigentlich die Geschichte der antiken Hellenen nach Zeit und Raum abzugrenzen sei. Den gedanklichen Kern des bis heute verbreiteten Dreiepochenschemas bildet die klassizistisch-neuhumanistische Konzeption einer vorbildhaften und unübertroffenen Phase der geistig-kulturellen Entwicklung von Aischylos bis Aristoteles oder von Phidias bis Praxiteles, die sog. Klassik. Sie konnte sich auf antike Tatbestände und Wertungen berufen, die bereits im 4. Jahrhundert, dann verstärkt in der römischen Kaiserzeit entwickelt wurden und bei Autoren wie Pausanias und Plutarch deutlich zu sehen sind. Die davor gelagerte, gern als „Archaik" oder „Archaische Zeit" (800–500 oder 479) angesprochene Epoche zu untersuchen, ergab sich in historisch-genetischer Sicht aus der Frage nach den Voraussetzungen der griechischen Einzigartigkeit und ‚Ursprünglichkeit'. Die in diese frühere Zeit fallenden homerischen Epen warfen zudem das Problem des Anfangs in einiger Schärfe auf. Damit verknüpft war das bis heute diskutierte Problem, wie weit man diese Epoche des „noch nicht" rückwärts ausziehen wollte: Begann Hellas im Kern mit einer ‚Renaissance' im 8. Jahrhundert, oder gehören die bronzezeitlichen Kulturen des 2. Jahrtausends integral dazu? – Die Jahrhunderte *nach* dem klassischen Höhepunkt, eingeläutet durch die Herrschaft Alexanders des Großen (reg. 338–323), wurden lange Zeit als Niedergang und Verlust an Freiheit und Schöpferkraft betrachtet, bis Johann Gustav Droysen (1808–1884) einen anderen Horizont eröffnete. Erst durch eine Universalisierung im „Hellenismus" erhielten die Griechen, die im Kontext der Alten Welt insgesamt eine doch nur kleine, späte, begrenzte und randständige Rolle spielten, die große Chance, losgelöst von höchst kontingenten und partikularen Voraussetzungen gleich mehrfach ‚aufgehoben' zu werden, nämlich als kulturbestimmender Faktor für die römische Welt, im Christentum und – wie aktuell verstärkt herausgestellt wird – auch im frühen Islam.

Klassik

Archaik

Hellenismus

Geographische Abgrenzung

Welche Regionen der mehr als tausend Einheiten umfassenden Welt der Hellenen in Forschung und Unterricht unter dem Dach „Griechische Geschichte" zu behandeln seien, war im Zeitalter der exakt definierten Nationalstaaten eine wichtige Frage und hing wiederum stark von Setzungen und Konventionen ab. Den Raum abzugrenzen erwies sich als schwierig, da die geistige Landkarte seit dem frühen 19. Jahrhundert vom modernen Staat Griechenland geprägt wurde. Kleinasien gehörte noch dazu, denn dort siedelten bis 1923 viele Griechen, aber schon die „Westgriechen" in Sizilien und Süditalien („Großgriechenland") wurden vielfach als gesonderte Größe betrachtet, deren Geschicke sich nur phasenweise mit denen im Kernland und in Kleinasien kreuzten. Wegen der Gründung zahlreicher griechisch geprägter Städte in Gebieten des ‚Orients' wurde die Abgrenzung für die Zeit seit Alexander noch schwieriger. Der Widerstreit zwischen inklusiven und exklusiven Griechenlandmodellen existiert schon seit der römischen Kaiserzeit.

Grundfigurationen

Äußerlich suchte man den Zusammenhang der griechischen Geschichte, wie skizziert, in der Gesamtdarstellung evident zu machen. Gedanklich strukturierend wirkten dabei bestimmte Grundfigurationen, in denen man sowohl die Einheit wie die Individualität der Entwicklung des antiken Hellas aufsuchte. Da war zum einen die maßgeblich von Karl Otfried Müller (1797–1840) aufgebrachte, in der Romantik wurzelnde Idee, die griechischen Stämme, vor allem die Dorer und die Ioner, als formative Kräfte anzusprechen. Dieser Ansatz folgte dem Bedürfnis, das Wesen im Anfang zu erkennen und zu einer ganzheitlichen Betrachtung vorzustoßen, die Abstammung, Sitte, Religion, Landschaft, Mythos und Geschichte als Facetten von jeweils einheitlichen und letztlich überhistorischen Lebensformen zusammenfügt. Allerdings erwies sich eine solche Perspektive auch als anfällig für Mystifizierungen, wie die zweibändige, 1931/1933 vorgelegte „Griechische Geschichte" von Helmut Berve (1896–1979) zeigt. Daneben stand die zumal in Deutschland gepflegte Idee der Einheit einer griechischen Kulturnation, die wegen einer Art von Daseinsverfehlung niemals zur politischen Nation gefunden habe, wenn man nicht ihre Überwältigung durch Makedonien seit 350 in diesem Sinne verstehen wollte. In jüngerer Zeit wurde die Suche nach übergreifenden Strukturen in anderer Form wieder aufgegriffen: in den Forschungen zur griechischen Ethnogenese und Identitätsbildung, damit verbunden auch zur Verbreitung griechischer Lebensformen im Zuge der ‚Großen Kolonisation', sowie in den Versuchen, übergreifende Formen von Staatlichkeit zu etablieren. Dieser Blick konzentrierte sich zum einen auf die recht kurzlebigen hegemonialen Machtbildungen (Athen, Sparta, Theben), zum anderen auf die Ansätze zu einem Territorialstaat (Syrakus) sowie drittens auf die neuartigen Bundesstaaten seit etwa 400.

Vielfalt vor Einheit

In jüngerer Zeit richtete sich das Augenmerk vermehrt auf Vielfalt und Differenzen. Dabei wurde zunächst die griechische Staatenwelt „jenseits von Athen und Sparta" (H.-J. Gehrke) stärker beachtet und hat das „Copenhagen Polis Centre" im Geiste des Aristoteles alle erreichbaren Daten zu jeder politischen Einheit gesammelt und klassifiziert. Aktuelle Bestrebungen gehen dahin, die Lebenswirklichkeiten im lokalen Kontext umfassend und interdisziplinär zu rekonstruieren. Ein anderer Trend weist in die Richtung, die antiken Griechen ihrer lange gängigen Zuschreibungen zu entkleiden: Sie seien nicht einzigartig gewesen, sie stellten keine mit Begriffen wie ‚Volk' oder ‚Identität' zu fassende, wesenhafte historische Größe dar und sie dürften nicht isoliert von den sie umgebenden Akteuren studiert werden. Vielmehr müsse man sich auf ihre Interaktionen und Netzwerke, ihre Mobilität und – so ein neues Zauberwort – Konnektivität konzentrieren und die zahlreichen Hybridformen ihrer Existenz hervorheben. Letzteres ist freilich wiederum ohne eingehende Lokalstudien nicht zu machen.

De-Isolierung

Postkoloniale Dekonstruktion

Noch radikalere Revisionen fordert der sog. Postkolonialismus im Bunde mit einem extremen erkenntnistheoretischen Konstruktivismus: Die Geschichte der antiken Griechen sei zur Gänze ein Machwerk des imperialen Westens; sie rühme das Vorbild des Mannes als Alleinherrscher in seinem Haus sowie (als Bürger) im Staat, dränge Frauen, Unfreie und Fremde an den Rand, empfehle Expansion und kulturelle Dominanz als Vorbild (etwa in der sog. Großen Kolonisation) und phantasiere für die Tyrannei der westlichen, ‚rationalen' Wissens- und Werteordnung eine Vorgeschichte herbei, die von der Ionischen Naturphilosophie über Platon bis Aristoteles reiche und die ebenfalls in der griechischen Antike ausgebildete Diskursform der Rhetorik einschließe. In dieser vor allem in der englischsprachigen Welt verbreiteten, auf der Rezeption bestimmter französischer Meisterdenker beruhenden Richtung stellt böse ‚Macht' eine zentrale Kategorie dar und wird die Grenzlinie zwischen Realhistorie und Literatur zugunsten eines allmächtigen Diskurses – ‚Was tun Menschen mit Worten? Was machen Worte mit Menschen?' – verwischt beziehungsweise gleich ganz zur Fiktion erklärt. ‚Griechische Geschichte' ist in dieser Lesart nicht länger ein sinnvoller Gegenstand des Fragens und Erkennens.

Die antiken Griechen: eine aufregend moderne Angelegenheit!

Solche Extrempositionen wurden allerdings bislang nur polemisch-programmatisch vorgetragen und nicht durch eine überzeugende neue Darstellung untermauert. Dagegen halten wir als die Autoren des vorliegenden Grundrisses im Einklang mit der höchst lebendigen Forschung in mehreren Disziplinen die Griechische Geschichte von ca. 800 bis 322 für einen überaus zeitgemäßen, ja zukunftsweisenden Gegenstand: Mit enormer Kreativität haben die Griechen ‚ihre' Welt gestaltet, sich dabei sehr unterschiedlichen und auch fluiden Herausforderungen, wie sie die natürlichen und die machtpolitischen Umwelten ihnen bereiteten, energisch gestellt und zugleich ein markantes eigenes Profil entwickelt. Sehr bald war in der antiken Welt jedem klar, wer ‚die Griechen' waren, was sie ausmachte und was ihnen eine besondere Stellung gab. Vielfalt, Gestaltungsfreude, Anpassungsfähigkeit und ein Ausgreifen nach allen Richtungen – diese Merkmale (und andere), die das vorliegende Buch konzeptionell prägen, machen die antiken Griechen gerade in unserer Zeit aufregend aktuell.

1.2 Die Menschen in ihren Lebensumwelten

Autoren älterer Darstellungen haben in allgemeinen Betrachtungen zu Beginn ihrer Werke gern die Landesnatur Griechenlands, also Klima, Topographie, landwirtschaftliche Nutzung, Nähe zum Meer und andere Faktoren als maßgebliche Gründe für die Eigenarten der Hellenen und ihrer historischen Entwicklung ausgeflaggt. So habe die Zerklüftung des Landes in zahlreiche Siedlungskammern maßgeblich dazu beigetragen, dass die Griechen auch politisch in kleinräumigen Einheiten lebten und ausgeprägte lokale Identitäten pflegten. Die dichte Inselwelt der Ägäis, in der fast überall der Blick benachbarte Eilande oder Festland findet, habe die Griechen geradezu aufs Meer gezogen und die Balkanhalbinsel früh mit den Küsten Kleinasiens verbunden. Tatsächlich sorgen zahlreiche Buchten und Landvorsprünge sowie Meer- und Landengen dafür, dass Griechenland (in den Grenzen des modernen Staates) mit gut 131 000 km^2 Fläche eine Küstenlinie hat, die mit ca. 15 000 Kilometern viel länger ist als die des mehr als doppelt so großen Italien (301 000 km^2, 8 700 Kilometer Küste). Eine ökologische Einbettung von Geschichte und Lebensformen erscheint daher unabweisbar, doch bereits E. Curtius warnte vor einer allzu kausal-deterministischen Sicht: Die Geschichte eines Volkes sei „nicht als ein Produkt der natürlichen Beschaffenheit seiner Wohnsitze zu betrachten". Andererseits erkenne man leicht, dass so eigentümlich ausgeprägte Bodenformen, wie sie die griechische Halbinsel und den Ägäisraum kennzeichneten, „der Entwicklung der Menschengeschichte eine besondere Rich-

Historische Ökologie

tung zu geben im Stande sind" [1.2.1: Griechische Geschichte 1, 11]. Werden, wie es in der Forschung längst üblich ist, Kontexte, Pfadabhängigkeiten und Wechselbeziehungen rekonstruiert, sind zwei generelle, miteinander korrespondierende Einsichten zu beachten. Zum einen beeinflusste die „Umwelt" ganz unzweifelhaft die Entscheidungen und Selbstorganisationen von Menschen und sozialen Verbänden, mit denen diese ein möglichst gutes Leben zu gewinnen suchten. In diesem Sinne lässt sich auch bei den Griechen immer wieder ein Wechselspiel von Ansässigkeit und Mobilität beobachten, denn zusätzliche Ressourcen konnte man sich – außer durch Raub und Krieg – in erster Linie jenseits des angestammten Lebensumfeldes verschaffen, durch Ansiedlung, Handel oder Dienst im ‚Ausland'.

Zum anderen aber waren Menschen seit frühester Zeit gestaltend tätig und vermochten im Laufe der Generationen ganze Landschaften zu formen. Dazu dienten handfeste Maßnahmen wie Rodung, Terrassierung von Hanglagen, um ebene Anbauflächen zu gewinnen, sowie die Errichtung von Feldmauern gegen die Bodenerosion, außerdem Brunnen- und Wegebau, mitunter auch Ent- und Bewässerungen. So warfen, um ein bekanntes Beispiel zu nennen, Olivenbäume erst nach langer Zeit sorgfältiger Hege Ertrag ab, doch waren sie einmal etabliert, vermochten sie wie in Attika eine regionale Wirtschaft zu prägen und zogen markante Folgeeffekte nach sich (Keramikproduktion; Seehandel).

Infrastruktur

Am Kopaïs-See in Nordboiotien gewann man bereits im 2. Jahrtausend durch einen Entwässerungskanal und Eindeichungen Ackerland und regelte den Wasserhaushalt durch unterirdische Zu- und Abflüsse beziehungsweise Reservoire (sog. Katavothren). Im Laufe des 6. Jahrhunderts wurde in Samos, Athen und Megara die bestehende Wasserversorgung mit Quellen, Brunnen und Zisternen durch unterirdische Leitungen ergänzt; für das 5. und 4. Jahrhundert sind solche Anlagen auch für Aigina, Korinth, Akragas und Syrakus bekannt. Die Hafenmole von Samos, ein Stück maritime Infrastruktur, zählte der Geschichtsschreiber Herodot (3,60,3) neben einem Tempel und einer unterirdischen Wasserleitung zu den großartigsten Bauten der Griechen.

Umweltschäden

Die Historische Ökologie im engeren Sinn befasst sich ferner mit Umweltschäden, etwa durch Bodenerosion in entwaldeten Hanglagen oder durch Bergbau, dessen Spuren noch heute etwa im Laureiongebiet in Südattika an den Schlacken aus der Silber-

und Bleiverhüttung sichtbar sind. Allerdings ist in der Forschung umstritten, ob das heutige, generell waldarme Landschaftsbild des Mittelmeerraumes, auch in Griechenland, sowie die Verkarstung vieler bergiger Regionen bereits auf antike Eingriffe zurückzuführen oder ein Produkt erst der Neuzeit sind. Unzweifelhaft wurde schon in der Antike viel Holz für die Herstellung von Holzkohle verbraucht, die im Haus sowie in der Keramikherstellung und Metallverarbeitung die wichtigste Energiequelle war. Eine vieldiskutierte Stelle bei Platon behauptet eine erhebliche Verschlechterung der Qualität des Bodens in Attika, wo „nur das Knochengerüst übrigblieb“, nachdem „alle fette und weiche Erde abgeschwemmt“ worden sei (Kritias 111c), doch ist diese Schilderung erkennbar in eine Niedergangserzählung eingeflochten, und vegetationsarchäologische Befunde zeichnen für das 6. bis 4. Jahrhundert ein anderes Bild. Örtlich konnten ökologische Veränderungen, ob von Menschen gemacht oder nicht, durchaus erhebliche Konsequenzen haben und sogar dazu zwingen, einen Siedlungsplatz aufzugeben; so wurde ein Meerbusen bei der kleinasiatischen Stadt Myus durch Verlandung zu einem Süßwassersee, und die Bewohner verließen im 2. Jahrhundert ihre Stadt wegen der nunmehr grassierenden Mückenplage, um sich anderswo anzusiedeln (Paus. 7,2,10 f.). Die Verlandung von Flussmündungen durch mitgeführte Sedimente, generell die Veränderung von Küstenlinien durch Anschwemmungen und Hebungen des Meeresbodens waren übrigens verbreitet; wer heute von den Thermopylen aufs Meer blickt, versteht nicht, wie sich diese Stelle für eine Sperrstellung eignen konnte, da die Küste inzwischen einige Kilometer weiter östlich verläuft als im 5. Jahrhundert.

Veränderte Küstenlinien

In jedem Fall wird man regional zu differenzieren haben; die in der Historischen Ökologie zeitweise gängige Rede vom Mittelmeerraum als Einheit wird inzwischen als eher problematisch angesehen. Das gilt auch für Klima und Wetter. Zwar stellte sich in der Antike das mediterrane Klima an den Küsten und in den Ebenen des Binnenlandes generell subtropisch dar, gekennzeichnet durch den Wechsel zwischen einem heißen und trockenen Sommer (Mai bis Oktober) sowie einem milden, windigen und feuchten Winter (November bis April), in dem der Regen oft sehr ungleichmäßig und in Gestalt von kurzen, aber heftigen Güssen fiel. Mit Blick auf die Vegetation und damit die Rhythmen bäuerlichen Lebens ist es sinnvoll, nicht von Jahreszeiten zu sprechen, son-

Klima und Wetter

dern eine Dreiteilung vorzunehmen in Blüte- und Reifeperiode (März bis Juni), Trockenzeit (Juni bis Oktober, zugleich die Kernzeit für militärische Aktivitäten) und Regenzeit (November bis März). Jedoch zerfiel Griechenland mit seinen höchst unterschiedlichen Landschaftsprofilen hydrologisch überdies in zahlreiche Kleinregionen mit je eigenen Mikroklimata. So fallen auf Kerkyra (Korfu) westlich des Lindos-Gebirges pro Jahr im Schnitt 1300 Liter Niederschlag, in Larissa an der Ostseite hingegen nur 520. Auch die Position eines Ortes auf der Nord-Süd-Achse sowie die Höhenlage spielten eine große Rolle; es gebe, so noch einmal E. Curtius, auf der Erde „keine Gegend, wo die verschiedenen Zonen des Klimas und der Pflanzenwelt sich in so rascher Folge begegnen". Die Vielfalt in den Lebensformen der Natur und ihren Produkten sei es maßgeblich gewesen, „welche das Gemüth der Menschen anregen, ihre Betriebsamkeit erwecken und den austauschenden Verkehr unter ihnen in's Leben rufen musste" [1.2.1: Griechische Geschichte 1, 4 f.].

Die regionalen Variationen gegenüber dem mediterranen Basisklima legten es in der Tat nahe, die landwirtschaftliche Ausrichtung den je besonderen Verhältnissen anzupassen und sich in Nischen einzurichten. So gedieh im regenarmen Attika Gerste weit besser als Weizen; dieser wurde stattdessen über See aus der Schwarzmeerregion und Ägypten importiert und mit den Überschüssen aus Öl- und Weinanbau bezahlt, der rings um die Akropolis florierte und dort nicht von winterlichem Frost bedroht war, wie er in Nordgriechenland noch heute nicht selten vorkommt; überhaupt wiesen die Bergregionen zumal des Nordens ein eher kontinentales Klima auf. Hinzu kamen – anders als in der äquatorialen Zone – schließlich erhebliche jahrweise Schwankungen des Witterungsverlaufs (Temperatur, Niederschläge). Bereits Aristoteles hat dies am Beispiel der Regenmengen klar benannt (Meteorologie 2,4, 360b4–13): Es gebe bald regenreiche, feuchte Jahre, bald windige und trockene; manchmal träten Trockenheit und Regengüsse gehäuft und über ganze Landstriche hin auf, manchmal beträfen sie nur Teilgebiete. „Oft ist es ja so: eine ganze Landschaft rundum empfängt den jahreszeitlich zu erwartenden Regen oder auch mehr, jedoch in einer einzelnen Gegend von ihr herrscht Dürre; während ein andermal die Landschaft im ganzen nur knapp mit Feuchtigkeit versorgt wird oder sogar unter Dürre leidet, in einem Teil dagegen überreichlich Regen fällt." Örtliche

Nischen und Schwankungen der Witterung

Teuerungskrisen und zeitweise Mangelernährung fehlten angesichts solcher Bedingungen nicht, sofern nicht wie in Athen seit dem späteren 6. Jahrhundert durch Getreideimporte für größere Stabilität gesorgt werden konnte. Auch Kriegshandlungen verursachten einschlägige Schäden, wie sie für den Peloponnesischen Krieg bezeugt sind (Thuk. 2,19,2; 3,26,3). Der summarische Satz „Sie verwüsteten das Land" ist in der antiken Geschichtsschreibung sehr oft zu lesen – was sich dahinter verbarg, kann allzu oft nur erahnt werden. Infolge der geologischen Situation waren (und sind) im gesamten Ostmittelmeerraum ferner Erdbeben nicht selten. Entsprechende seismische Ereignisse sind vielfach im archäologischen Befund greifbar, doch Beben mit größeren Zerstörungen haben auch die literarische Überlieferung erreicht. Erhebliche historische Folgen zeitigte ein großes Erdbeben Mitte der 460er-Jahre in Sparta, das zahlreiche Opfer besonders in der Jugend forderte und den anschließenden Helotenaufstand zu einer schweren Belastungsprobe für die herrschenden Spartiaten machte (s. u. 3.4). 373 versank die Stadt Helike an der Küste Achaias durch ein nächtliches Erdbeben und einen anschließenden Tsunami im Meer.

Krisen und Katastrophen

Bei der Ernährung gab es ebenfalls eine Grundstruktur, die sogenannte mediterrane Trias aus Getreide, Wein und Olivenöl. Deren Kombination sowie die Zukost aus anderen Produkten konnten sich allerdings sehr unterschiedlich darstellen, je nach Jahreszeit, Region und sozialer Stellung des Konsumenten. Die Wohlhabenden hatten mehr Möglichkeiten, den Speisezettel durch Obst und Gemüse, Fisch und importierte Gewürze zu bereichern und dabei sogar medizinische Vorgaben für eine gesunde Diät zu beachten, wie sie etwa Diokles von Karystos (4. Jahrhundert) oder später Dioskurides formulierten. Fleisch kam unregelmäßig auf den Tisch, durch die Verteilung von Opfertieren, aber auch durch Jagd, die – anders als im Mittelalter – auch Menschen jenseits der Oberschicht offenstand. Hinzu traten Milchprodukte und Honig. Generell waren fast alle Tiere lebend bedeutend ertragreicher und damit wertvoller, als wenn sie verzehrt wurden.

Ernährung

Zu den Gestaltungen der Umwelt durch den Menschen zählt ferner die geistige und spirituelle Aneignung, indem die Landschaft mit ‚Sinn' aufgeladen wurde: mit Ursprungs-, Gründungs- und Eroberungserzählungen, mit Gottheiten und ihren heiligen Örtlichkeiten. Die kultivierte Umwelt stellte in diesem Sinne auch

Landschaft als Wissensraum

einen sozialen Wissensraum dar. Eine besonders eng empfundene Verbindung zwischen Land und Bewohnern manifestierte sich vielerorts in der Autochthonie: der in mythischen Erzählungen codierten Behauptung, ‚schon immer' dort ansässig gewesen zu sein, die für so verschiedene Verbände wie die der Athener, Boioter und Arkader belegt ist. Angesichts der in vielen Regionen sehr kleinräumigen und durch die erwähnten Mikroklimata verschiedenartigen Verhältnisse kam ferner dem großen Schatz an handfest-praktischem Wissen eine schlechthin lebenserhaltende Bedeutung zu: Welche Feldfrüchte in welchen Lagen ertragreich angebaut werden können, wann die richtige Zeit für bestimmte Arbeiten war, welche Gottheiten dabei auf welche Weise anzurufen seien, wo und wie sich Überschüsse gut vermarkten ließen, auf welche Nachbarn man sich verlassen konnte – all dies war Teil eines zutiefst lokal geprägten Wissens. Bereits in der späten Bronzezeit unterschied man, wie Linear B-Täfelchen aus Pylos (s. u. 2.1) dokumentieren, unterschiedliche Güteklassen von Land, und die Griechen legten eine erstaunliche Kreativität an den Tag, selbst unwirtliche Gebirgsregionen zu nutzen und dort etwa Ziegen zu halten. Verbreitet war die sogenannte Transhumanz, also die Praxis, größere Herden (zumal Schafe) von Hirten durch jahreszeitlich verschieden ergiebige Weidegründe führen zu lassen. Die Landesnatur legte jedenfalls möglichst gut angepasste, im großen Bild dann äußerst diverse, eben lokale Antworten der Individuen und sozialen Verbände nahe. Lokales Wissen konnte bisweilen sogar in der ‚großen Geschichte' eine Rolle spielen; so verriet Herodot zufolge (7,213,1) im Jahr 480 ein Ortskundiger den Persern einen Schleichweg, um die bei den Thermopylen verschanzten Griechen zu umgehen.

Der soziopolitische Rahmen

Im Sinne einer möglichst umfassenden Sicht auf die Verhältnisse darf schließlich auch dies nicht aus dem Blick geraten: Nirgendwo interagierten Menschen einzeln mit der Umwelt, sondern sie taten das in ihren sozialen und politischen Verbänden, die nicht nur die beispielhaft erwähnten, aufwendigen Infrastrukturleistungen ermöglichten, sondern auch sonst erheblich auf alle Formen von Ansässigkeit wie von Mobilität einwirkten. Das begann schon mit den sozialen Regeln zur bäuerlichen Nachbarschaftshilfe, wie sie aus Hesiods Lehrgedicht „Werke und Tage" (7. Jahrhundert) zu entnehmen sind. Bevölkerungsverdichtung und -verteilung, Besiedlungsstrukturen in der Fläche – mit befestigten Kernen, Dörfern und Einzelgehöften – sowie die Verteilung des Bodeneigentums, die Regeln agrarischer Praxis und die Organisation der Arbeit waren teils Voraussetzung, mehr noch aber Produkt der Entwicklung und spezifischen Gestalt der politischen Verbände seit dem 8. Jahrhundert (s. Kap. 2.5). Hinzu traten kollektiv gewährleistete Institutionen, die wirtschaftlicher Tätigkeit einen Rahmen gaben und Risiken verminderten, darunter die Rechtsordnung oder Vertragsinstrumente. Sie bildeten Ressourcen von Ansässigkeit. Doch auch der vielerorts vollzogene Schritt aufs Meer wäre ohne bestimmte soziale Konstellationen und (später) politische Institutionen und Entscheidungen sowie ein entsprechendes Wissen nicht möglich gewesen (s. Kap. 2.4).

Methoden der Landschaftserschließung

Wie sich die Griechen an die Gegebenheiten anpassten oder ihre Umwelt auch eingreifend gestalteten, hat die Forschung der letzten Jahrzehnte in erster Linie durch großflächige Landschaftsbegehungen mit der Aufnahme aller an der Oberfläche erkennbaren Reste von Siedlung und Nutzung erhellen können. Solche sogenannten Surveys haben es ermöglicht, von Lakonien und Messenien, der Argolis und Boiotien, ferner von einer Insel wie Melos oder dem Territorium (*chôra*) der Stadt Milet, aber auch von lange Zeit wenig erkundeten Regionen wie Akarnanien im westlichen Griechenland oder Lykien in Kleinasien ein teilweise ganz neues, sehr viel genaueres und reichhaltigeres Bild zu zeichnen, und dies über einen sehr langen Zeitraum seit der frühen Eisenzeit. In mehreren Regionen hat sich zumindest für die Klassische Zeit (5./4. Jahrhundert) eine dichtere Besiedlung und intensivere Nutzung als zuvor angenommen als wahrscheinlich herausgestellt; daraus ergibt sich, dass die Bevölkerungszahlen tendenziell wohl etwas höher als die lange gängigen Ansätze eingeschätzt werden können. Auch hat sich herausgestellt, dass häufig die Bauern längerfristig oder gar dauerhaft auf dem Land lebten und nicht wie zuvor meist vermutet aus der Stadt täglich zu ihren Feldern ‚pendelten'. Ergänzt wird das Methodentableau seit einiger Zeit durch naturwissenschaftlich-technische Verfahren; so erlaubt das Bodenradar, Strukturen von Siedlung und landwirtschaftlicher Nutzung großflächig zu kartieren, während sich aufwendige Grabungen dann auf komplexe und besonders interessante Fundorte konzentrieren können.

In jedem Fall hat das Bild griechischen Lebens in den so verschiedenen Regionen des Landes durch die erwähnten Erschließungsmethoden sowie durch intensivere Bemühungen um ländliche Heiligtümer, Wege, Befestigungsanlagen und Siedlungen, kombiniert mit Inschriftenfunden und zuvor wenig beachteten Notizen in der antiken Literatur, neue und sehr viel schärfere Konturen gewonnen.

2 Grundstrukturen und Basisprozesse

Keine Archaische Zeit mehr?

Der vorliegende Grundriss legt ein anderes Periodisierungsmodell zugrunde als das traditionelle, im Einleitungskapitel umrissene. Zum einen setzen wir Zäsuren um 550 sowie um 400, deren Plausibilität sich in der Darstellung zu erweisen hat (Kap. 4 und 5). Zum anderen verzichten wir darauf, die üblicherweise von 800/750 bis 500/490 gerechnete Archaische Zeit in einem eigenen Epochenkapitel zu behandeln. Damit sollen keinesfalls die vorliegenden, oft sehr gelungenen älteren und neueren Synthesen dieses Abschnittes der Griechischen Geschichte abgewertet werden. Doch alle diese Bücher haben mit dem Problem zu kämpfen, das bereits Herodot um 450 veranlasste, als chronologische Hauptlinie seiner „Darlegung der Erkundung" (*historíês apódeixis*) die Reihe der vorderasiatischen Herrscher seit Kroisos zu wählen und die ältere Geschichte einzelner griechischer Gemeinwesen und Ereignisknoten exkursartig in die Erzählung einzuweben: Aufgrund der extrem fragmentierten Quellenlage und der bis tief ins 6. Jahrhundert hinein unsicheren zeitlichen Fixierung zentraler Ereignisse kann eine diachrone Rekonstruktion der Archaik nach Art einer Darstellung des 5. und 4. Jahrhunderts nicht geschrieben werden. Wir legen stattdessen in diesem Kapitel (2.) zentrale Strukturphänomene der Griechischen Geschichte insgesamt dar und berücksichtigen dabei auch deren Evolution seit frühester Zeit. Das erlaubt es, etwa Mobilität und Migration nicht nur der Archaischen Zeit zuzuordnen, sondern sie in ihrem konstitutiven Charakter für die gesamte vorhellenistische Zeit aufzuweisen (2.4). Selbstverständlich kommen auch im folgenden (3.) Kapitel, das Hellas in seiner Vielfalt (oder wenigstens in markanten Hauptvertretern und regionalen Besonderheiten) einzufangen sucht, die spezifischen Formierungen in ihrer Entstehung und ihrem Wandel zu ihrem Recht.

2.1 Bronzezeit und *Dark Ages* als Voraussetzungen

Die bis ins frühe 12. Jahrhundert bestehenden bronzezeitlichen Formationen werden gängig als „Minoische Kultur" (auf Kreta, bis ca. 1500/1400, benannt nach dem sagenhaften König Minos) bzw. als „Mykenische Kultur" (nach dem prominenten Fundort Mykene auf der Peloponnes) angesprochen. Sie sind für das Thema des vorliegenden Grundrisses insofern von Bedeutung, als sie große Räume des Siedlungsgebiets der späteren Hellenen prägten: neben Kreta und weiten Teilen der Peloponnes auch Attika und Regionen Mittelgriechenlands (v. a. Boiotien), einige Kykladeninseln sowie Orte an der kleinasiatischen Westküste. In der Forschung stehen daher Kontinuitäten und Diskontinuitäten auf den Feldern Sprache und Religion sowie angebliche Rückerinnerungen der späteren Griechen an „ihre" Heroenzeit im Mittelpunkt des Interesses, letzteres oft konzentriert auf die (in ihrer Bedeutung überschätzte) Frage nach der Historizität eines machtvollen Troja.

Die Orte der bronzezeitlichen Ägäis-Kulturen lagen in einer Randzone der Macht- und Kulturzentren des „Fruchtbaren Halbmonds" (Ägypten, Hethiter, Babylonien). In den Erschütterungen dieser Welt um 1200 verschwand jedoch die charakteristische Errungenschaft der letzten Phase der Mykenischen Zeit (ca. 1400–1200): der sog. Palast als Ort wirtschaftlicher und politischer Zentralisierung. Hatten die Paläste – als z. T. stark befestigte Konglomerate von Räumen mit verschiedenen Funktionen – dort, wo es sie gab, als Konzentrationen von Macht das Leben in ihrem Umfeld in hohem Maße zu organisieren und zu regulieren vermocht, so fielen um 1200 mit ihnen auch die auf sie ausgerichteten Hierarchien. Verloren gingen ferner die sogenannte Linear B-Schrift als Mittel ökonomischer Organisation sowie die Fähigkeit, eine entwickelte Infrastruktur (Straßen, Brücken, Wasserbauten) aufrechtzuerhalten. Möglicherweise haben eine verstärkte Zentralisierung, ausgelöst durch Konkurrenz und Bedrohungen, sowie eine hohe Abgabenlast die Akzeptanz für diese Art von Herrschaften untergraben; das würde jedenfalls erklären, warum trotz einer gewissen Nachblüte an manchen Orten (besonders markant in Tiryns/Ostpeloponnes) in der sog. submykenischen Phase (ca. 1190–1050) die Eliten dieser Zeit offenbar keinen Versuch unternahmen, die charakteristischen Strukturen der „Palastzeit" wie-

‚Palast' als Leitstruktur

derherzustellen, während lange zuvor auf Kreta die sog. Älteren Paläste nach ihrer Zerstörung durch Erdbeben (um 1600) aufwendiger als zuvor wiedererrichtet worden waren („Neue Paläste", ca. 1600–1400). Umgekehrt erwies sich nach dem Ende der Mykenischen Zeit eine Region wie die Insel Euboia, auf der es keinen Palast gegeben hatte, als besonders vital gegenüber dem allgemeinen Verlust von Sicherheit und etablierten Verbindungen nach außen; maßgeblich von dort gingen in der frühen Eisenzeit (ab 1050) weiträumige Aktivitäten im gesamten Mittelmeerraum aus.

Mykenische Zeit und Griechische Geschichte

Grundfigurationen der späteren Griechischen Geschichte lassen sich bereits in der Bronzezeit erkennen, entweder im Sinne von lebensweltlichen Kontinuitäten oder von zweimal gefundenen Antworten auf bestimmte Voraussetzungen. So entstand – trotz der nahöstlichen Vorbilder – weder auf Kreta noch auf der Peloponnes oder sonstwo ein größerer Zentralstaat oder gar ein Reich, sondern mehrere Hauptorte und zahlreiche kleinere Siedlungen existierten nebeneinander. Art und Ausmaß der Interaktion zwischen den Zentren sind umstritten. Nur der Palast von Pylos in der Südwestpeloponnes scheint seine Herrschaft kurzzeitig auch in die Fläche ausgedehnt zu haben, und Knossos stellte in spätmykenischer Zeit so etwas wie das Zentrum einer gesamtkretischen Zivilisation dar. Die Minoer wie die Mykener orientierten sich organisatorisch, wirtschaftlich und kulturell teilweise an den großen Mächten des Vorderen Orients. Angesichts ihrer Armut an wertvollen Rohstoffen bildeten sie erfolgreich Nischenkompetenzen aus: Sie waren Seefahrer und Gewaltspezialisten; zumal die Mykener „brachten einen aggressiven Zug in die ostmediterrane Welt, der sich auch in der Bedeutung militärischer Heldentaten innerhalb der mykenischen Kultur spiegelt" [1.7.2: Schulz, Abenteurer, 32]. Was die inneren Verhältnisse der „Palaststaaten" angeht, soweit sie sich aus dem Verwaltungsschriftgut der Linear B-Tafeln erschließen lassen, so wird meist betont, sie hätten sich von denen im späteren Griechenland erheblich unterschieden. Doch es gab neben den Zentren einfachere, daher auch krisenfestere dörfliche Strukturen an der Peripherie, und die Existenz eines als Alleinherrscher zu bezeichnenden „Königs" steht zumindest

Ein König im ‚Palast'?

in Zweifel. Möglicherweise war der Palast lediglich der ökonomische und repräsentative Mittelpunkt der führenden Vertreter der umliegenden Eliten, die nach dem Ende der anspruchsvollen Organisation ebenso wie die bäuerliche Bevölkerung ihr Leben – in einfacheren Formen mit flacheren Hierarchien – weiterführten. In dieser Perspektive müssten die Paläste als Experiment oder Anomalie angesprochen werden, die nur für eine gewisse Phase (und nicht überall auf der griechischen Halbinsel!) die dezentraleren und weniger hierarchischen Verhältnisse der sog. Schachtgräberzeit (ca. 1600–1400) ablösten.

Nach dem Zusammenbruch der Paläste lassen sich für die Kernregionen der Mykenischen Kultur, doch auch weit darüber hinaus in der späteren griechischen Welt Prozesse erkennen, die im Ergebnis lokal zwar individuelle, strukturell jedoch ähnliche, an die von der Umwelt bestimmten Rahmenbedingungen besser angepasste Formationen hervorbrachten. Mancherorts gab es in der sog. nachpalatialen Epoche von ca. 1200 bis 1050 zunächst Siedlungskontinuität, so in Tiryns (s. o.), Athen, Mykene und anderen Orten in der Argolis. In anderen Gebieten scheint überhaupt erst nach 1200 die Zahl der Siedlungen und Grabstätten zugenommen zu haben – das spricht für einen Bevölkerungszuwachs, namentlich auf Euboia, den Ionischen Inseln und den Kykladen, auf Zypern, Kos und Rhodos sowie im kleinasiatischen Kilikien. Offenbar gab es also Migrationen größeren Ausmaßes. Auch in nördlichen Regionen der Peloponnes, in den mittelgriechischen Landschaften Phokis und Ostlokris, ferner im Gebiet des bronzezeitlichen Palastes von Iolkos in Thessalien sowie in Makedonien und auf Kreta sind Siedlungen und Begräbnisstätten aus dieser Epoche ergraben worden. Die Überreste einiger befestigter ‚Residenzen' mit umliegenden Siedlungen deuten für die Zeit um 1100 auf lokale Herrschaften, etwa in Mykene und Tiryns, auf der Peloponnes (Orte in Achaia, Arkadien und Lakonien) sowie auf den Inseln Euboia und Paros. Doch die Nachblüte blieb zeitlich begrenzt, und der Wohlstand war nicht mit den Verhältnissen der Palastzeit zu vergleichen, wie schon Anlage und Ausstattung dieser ‚Residenzen' offenbaren. Vielmehr scheinen diese die jeweiligen Zentren kleinräumiger, oft nur lokaler Gebietsherrschaften unter einem *Big Man* (der Ausdruck stammt aus der englischsprachigen Sozialanthropologie) oder einer kleinen Anzahl von *Big Men* gewesen zu sein. Diese(r) ragte(n) durch besondere Leistungen und Kompetenzzuschreibungen hervor, wenn es darum ging, Gemeinschaftsaufgaben wie Streitschlichtung, Mobilisierung zum Kampf oder Kommunikation mit den Göttern wahrzunehmen. Die mancherorts erkennbaren Bemühungen, eine führende Stellung durch

‚Nachblüte' der Palastzeit

Big Men als Siedlungshäupter

Repräsentation und Verteilen von Ressourcen sowie durch den Aufbau familiärer Macht zu festigen, scheinen kaum je auf längere Zeit erfolgreich gewesen zu sein; die Stellung der Siedlungshäupter blieb vielmehr stets prekär.

Klein, einfach, gewalthaltig: die *Dark Ages*

Für die Zeit nach 1050 lassen sich aus den archäologischen Befunden überall einschneidende Veränderungen erkennen, ausgelöst durch sozio-politische Instabilität, Bevölkerungsschwund und fluide Siedlungsverhältnisse sowie durch einen Rückgang mittelmeerischer Kontakte. Zugleich bildeten sich innerhalb wie außerhalb der ehemaligen Palastregionen ähnliche Strukturen aus, die den allgemeinen Umständen angepasst waren. Gewalt in Form von Raub und Plünderung machte das Leben unsicher; Migrationen waren gleichermaßen Ursache, Begleiterscheinung und Folge von Krieg und Zerstörung. Im Zuge der allgemeinen Verarmung verschwand die mit behauenen Steinen errichtete Architektur, ebenso die kunstvolle Keramik und die Bildkunst. Die Bevölkerungszahl ging offenbar noch einmal zurück; viele Siedlungen schrumpften oder wurden ganz aufgegeben – es begann eine Zeit, die trotz vielfacher Differenzierungen und Einwände in der Forschung immer noch mit gutem Recht als „Dunkle Jahrhunderte" (*Dark Ages*) bezeichnet werden kann. Wenn auch die Ausgrabungen kein lückenloses Bild ganz Griechenlands geben können, so ist der Trend doch eindeutig: Sind aus dem 13. Jahrhundert 320 bewohnte Siedlungen bekannt, so kennen wir für das 11. Jahrhundert noch deren 40 [1.2.1: Orrieux / Schmitt-Pantel, History, 23], von denen nur wenige eine dreistellige Kopfzahl erreichten. Allerdings dürfte eine außerhalb dieser ‚Zentren' liegende Besiedlung kaum Spuren hinterlassen haben. Überdies ist nicht abschätzbar, wie viele Menschen in dieser Zeit über längere Zeit oder dauerhaft mobil beziehungsweise halbmobil waren und deshalb im Siedlungs- und Gräberbefund ebenfalls kaum greifbar sind. Ein Reflex der mobilen Lebensform findet sich noch in den Homerischen Epen: Der Reichtum der führenden Männer besteht dort in Vieh, weswegen bei den großen Bewirtungen fast nur Fleisch gegessen wird. Die extensive Wirtschafts- und Lebensweise, Vieh zu züchten, Tiere bei Bedarf zu schlachten und Gefolgschaft durch gemeinsamen Konsum von Fleisch im großen Hause eines Gefolgschaftsführers zu stiften, hat sich auch im archäologischen Befund niedergeschlagen. Selbst in den mancherorts zu Tage geförderten etwas größeren Haus- und Repräsentationsbauten

Bevölkerungsschwund

Jäger und Viehzüchter

fehlten offenbar für geraume Zeit Vorrichtungen zur Lagerhaltung, wie sie für die Paläste typisch gewesen waren. Ein Wissen um die Unsicherheiten auch dieser Lebensform scheinen die zahlreichen Jagd- und Viehraubgeschichten im griechischen Mythos und den Homerischen Epen zu spiegeln. Es ist umgekehrt kein Zufall, dass in einer vergleichsweise ruhigen, kontinuierlich besiedelten Region wie Attika Viehzucht wohl nie eine zentrale Bedeutung erlangte – doch auch dort galten die ‚sesshaften' Kulturtechniken in der Rückschau als große Errungenschaften, die deshalb mythische Gründungsgeschichten erhielten, etwa das göttliche Geschenk des erst auf lange Sicht und durch sorgfältige Pflege ertragreichen Olivenbaums als Quelle von Wohlstand.

Für die ‚Lokalisierung' des Lebens im weiteren Verlauf der ‚Dunklen Jahrhunderte' sowie die Vielzahl der Aufbrüche waren zwei Entwicklungen wesentlich. Zum einen setzte sich ab dem 11. Jahrhundert Region für Region Eisen als Gebrauchsmetall für Werkzeuge und Waffen durch. Das Rohmaterial dafür war im Gebiet des späteren Griechenland vielerorts zu finden, während Kupfer und Zinn für die Herstellung von Bronze aufwendig importiert werden mussten. Als Material für Prestigegüter konnte das vergleichsweise unansehnliche und korrosionsanfällige Eisen die Bronze nicht vollständig verdrängen, aber es machte den Ackerbau wie auch die Kriegführung sowohl effizienter als auch egalitärer. Zum anderen setzte sich der in der Zwischenzeit etwas zurückgedrängte Ackerbau als Lebensgrundlage erneut und nunmehr nachhaltig durch. Grabungsbefunde aus der Zeit um 800 haben an so verschiedenen Orten wie Nichoria (Südostmessenien), auf den Kykladen und im kleinasiatischen Smyrna z. T. aufwendige Einrichtungen zur Lagerung von Getreide und Olivenöl nachgewiesen. Um die gleiche Zeit erhielten in Athen Bestattete öfters Modelle von Kornspeichern aus Ton als Grabbeigaben. Umgekehrt wurden im Heiligtum von Olympia seltener kleine Bronzefiguren von Ochsen und Schafen, die im 10. und 9. Jahrhundert noch den Löwenanteil der dort geweihten Tierfiguren ausgemacht hatten, den Göttern übereignet. Diese und andere Indizien weisen in die gleiche Richtung: Spätestens seit dem frühen 8. Jahrhundert bildeten wieder Getreide, Olivenöl und Wein, die sogenannte mediterrane Trias, die Grundlage der Ernährung, und Tiere wurden überwiegend langfristig genutzt (Zugkraft, Milch/Käse, Wolle; s. o. Kap. 1.2). Die agrarische Lebensführung mit ihrer höheren En-

Eisen als Gebrauchsmetall

Agrarische Sesshaftigkeit

ergieausbeute ernährte mehr Menschen als die pastorale, machte aber auch Arbeitskraft zu einer wertvollen Ressource. Damit einher ging ein weiterer Wandel: Landwirtschaft erfordert kontinuierliche Arbeit und Pflege von der Aussaat bis zur Ernte sowie eine Vorratshaltung, wenn die erzeugten Produkte als dauerhafte Ernährungsgrundlage dienen sollen. Indem sich eine auf Ackerbau ausgerichtete Wirtschafts- und Lebensweise durchsetzte, wurden Landbesitz und die Bindung an Grund und Boden zur Basis von Existenz und Mentalität – und zunehmend auch zum Gegenstand von politischem Handeln, galt es doch, die eigenen Ressourcen vor Übergriffen von außen wie innen zu schützen und die so lange als normal und zweckdienlich geltende Gewalt einzuhegen. Sesshaftigkeit als Norm, gegenüber der sich Mobilität als besondere Lebensform abzuheben begann (s. u. 2.4), war daher Bedingung dafür, dass sich kleinere oder größere Gruppen als Siedlungs- und Handlungsgemeinschaften konsolidierten. Diese Entwicklung bildete wiederum eine Voraussetzung jenes Folgeprozesses, der dann auf breiter Front die Entwicklung ab dem 8. Jahrhundert bestimmen sollte: Es entstanden politisch verfasste Gemeinden, die Personenverbände waren, ein landwirtschaftlich genutztes Territorium (*chôra*) besaßen und ihren Bewohnern als Organisationen von Gemeinschaft auch wieder ein hinreichendes Maß jener Sicherheit gewähren konnten, wie sie für einen dauerhaften Aufschwung – materiell wie mental und politisch – unverzichtbar war (s. u. 2.5.1). Zum Wachstum trug gewiss auch eine Sogwirkung der neuen ‚Zentren' bei.

Agrarwirtschaft und soziale Grundorientierungen

Mobilität als Erbe der „Dunklen Jahrhunderte"

Doch mindestens ebenso wesentlich für den Aufschwung am Ende der *Dark Ages* waren Ortswechsel. In den „Dunklen Jahrhunderten" pflegten die Menschen parallel drei Formen von Mobilität. 1) Verbreitet war die Transhumanz (s. o. 1.2) von Viehzüchtern, die im Laufe des Jahres ein großes Areal durchstreiften und mehrere Wohnplätze nutzten. Im Kontext der verbreiteten Unsicherheit entstanden wohl auch nur bei Bedarf genutzte Zufluchtsorte für größere Gruppen auf höher gelegenen Punkten; speziell auf Kreta wurden Siedlungen von der Küste ins Bergland und Inselinnere verlegt. 2) Zu einem dauerhaften Wohnsitzwechsel führte auch die transregionale Migration meist kleinerer Gruppen mit dem Ziel, Bedrohungen auszuweichen und neue Siedlungsplätze zu finden; dies wurde in der älteren Forschung als „Wanderungen" ganzer „Stämme" wie der Dorer und Ioner missverstanden.

Diese Praxis des Ortswechsels erklärt, warum einstige Siedlungsmittelpunkte der Bronzezeit, etwa Mykene und Tiryns, zeitweise nur noch dünn bevölkert waren, während andere Gebiete Zuwanderung erlebten. Solche Verschiebungen konnten sich auf begrenztem Raum abspielen wie innerhalb Attikas, aber auch die entfernte Küste Kleinasiens erreichen, wo allerdings bereits in der Bronzezeit ‚Mykener' gesiedelt hatten, die ein frühes Griechisch sprachen. 3) Ansiedlungen quer über die Ägäis erscheinen deshalb weniger überraschend, zumal wenn man zusätzlich die raumgreifenden Fahrten der Kaufleute, Plünderer und Piraten in Rechnung stellt, die – wie bereits in der Bronzezeit – ihre gewinnbringenden Partner, Wege und Tauschplätze im gesamten Mittelmeerraum kannten; dabei spielte Zypern eine herausragende Rolle. Auch die zahlreichen Inseln erleichterten etappenförmig verlaufende Migrationen. Das maritime Wissen um Schiffbau und Routen war in den Küstengemeinden ohnehin nie verloren gegangen. Vorreiter der Aktivitäten zur See waren Männer von der Insel Euboia (s. o.), teils im Schlepptau der ebenfalls aufstrebenden und von der Levante aus weit nach Westen ausgreifenden Phönizier, teils in Konkurrenz zu diesen.

Migrationen, Dialekte und ‚Hellenen'

Die drei genannten Formen von Ortswechseln haben in jedem Fall tiefe Spuren im Handlungswissen der Menschen hinterlassen und machten räumliche Mobilität gerade in der sich anschließenden Archaischen Zeit zu einer vielfältig und kreativ genutzten Option, wenn es darum ging, das eigene Glück zu finden oder die Mittel zu gewinnen, um sich von der Masse abzuheben (s. u. 2.3). Parallel zu den transregionalen Migrationen bildeten sich auch die verschiedenen Dialekte der griechischen Sprache aus. Zusammen mit bestimmten sozialen, religiösen und kulturellen Praktiken, etwa dem gemeinschaftlichen Essen und Trinken oder dem sportlichen Wettkampf, sowie Selbstdeutungen (zumal im Mythos) und Fremdzuschreibungen legen die Dialekte nahe, ab dem 8. Jahrhundert von „Hellenen" zu sprechen. (Die Bezeichnung findet sich erstmals in Texten des 7. Jahrhunderts.) Damit ist freilich nicht die Urexistenz eines griechischen Volkes im Sinne des romantischen Volksbegriffs gemeint, und die Akteure waren sich ihrer Gemeinsamkeit wohl anfangs weder bewusst noch suchten sie eine solche aktiv zu begründen. Die vielen lokalen Sonder- und Mischdialekte neben den vier großen Hauptdialekten – dorisch-nordwestgriechisch, ionisch-attisch, aiolisch und arkadisch-kyprisch – sind vielmehr ein Indiz für kleinere, etappenweise verlaufende Migrationsbewegungen; die ‚endgültigen' Dialekte bildeten sich erst mit der Verfestigung der Siedlungsstrukturen. Dabei scheinen sich oft einzelne Gruppen anderen, besonders erfolgreichen angepasst und angegliedert zu haben, um ihrerseits zu den führenden Kräften einer Region zu gehören.

Alphabetschrift

Ebenfalls im Kontext weiträumiger Aktivitäten wurde im frühen 8. Jahrhundert die griechische Alphabetschrift geschaffen: Wahrscheinlich waren es Händler aus Euboia, die auf Zypern (wo der Schriftgebrauch seit der Bronzezeit nie unterbrochen war) oder in Al-Mina an der Mündung des Orontes in Nordsyrien, vielleicht auch in Pithekussai in Italien das phönizische Alphabet adaptierten und jedem Buchstaben einen bestimmten Lautwert – Vokal oder Konsonant – zuwiesen. Dadurch war es möglich, jedes gesprochene griechische Wort und jeden Text leicht mit nur gut 20 Zeichen niederzuschreiben. Das bedeutete nicht, dass nun jeder Grieche sofort las oder gar schrieb – der Alltag war und blieb noch sehr lange von Mündlichkeit dominiert; schließlich war man 400 Jahre lang ohne Schrift ausgekommen. Aber wie schon die ersten kurzen Textzeugnisse – Alphabettafeln zum Lernen oder Graffiti auf Tongefäßen – belegen, war die neue Schrift von Anfang an keine Sache von Spezialisten, sondern konnte von beinahe jedermann verwendet werden. ‚Private' Texte gab es jedenfalls deutlich früher (ab etwa 775) als ‚öffentliche', vornehmlich Gesetze in frühen Poleis (ab ca. 650). Die Alphabetschrift bedeutete über ihren unmittelbaren Nutzen – etwa zur Kennzeichnung von Waren oder für die Kommunikation von Migranten und Daheimgebliebenen – hinaus auch deshalb eine kulturelle Revolution, weil zwischen Sprache und Schrift keine Barriere stand: Die Schrift erlaubte es, Grundbausteine alltäglicher sprachlicher Kommunikation, z. B. Aufzählung, Schilderung, Gebet, Rede und Gegenrede u. a. umstandslos zu fixieren und sie zugleich zu Elementen komplexer literarischer Kompositionen zu machen. Diese konnten dann – wie die wohl im 7. Jahrhundert geschaffenen Epen Homers und Hesiods – lang, anspielungsreich und gedanklich anspruchsvoll sein, aber sie bildeten doch zugleich vertraute Formen des Sprechens ab und waren daher einem breiten Publikum beim öffentlichen Vortrag zumindest prinzipiell verständlich (Hesiod sicher noch mehr als Homer). Die Übergangszeit zwischen reiner Mündlichkeit und partieller – d. h. auch schon literari-

Reichweite der frühen Epen

scher – Schriftlichkeit war kurz; das bedeutet, dass die neue Technik gut funktionierte und v. a. einem Bedarf folgte beziehungsweise einen solchen auch produzierte. Dafür spricht auch die weite geographische Streuung der ältesten Schriftfunde. Mit Blick auf die Mehrzahl der – allerdings untereinander sehr ähnlichen – Alphabete verdient, wie bei den Dialekten, ein für die Griechen insgesamt charakteristisches Merkmal hervorgehoben zu werden: Unter dem Dach der gemeinsamen Sprache wie des prinzipiell einheitlichen Schriftsystems entfaltete sich in beiden Fällen eine Vielfalt von Ausprägungen, in denen sich jeweils die Eigenheit einer Landschaft oder auch nur eines Ortes und der dort ansässigen Menschen spiegelte. Auch bildeten sich im Verlauf der *Dark Ages* auf der griechischen Halbinsel mit Korinth, Argos, Sparta, Elis, Athen und Theben regionale Kristallisationspunkte, die nur zum Teil bereits in der Bronzezeit prominent gewesen waren, später jedoch zu den Zentren ihrer jeweiligen Region werden sollten.

Einheit in der Vielfalt

Neue Zentren

2.2 Ordnungsrahmen I: Haus, Wirtschaft und Politik

Der Oíkos

Im Anfang war der Oîkos. Der Haushalt stellte im antiken Griechenland die kleinste Einheit der Vergemeinschaftung dar. In wirtschaftlicher Hinsicht arbeiteten seine Angehörigen auf den Erhalt und die Verbesserung ihrer materiellen Lebensgrundlage hin. Auf dem bio-sozialen Feld bildete er das Gehäuse und Regelwerk der Generationenfolge, des Familienlebens, des Geschlechterverhältnisses sowie des Umgangs mit den Sklaven, die der Verfügungsgewalt des Hausherrn unterworfen waren. Auf beiden Feldern gab es entsprechende Ordnungsvorstellungen und Normen. Von außen gesehen spiegelten die bauliche Entwicklung der Häuser sowie die Einbindung der Oíkoi in Verbände wie Nachbarschaft, Dorfgemeinschaft oder Stadtviertel eine politische Gemeinschaftsbildung, die in eine verdichtete urbane Siedlungsweise münden konnte, aber nicht musste. Wie auch immer man eine Kontinuität des bäuerlichen Oîkos seit der Bronzezeit einschätzen mag (s. o. 2.1): Als fertige Größe steht er im 7. Jahrhundert in den Homerischen Epen sowie in Hesiods lehrhaftem Epos „Werke und Tage“ vor uns, und ungeachtet aller Veränderungen und Ausdifferenzierungen im Detail, wie sie etwa das Geldwesen und das spezialisierte, für einen Markt produzierende Handwerk mit sich brachten, hätte sich ein Xenophon, der im 4. Jahrhundert eine Schrift über gute Haushaltsführung („Oikonomikos“) verfasste, in dem von Homer geschilderten Oíkos des Odysseus sofort zurechtgefunden. Alle wissenschaftlichen Aussagen über ‚den' Oíkos stehen freilich unter dem Vorbehalt, dass die Überlieferung, sieht man von der Frühzeit ab, fast nur die athenischen Verhältnisse zu rekonstruieren erlaubt. Den Kern eines Oíkos bildete eine familiäre Gruppe: der Hausherr (*kýrios*), seine Ehefrau, die im Haus lebenden Kinder sowie gegebenenfalls die Eltern, wenn sie die Verfügung übergeben hatten und auf dem Altenteil saßen. Der *kýrios* vertrat den Oíkos nach außen, während die Ehefrau für die existenzsichernden Aufgaben im Haus zuständig war; es herrschte prinzipiell eine geschlechtsspezifische Arbeitsteilung. Zum Oíkos gehörten ferner die Sklaven und andere Abhängige, zudem u. U. weitere Verwandte, z. B. unverheiratete Schwestern, Nichten und Tanten des Hausherrn, gegebenenfalls Konkubinen und Freunde. Selbstverständlich gab es in der Lebenspraxis viele Abweichungen vom Standardmodell, zumal die Oíkoi verschieden groß waren. Dennoch blieben die Verhaltensnormen für die Angehörigen eines Oíkos in ihren verschiedenen Rängen und Rollen über die Zeit ziemlich unverändert. Ferner gehörte der gesamte bewegliche und immobile Besitz zum Haushalt: Grund und Boden, Gebäude und Inventare, Geldvermögen, eventuell Sklaven, Vieh, Vorräte, generell alle Produktionsmittel. Ökonomisch gesprochen bildete er die zentrale Produktions- und Konsumtionseinheit eines Gemeinwesens, auch wenn manche Wertschöpfungsorte wie Werften oder Bergwerke nicht als Oíkoi organisiert waren.

... als Personenverband

... als Wirtschaftseinheit

Oíkos und politische Gemeinde

Zugleich stellt der Oíkos weit mehr als nur ein kultur- und wirtschaftsgeschichtlich relevantes Phänomen dar: Er prägte die historisch-politischen Eigenheiten der griechischen Welt wesentlich mit und ist daher auch für eine allgemeine Darstellung von Bedeutung. So wohnte dem Oíkos als Ort des Eigentumstransfers, bestimmter religiöser Handlungen sowie des Grabkultes gerade in Krisen eine starke Bindungskraft über die Generationen inne. Da es – außer in Sparta – kein öffentliches Erziehungswesen gab, war die Familie zu einem guten Teil für die Sozialisierung des Nachwuchses in das Normen- und Regelwerk des Gemeinwesens zuständig. Von der Qualität der Führung ihres Oíkos wurde ferner auf die politische Kompetenz von Bürgern und Politikern geschlossen – Verschuldete und Bankrotteure erregten Misstrauen.

Zentrale Verkehrsformen nicht allein der Aristokratie (s. u. 2.3.2), das Trinkgelage (Symposion) und die Gastfreundschaft, wurden im Haus gepflegt. Weil in den Bürgerheeren bis in die Klassische Zeit weitgehend am Prinzip der Selbstausrüstung festgehalten wurde, bestimmte der Wohlstand seines Oíkos den Status des Bürgersoldaten wesentlich mit, mochten auch (im Falle Athens) die von ärmeren Bürgern geruderte Flotte sowie generell Söldner militärisch an Bedeutung gewinnen. In Sparta führte die Pflicht jedes Vollbürgers (Spartiaten), aus den Erträgen seines Oíkos zur gemeinschaftlichen Lebensführung beizutragen, sogar – zusammen mit anderen Faktoren – zum Rückgang der Zahl von Spartiaten, da diese vielfach die geforderten Leistungen nicht erbringen und daher ihren Status nicht halten konnten. Wiederum für Athen lässt sich aus einzelnen größeren und besser ausgestatteten Häusern des 4. Jahrhunderts erschließen, dass Wohlstand als Ausweis ökonomischer Ungleichheit in dieser Zeit weniger verborgen wurde als in der stark auf Egalität ausgerichteten Demokratie des 5. Jahrhunderts.

Große und kleine Oíkoi

Doch die – stark vereinfachende – Unterscheidung zwischen ‚großen' und ‚kleinen' Oíkoi muss zusätzlich qualifiziert werden: Grundsätzlich hatte ein größerer landwirtschaftlicher Besitz die gleiche Struktur wie der einfache bäuerliche Oíkos. Die Besitzgrößen lagen nicht um mehrfache Zehnerpotenzen auseinander, anders als etwa in der Römischen Republik, wo im 1. Jahrhundert die Latifundien in Mittel- und Süditalien ganze Regionen umfassten. Etwa 30 bis 40 Hektar maßen die größten uns aus Athen im 5. und 4. Jahrhundert bekannten Landbesitze; das ist höchstens das Zehnfache dessen, was einem stabil sein Auskommen findenden Bauern gehörte. Um größere Güter bewirtschaften zu können, wurden sicher mehr Sklaven benötigt, als sie dem durchschnittlichen Bauern zur Verfügung standen; Schätzungen gehen für diesen von einem bis maximal drei zusätzlichen Händepaaren aus. Sklaven in dreistelliger Zahl fanden sich nur in arbeitsteiligen großhandwerklichen Produktionsstätten von Lampen, Waffen oder Keramik sowie im Bergbau. Zusätzlichen Bedarf an Arbeitskräften auf Zeit deckte man auf dem Lande eher mit Tagelöhnern oder nicht ausgelasteten Kleinbauern. Die größeren Güter wurden meist von einem unfreien Verwalter geleitet, gelegentlich verpachtet. In jedem Fall waren große zusammenhängende Ländereien sehr selten, vielmehr herrschte Streubesitz vor, was auch an der kleinteiligen naturräumlichen Struktur des Landes lag und das wirtschaftliche Risiko durch lokal begrenzte Schädigungen verringerte. Politische Folge dieses Zustandes: Der Streubesitz verhinderte, dass großflächige zusammenhängende Gebiete entstanden, die den Kern starker sozialer Macht hätten abgeben können. Größerer Landbesitz fiel mithin vielerorts als Grundlage dauerhafter sozialer Abhängigkeiten zwischen den Mächtigen und der Mehrheitsgesellschaft aus; kleine Oíkoi waren nicht durch klientelartige Bindung an große Magnaten gefesselt, die ihnen Schutz oder wirtschaftliche Hilfe gewährt und dafür stabile Loyalität oder gar Abgaben verlangt hätten. Wo es Versuche gab, derartige Klientelverhältnisse zu begründen, wie dies für Athen um 600 wahrscheinlich ist und durch das Institut der Schuldknechtschaft auch möglich erschien, scheiterten diese am Ende. Diese Feststellung ist keineswegs selbstverständlich, denn in anderen vormodernen Gesellschaften, die einen Adel kannten, waren klientelmäßige oder sogar rechtlich gefasste Abhängigkeiten sehr verbreitet. Selbst die Besitzer großer Oíkoi – jedenfalls in Athen und vielen anderen griechischen Gemeinwesen – vermochten es als solche nicht, sich gleichsam zwischen den einzelnen Bürger und die Gemeinde zu schieben, wie das im europäischen Feudalsystem der Fall war (Mediatisierung). Die Folge: Eine mögliche Selbstregierung der Bürger hatte keine starken ihr entgegenstehenden, wirtschaftlich und mental begründeten Bindungen und Loyalitäten zu brechen.

Kein Feudalsystem

Freilich wäre es auch in diesem Fall verfehlt, von Athen auf alle griechischen Gemeinwesen zu schließen. Wo die naturräumlichen Bedingungen es zuließen (wie etwa in Boiotien) oder die historische Genese der Besitzeinheiten anders verlief (wie in Sizilien und Unteritalien), war das soziale Gefälle ausgeprägter und konnte die Vorherrschaft der Mächtigen stabiler sein (s. u. 2.3.2). So gehörte in Syrakus die Verfügungsgewalt über schollengebundene Landarbeiter zu den Privilegien der sogenannten *gamóroi* („die das Land unter sich aufgeteilt haben"); ähnlich sah es im „rossenährenden" Thessalien sowie in Lakonien und Messenien unter der Herrschaft Spartas aus (Heloten, s. u. 3.4). Jenseits der landwirtschaftlichen Besitzgrößen konnte die Vermögensschere auch dort weiter auseinandergehen, wo maritime Unternehmungen, Fernhandel und Ansiedlungen bei größerem Risiko auch enorme Gewinne einbrachten; das galt besonders in ‚Seestädten' wie Ko-

Größere Vermögensunterschiede

rinth und Athen oder auf Chios, wo ab etwa 600 der Handel mit Sklaven im griechischen Raum seinen Aufschwung genommen haben soll und diese auch später eine wichtige Rolle spielten (Thuk. 8,40,2). „Die Bakchiaden in Korinth, die Hippoboten in Chalkis hätten nicht so lange in ihren Städten die Herrschaft behaupten können", so pointierte Beloch [1.2.1: Griechische Geschichte I 1, 307] in zeitbedingt modernistischer Diktion, „wenn sie bloß Grundbesitzer und nicht auch Reeder gewesen wären, und die Aristokratie auf der kleinen und unfruchtbaren Insel Aegina muß überhaupt von vornherein ihre Stellung dem Handel verdankt haben."

Dennoch galt zumindest für Athen: Das Gewicht, mit dem ein Aristokrat beziehungsweise ein ‚Reicher' den öffentlichen Raum betrat, bezog er nicht aus einem bereits vorgängig im sozio-ökonomischen Raum bestehenden Herrschaftsverhältnis über andere Bürger. Dazu trug auch eine andere Leerstelle wesentlich bei: Die großen Oíkoi waren nicht in einen übergreifenden Verwandtschaftsverband eingebunden, der besondere und vor allem stabile Nahverhältnisse und Solidaritäten begründet hätte. Selbst die in der athenischen Geschichte prominenten Alkmaioniden, Philaiden und andere stellten keine größeren Familienagglomerate dar, sondern lediglich Oíkoi, deren Häupter sich besonders hervorgetan und das Glück hatten, in mehreren Generationen prominente, ehrgeizige und erfolgreiche Akteure hervorzubringen. Dass der einzelne Oíkos nicht in einen festen größeren Verband eingebunden war, zeigt auch das Namenssystem: Es herrschte Einnamigkeit, ergänzt durch den Namen des Vaters im Genitiv. Die griechischen Eigennamen waren phantasiereich und sprechend; sie konnten auch eine prestigereiche individuelle Qualität bezeichnen. Doch es fehlte ein Familien- oder Geschlechtername, der eine Zugehörigkeit zu einem größeren Verwandtschafts- beziehungsweise einem clanartigen Aktionsverband angezeigt hätte. Oft erhielt ein Enkel ganz oder durch einen Bestandteil den Namen des Großvaters väterlicherseits; auch dies zeigt die Beschränkung familialer Abfolge auf eine Kernlinie.

Vereinzelung der Oíkoi

Personennamen

Wie stark die Griechen den Oíkos als Grundlage ihrer gesamten Ordnung betrachteten, zeigt sich auch in den vielfältigen Regelungen im Rahmen des Institutionalisierungsprozesses der Gemeinden seit etwa 600, die auf Stabilisierung der Oíkoi abzielten. So wurden Heirats- und Erbregime, die Form der Hausübergabe

Kommunale Eingriffe in den Oíkos

und die rechtliche Stellung der Frau verbindlich festgelegt. Auch die Gesetzgebung Solons in Athen (erstes Drittel des 6. Jahrhunderts) enthielt einschlägige Bestimmungen. Ältere Praktiken wie Kindesaussetzung und Adoption, die einer Bedrohung des Oíkos durch zu viele oder keine Erben entgegenwirken sollten, wurden zumindest geduldet, teils auch reguliert. Indem die Polis „als übergreifende Institution über die Häuser und deren vorherige informelle Vernetzung trat, wurde ein neuer Handlungsrahmen geschaffen, in den sich die Häuser einzufügen hatten" [Schmitz, Haus und Familie, 2]. So entstand etwa ein Druck, die Sozialisation junger Männer auf die Integration in die Polis auszurichten, zum Beispiel durch körperliches Training für eine spätere Bewährung im Kampf oder – in Athen – die kollektive Ausbildung einer Jahrgangskohorte in der sogenannten Ephebie.

Da das Bürgerrecht an die Abstammung gekoppelt wurde, hatte das Gemeindekollektiv überdies ein elementares Interesse an ‚richtigen' Entscheidungen im Haus. Das Eigentum an Land und seine Veräußerung konnten ebenfalls staatlich registriert und kontrolliert werden, wie eine kürzlich in Theben aufgefundene Inschrift aus dem späten 6. Jahrhundert belegt. Sie deutet darauf hin, dass dort auch außerhalb der eigenen Polis Land erworben werden durfte und so vielleicht umfangreicherer Streubesitz entstehen konnte. Wie eine Gemeinde das Erb-, Ehe- und Hypothekenrecht gestaltete, wirkte sich auch auf die Art der Landverteilung aus, und in extremen Konflikten diente Enteignung als politisch-juridisches Mittel der Vernichtung der Rivalen.

Oíkos kein ‚privater' Raum

Die gängige Frage, was in solchen Kontexten ‚öffentlich', was ‚privat' zu nennen sei, erscheint wegen der erwähnten Verschränkungen müßig; allerdings lässt sich innerhalb des Oíkos eine für Außenstehende nicht zugängliche Sphäre ausmachen, in der (auch) die Frauen lebten, während der Raum des Hauses, in dem etwa ein Symposion stattfand, definitiv kein rein privater war. Für den Blick auf das Ganze maßgeblich ist dies: Politische Institutionen, soziale Verbände und die einzelnen Oíkoi erbrachten gemeinsam – komplementär, subsidiär oder konkurrierend – Ordnungs- und Stabilisierungsleistungen für das Zusammenleben (Konzept der *governance*).

2.3 Ordnungsrahmen II: Gesellschaft und soziale Beziehungen

2.3.1 Schichtung und Trennlinien

Gesellschafts-schichten

Eine griechische Gesellschaft gab es in der Antike nicht. Wer einen antiken Hellenen sozial verorten möchte, sieht sich stets auf kleinere Einheiten sowie vielfältige Relationen verwiesen. So lässt sich die Position einer Person im Oíkos (s. o. 2.2) sehr klar in ihrem Verhältnis zum *kýrios* bestimmen. Über den Oíkos hinausgreifend kann man – stark vereinfachend – immerhin eine Dreiteilung ausmachen, die bereits in Archaischer Zeit erkennbar war: Es gab eine breite ‚mittlere' Schicht aus freien Bauern und Handwerkern, die eigenständig und auskömmlich wirtschafteten und in aller Regel auch selbst im eigenen Oíkos arbeiteten. Oíkosübergreifende soziale Beziehungen unterhielten die Angehörigen dieser Schicht überwiegend horizontal (Nachbarschaft, Dorfgemeinschaft, Stadtviertel). Darüber erhob sich eine soziale Elite, die sich von den selbst-wirtschaftenden Bauern in erster Linie darin unterschied, dass sie körperlicher Arbeit enthoben war und dadurch Zeit für andere Tätigkeiten hatte. Ausdrücke wie „Muße" oder *leisure class* führen in diesem Zusammenhang allerdings in die Irre, weil diese Personen keineswegs durchweg ‚müßig' waren oder sich nur der Selbstvervollkommnung widmeten; vielmehr suchten sie in der Politik oder in risikoreichen Unternehmungen, etwa im Krieg oder zur See, immer wieder ihr Ansehen und ihre Ressourcen zu verbessern. Wir bezeichnen diese Akteure als Aristokraten (s. u. 2.3.2). Die dritte, unterste Schicht machten ebenfalls persönlich freie Menschen aus, die jedoch in prekären Verhältnissen lebten, daher auf abhängige und diskontinuierliche Arbeit beziehungsweise auf das Ausleihen von Produktionsmitteln angewiesen waren.

In den Quellen ist seit den Homerischen Epen die Elite deutlich überrepräsentiert. In modernen Darstellungen finden sich als weitere Gruppen meist noch die Sklaven und andere Unfreie genannt, was aber wegen der starken Verschränkung der Gesellschaft mit dem politischen Raum und der strikten Unterscheidung zwischen Freien und Unfreien problematisch erscheint. Andererseits übten Sklaven und Freie in großen Bereichen die gleichen Tätigkeiten aus, weswegen die Separierung aus der Perspektive der alltäglichen Lebenswelt und des Wirtschaftens schwieriger ist.

Eine Stimme von unten?

Die Weltsichten und Handlungsoptionen der sozial unterlegenen, in prekären Verhältnissen lebenden Menschen, die im postkolonialen Zungenschlag neuerdings als „Subalterne" bezeichnet werden, gewinnen immerhin in einer zuletzt stärker beachteten Gruppe von Zeugnissen ein wenig Profil: in den unter dem Namen des Äsop (Aísopos) überlieferten Fabeln. Die hier aufscheinende Welt teilt sich in Starke und Schwache, Gewalttäter und -opfer, Fressende und Gefressene. Laut Herodot soll Äsop im 6. Jahrhundert auf Samos zunächst Sklave gewesen und in Delphi ums Leben gekommen sein. In der Tat verweisen einige seiner kurzen Geschichten auf die Verteilung und Ausübung von sozialer Macht, wie sie im 7., 6. und 5. Jahrhundert virulent waren, aber auch auf den Krieg der Starken untereinander (Nr. 1), die Geckenhaftigkeit von Großen, die auf ihre Abstammung stolz sind (Nr. 12; 20), oder auf Gewalt in einer Beutegemeinschaft (Nr. 149; 191). Die Schwachen, Opfer oder Schuldner (Nr. 5) sehen die Verhältnisse als gegeben an, legen jedoch eine spezifische Klugheit an den Tag, wenn es darum geht, sich mit den Mächtigen zu arrangieren und das Beste aus der eigenen Lage zu machen; bisweilen zeigt sich – bei allem Fatalismus – ein Sinn für ausgleichende Vergeltung, ja Rache (Nr. 3). Die Oberen hingegen leben ihre Dominanz in der Regel willkürlich aus: „Übel zugrunde gehen sollt ihr bösen Wölfe allesamt", sagt daher einmal das Schaf (Nr. 159), „weil ihr, obwohl ihr, ohne von uns Böses erlitten zu haben, gegen uns Krieg führt". Doch auch Diebstahl (Nr. 66; 122) und lügende Handwerker (Nr. 103) fehlen nicht. Es gilt generell für die große Zahl von Menschen, sich ohne Illusionen in der Welt einzurichten und dabei Augenmaß und Lebensklugheit walten zu lassen. Misstrauen sei stets angebracht, denn Versprechungen von oben seien ebenso hohl wie Träume bei denen da unten. Und ein Hirte sollte besser nicht aufs Meer fahren (Nr. 207)!

Polis und sozialer Status

Für die Zuweisung von sozialem Status spielte schon sehr früh die politische Vergemeinschaftung, zuvörderst die Polis (s. u. 2.5), eine zentrale Rolle: Das Oben und Unten in den Gesellschaften – die Stratifizierung – stellten ein Produkt aus ökonomischer Ungleichheit, verschiedenen, einander überlagernden Zugehörigkeiten und Privilegien sowie konkreten sozialen Interaktionen dar. Der Einfluss der politischen Sphäre zeigt sich zum einen in der überragend wichtigen Unterscheidung zwischen Bürgern und Nicht-Bürgern. Nicht nur die politischen Rechte waren den Bürgern vorbehalten, Ausländern blieb in der Regel auch das Recht verwehrt, Grundbesitz zu erwerben (*énktisis*). So gab es in etwa 70 griechischen Gemeinden, vor allem jedoch in Athen Metöken („Mitbewohner"), dauerhaft ansässige Ausländer (indes fast immer Griechen), die durch ihre Aktivität in ‚modernen' Erwerbsbereichen häufig zu großem Wohlstand gelangten; da sie jedoch keine Bürger waren, mussten sie eine spezielle Steuer entrichten und brauchten vor Gericht einen Athener als Rechtsvertreter. Auch Freigelassene (ehemalige Sklaven) gehörten zu dieser besonderen Gruppe. Zum anderen konnten politische Berechtigungen an objektivierbaren Vermögenskriterien gekoppelt werden: So teilte Solon in Athen um 580/570 die Bürger entlang der lebensweltlich vorhandenen und militärisch relevanten Eigentumsschichten in drei Zensusklassen ein: Wer reich war und sich daher ein Pferd leisten konnte (das in der Landwirtschaft nicht nutzbar war), gehörte zu den Hippeís (Reitern). Darunter lag die breite Mittelschicht von mittleren Bauern, die über ein Ochsengespann (*zeúgon*) verfügten, die Zeugítai. Die unterste Gruppe bildeten die Theten, die kein nennenswertes Eigentum besaßen. Aus den Hippeís gliederte Solon zudem künstlich eine Spitze besonders Wohlhabender aus, die Pentakosiomédimnoi, die einen jährlichen Ertrag von 500 Médimnoi (ein Médimnos maß ungefähr 52 Liter) Getreide (oder Äquivalente in anderen Produkten wie Wein oder Olivenöl) nachweisen konnten. Ihnen blieben noch im 4. Jahrhundert bestimmte hohe Ämter wie das der zehn Schatzmeister der Athena vorbehalten, während die Theten anfangs gar keine Ämter bekleiden durften. Generell wurde in den als Oligarchien bezeichneten politischen Ordnungen, die den Bürgerstatus und besonders den Zugang zu Ämtern an mehr oder minder hohe Vermögenskriterien banden (s. Bd. II 2.5.2), die soziale Schichtung der Bürgerschaft auf den politischen Raum übertragen, während in einer Demokratie wie der athenischen viel dafür getan wurde, die ökonomischen Ungleichheiten überall dort zu ignorieren, wo die Bürger als Bürger miteinander verkehrten.

Metöken

Freigelassene

Solonische Zensusklassen

Je prominenter im Prozess der politischen Verdichtung der Bürgerstatus hervortrat, desto deutlicher zeichneten sich – neben der Unterscheidung von Bürgern und Fremden, für die allein die Abstammung maßgeblich war – zwei andere Grenzlinien ab, näm-

Grundlegende Trennlinien

lich zwischen Freien und Sklaven (oder anderen Kategorien Unfreier; s. Bd. II 2.2) sowie zwischen Männern und Frauen. Auch wenn alle drei Unterscheidungen in der alltäglichen sozialen und vor allem wirtschaftlichen Interaktion sowie in der Kultreligion nicht immer so scharf gezogen wurden, so spielten sie doch im politischen Leben sowie in antiken Selbstbeschreibungen, besonders in den normativen Diskursen von Hesiod über Xenophon bis Aristoteles, eine wesentliche Rolle. In diesem Sinne wurde für die dominierende Gruppe bisweilen auch eine interne Gleichheit postuliert, die als Voraussetzung für eine besondere Gemeinschaftlichkeit firmierte – das galt sowohl für die Vollbürger Spartas (Spartiaten) wie für die Bürger im demokratischen Athen.

Gleichheit

Wo der soziale Rang stark formalisiert ist, gibt es Aufstiegsmobilität. So begann Pasion († 370/69) in Athen sein Leben als phönizischer Sklave, stieg als Freigelassener durch Bankgeschäfte zum wohlhabenden Metöken auf und erlangte schließlich als Wohltäter der Stadt das Bürgerrecht. Wir hören auch von einem Anthemion, der vom Theten in die Klasse der Hippeís gelangte. Besonders im 8., 7. und 6. Jahrhundert boten maritime Unternehmungen und Ansiedlungen den Wagemutigen aus allen Schichten die Chance rapiden sozialen Aufstiegs. Doch das Leben hielt auch die andere Richtung bereit: Vom Ausscheiden des verarmten Spartiaten aus dem Verband der Vollbürger war schon die Rede, und vielerorts führte die Realerbteilung eines Oíkos zum sozialen Abstieg der Söhne – oder zu einem Ortswechsel der Zukurzgekommenen in Form von Binnenwanderung, Söldnerdienst oder weiträumiger Übersiedlung.

Soziale Mobilität

2.3.2 Distinktion und Gruppenbildung: die Aristokratie

Bezeichnungen und ältere Konzepte

Bereits die älteste Überlieferung in Gestalt von Haus- und Grabbefunden aus den *Dark Ages* sowie der Homerischen Epen zeugen von einem Kreis sozial prominenter Personen, die aufgrund ihrer wirtschaftlichen Potenz, ihres aktiven Handelns vor und in einer Öffentlichkeit sowie ihres sozialen Ansehens aus der breiten Bevölkerung herausragten. Diese Personen wurden in der Archaik häufig als *hoi agathoí* („die Guten") beziehungsweise *hoi áristoi* („die Besten") bezeichnet. Auf eine besondere Abstammung hoben Ausdrücke wie *eugenês* oder *génnaios* („Wohlgeborener") ab. Eher deskriptiv traten später Identifizierungen wie *dýnatoi* („die

Mächtigen") oder *olígoi* („die Wenigen") hinzu. Die politische Theoriebildung (s. u. 2.5.4) hat davon die Bezeichnungen *aristokratía* und *oligarchía* für politische Ordnungen abgeleitet, in denen ein kleiner Kreis dominiert, wobei erstere bei Aristoteles als Herrschaft der besten Bürger im Dienst des Gemeinwohls firmiert. Daneben stand, weniger profiliert, die *dynasteía* als vererbte Vormacht einer kooperierenden, auch verwandtschaftlich verbundenen Clique von Familienhäuptern bei schwach ausgeprägter Staatlichkeit. Aus dieser antiken Systematisierung und mit dem Bild des europäischen Adels im Mittelalter und der Neuzeit im Hinterkopf hat die althistorische Forschung die in den Quellen als reich, mächtig und prominent ausgewiesenen Akteure als Aristokraten bezeichnet und sprach vom Adel oder der Aristokratie als einer festen soziopolitischen Formation, die durch ausgedehnten Landbesitz, quasi-erbliche Monopolisierung der Macht sowie stabile Verwandtschaftsverbünde (*génê*) gekennzeichnet gewesen sei. Außerdem wurde – wiederum antiken Konstruktionen folgend – das Herrschaftsmodell Aristokratie in eine evolutionäre Abfolge eingefügt: Wo es in der Frühzeit ein Königtum gegeben habe, sei dieses durch aristokratische Herrschaften abgelöst worden; diesen Mächtigen wiederum habe dann im Laufe der geschichtlichen Entwicklung vielerorts ‚das Volk' Zugeständnisse abgetrotzt, was in einigen Fällen in eine Demokratie mündete, zu der wiederum die Aristokraten in Opposition standen.

Das aktuelle Bild

Die neuere Forschung hat jedoch aus der Analyse der ältesten und am ehesten authentischen Überlieferungen (Homer, frühe Lyrik, mündliche Traditionen bei Herodot, Vasenbilder) ein völlig anderes Bild gewonnen. Demnach beruhte die soziale Überlegenheit eines *áristos* ganz elementar auf dem Reichtum seines Oíkos (s. o. 2.2), daneben auf persönlichen Leistungen und dem daraus resultierenden Ansehen. Um ihre Besonderheit zu festigen, entwickelten die *áristoi* symbolische Formen, soziale Praktiken und spezifische Werte, die zusammen eine vornehme Lebensweise ausmachten, darunter das Ziel, „immer der Beste zu sein (*aristeúein*) und die anderen zu übertreffen" (Hom. Il. 6,208, davon „Aristie-Ideal"). Die Aristokraten stachen durch einen gepflegten, trainierten Körper, luxuriöse Kleidung, langes Haar und das Reiten zu Pferd hervor. Ihre ebenfalls aus vornehmen Oíkoi stammenden Frauen trugen Schmuck aus Gold; das im Vergleich zum bäuerlichen größere Haus verfügte über gut gefüllte Vorratskam-

Vereinzelung

Lebensstil

mern, wertvolle Tuche, bronzene Dreifüße und orientalische Luxusobjekte, die Gastfreunde mitgebracht hatten. Beim gemeinsamen Trinkgelage (*sympósion*) pflegte man Geselligkeit und vergewisserte sich in Erzählungen und lyrischen Gesängen immer wieder der gemeinsamen Werte und Ziele. Diese sozialen Praktiken waren ebenso wie das Sich-aneinander-Messen bei den verschiedenen Wettbewerben (Agonen) geeignet, individuelles Streben nach Vorrang oder aber Cliquenbildung zu befördern. Letztere konnte verstärkt werden, wenn ein ambitionierter Anführer Freunde (*hetaíroi*) und Gefolgsleute (*therápontes*) versammelte, die ihn auf Beutezügen in benachbarten Gebieten oder bei maritimen Unternehmungen begleiteten, mit ihm Geselligkeit pflegten und von ihm gelegentliche Unterstützung erfuhren. Auch die Priesterämter wurden traditionell von Angehörigen bestimmter adeliger Familien bekleidet; nur auf diesem Feld scheinen ‚Geschlechter' eine gewisse Rolle gespielt zu haben.

Aufstieg und Abstieg

Einen Aufstieg in die Elite ermöglichten Exzellenz und Erfolge im Krieg und zur See, wie schon die aufschlussreiche fiktive Lebensgeschichte eines Kreters aus dem Munde des Odysseus zeigt (Hom. Od. 14,199–251). Da materielle Mittel für den Status zentral waren und ‚adliger' Lebensstil imitiert werden konnte, gab es in der Archaik auch immer wieder (meist erfolglose) Versuche von Einzelpersonen und Gruppen, solche ‚Aufsteiger' mittels anderer Kriterien auszugrenzen. Ein Abstieg drohte schon durch familiäres Unglück (Erlöschen der männlichen Abstammungslinie) oder umgekehrt durch Erbteilungen; die ausgeprägte räumliche Mobilität von Angehörigen der Elite – etwa als Händler, Söldner oder Siedlungsgründer – dürfte nicht nur mit inneraristokratischen oder innergemeindlichen Konflikten zu erklären sein, sondern resultierte oft aus einem drohenden Absinken. Generell war es wohl nicht zuletzt die Weiträumigkeit des Handelns, was einen Aristokraten auch dann von einem Bauern trennte, wenn dieser relativ wohlhabend war. Damit korrespondierte eine größere Bereitschaft, situativ Regeln und Normen zu ignorieren.

Strategien der Aristokraten

Für das 7. und 6. Jahrhundert lassen sich verschiedene Prominenzstrategien identifizieren, die jeweils auf eine über die Elite selbst hinausreichende Öffentlichkeit ausgerichtet waren, wobei diese eine gesamtgriechische oder eine lokal-bürgerschaftliche sein konnte. Die Strategien bewegten sich zwischen den Polen Wettbewerb (bis hin zum Konflikt) und Kooperation sowie zwischen Individuum und Kollektiv. So strebten die Teilnehmer in einem der großen Agone wie den Olympischen Spielen individuell und in scharfem, aber geregeltem Wettstreit vor einem panhellenischen Publikum nach Prestige. Dieses konnte jedoch auch im Raum der eigenen Polis in politischen Vorrang ausgemünzt werden, wie dies offenbar der Olympiasieger Kylon Ende des 7. Jahrhunderts versuchte (sein Griff nach der Macht in Athen scheiterte jedoch) und wie es Alkibiades noch zwei Jahrhunderte später ebenfalls in Athen gelang.

Zwischen Konflikt und Kooperation

Auf der anderen Seite der Skala stand der Versuch, den Wettbewerb um Rang und Prestige kollektiv und kooperativ einzuhegen, indem tendenziell alle Angehörigen der Eliten oder doch ein großer Teil davon in einem geregelten und gemeindlich sanktionierten Verfahren Zugang zu einer Prestigeressource erhielten. In diesem Sinne bestimmte etwa ein um 650 niedergelegtes Gesetz der Polis im kretischen Dreros, dass jemand das wichtige Amt des *kósmos* erst nach zehn Jahren erneut bekleiden und die dem *kósmos* zugewiesenen Aufgaben auch nur als Inhaber dieses Amtes, nicht mehr aufgrund sozialer Autorität außerhalb der Institution wahrnehmen durfte.

Kartelle

Die Polis hatte damit wesentlich dazu beigetragen, eine bestimmte Gruppe innerhalb der Elite, nämlich die aktuellen und die ehemaligen *kósmoi*, mit besonderem Prestige auszustatten. Eine solche mit Hilfe von Institutionen den Wettbewerb kanalisierende Regelung, wie sie auf Kreta klar zu erkennen ist, kann als Kartellbildung aufgefasst werden: Die Mitglieder teilten die Ressource Amt unter sich auf. Umgekehrt war es das regelmäßig vergebene öffentliche Amt, das nunmehr die Elite einer politischen Gemeinde zu definieren half: Zu dieser gehörte nun auch (jedoch nicht ausschließlich), wer eine solche Funktion wahrnahm oder als ehemaliger Amtsträger in einem Ratsgremium saß, etwa im athenischen Areopag, der aus ehemaligen Inhabern des höchsten Gemeindeamtes, des Archontats, bestand. In die gleiche Richtung wirkten auch die erwähnten solonischen Zensusklassen, indem durch sie die Zulassung zu bestimmten Ämtern formalisiert wurde. A. Heuss spitzt es zu: Der Adel habe „die griechische Stadt erst eigentlich zu einem politischen Körper gemacht, zum Stadtstaat“ [1.2.1: Hellas, 78].

Politik formiert die Aristokratie

Ohne Zweifel hat auch umgekehrt die Entstehung der Polis als Institutionalisierungsprozess von gemeinschaftsbezogenem

Handeln zur Formierung der Eliten beigetragen und sie als Gruppe sichtbarer gemacht. Zwischen den beiden skizzierten Optionen – individueller Wettbewerb und kollektive Herrschaft – lagen höchst risikoreiche Handlungsstile: Ein durch Reichtum, Prominenz in Wettkämpfen oder Ruhm im Kampf ausgezeichneter Anführer versammelte mancherorts Gefolgsleute aus verschiedenen Schichten zu einer ‚Partei' (griech. *stásis*) und holte sich zusätzlich Unterstützung von auswärtigen Gastfreunden, bildete also eine Art partielles Kartell, mit dem Ziel, durch einen gewaltsamen Umsturz die Macht in seiner Gemeinde an sich zu bringen und Tyrann zu werden. Im Erfolgsfall konnte er Konkurrenten vertreiben und enteignen (oder gar töten), ihnen also Rang, Prestige und Öffentlichkeit rauben. Indes wissen wir von Tyrannen, die zumindest einen Teil der Elite einbanden, um ihrerseits eine breitere Basis gegen die unvermeidlichen Bemühungen der Unterlegenen um Rückkehr, Rache und Restitution zu gewinnen – dieses Verhalten stellte ebenfalls eine (labile) Variante der Kartellbildung dar. Das bekannteste Beispiel für eine solche Beteiligung bildet wiederum Athen, wo die Tyrannenfamilie der Peisistratiden auch prominente Rivalen das höchste Amt, das Archontat, bekleiden ließ. Je nach Temperament und lokalen Bedingungen bestanden für die Elite im 7. und 6. Jahrhundert sehr unterschiedliche Handlungsoptionen; neben den Tyrannen gab es „solche Adelige, die Regelungsmechanismen zu einer friedlichen Konfliktbeilegung institutionalisierten und die Einrichtung politischer Ordnungen förderten" [Schmitz, Verpaßte Chancen, 49].

Gefestigte Elitenherrschaft?

Athen

Es hing von lokalen Konstellationen und Weichenstellungen ab, ob sich eine herrschende Elite behaupten konnte (s. auch u. 2.5.2 zur Oligarchie). In Athen (s. u. 3.7) gelang dies auch deshalb nicht, weil es dort immer wieder tatkräftige Aristokraten wie Solon, Kleisthenes und Perikles gab, die auf eine Stärkung des gesamten Gemeinwesens zielten und dafür breitere Schichten in den politischen Raum einbezogen. In diesem Fall hat also die Vereinzelung der Aristokraten – zunächst im 6. Jahrhundert beim Ringen um die Macht, dann nach 500 im politischen Agieren vor der Volksversammlung – eine längerfristige kollektive Machtausübung verhindert. Eine solche war nach 480 auch gar kein sinnvolles Ziel mehr, denn „die machtpolitischen Möglichkeiten, welche die Polis Athen ehrgeizigen Akteuren bot, machten ein Handeln im Rahmen der Polis und nach ihren Regeln in nahezu alternativloser Weise attraktiv" [Meister, ‚Adel', 377]. Die oligarchischen Umstürze 411 und v. a. 404/03 (u. S. 144 ff.) wurden dagegen durch kriegsbedingten Stress begünstigt, waren jedoch zugleich Produkte einer scharfen Ideologisierung der Idee einer ‚Herrschaft der Besten', die es in der Archaik so noch nicht gab (s. u. 2.5.2). Einen anderen Weg schlug Korinth (s. u. 3.5) ein, ebenfalls eine große, von maritimer Dynamik geprägte Stadt: Hier gelang es der Elite, zu einem Konsens zu finden und dauerhaft eine politische Vormachtstellung zu etablieren. Zunächst legte die *dynasteía* der Bakchiaden ihre internen Konflikte bei und übte eine kollektive Herrschaft aus, mit einem jährlich bestellten Vorsteher (*prýtanis*) an der Spitze. Zwar vermochte Kypselos fortdauernde Konflikte für sich auszunutzen und sich zum Tyrannen aufzuschwingen, doch nach dem Sturz seines Enkels Psammetichos flammten die Adelskämpfe – anders als in Athen nach der Vertreibung des Hippias 510 – offenbar nicht wieder auf, sondern es konnte sich eine stabile, mit wenigen Unterbrechungen etwa 150 Jahre bestehende politische Ordnung mit deutlich aristokratischen Zügen etablieren. Anscheinend gelang es der korinthischen Elite, sich in den Organen der Polis auf eine im Konsens formulierte Politik zu einigen, für die sie in der Volksversammlung Unterstützung fand.

Korinth

Ähnliches geschah in Massilia (s. u. 3.8); dort konnten wohl zunächst nur Angehörige bestimmter Familien Ämter bekleiden, und selbst diese nur so, dass jeweils ein Angehöriger (der Vater oder der Älteste aus einem Kreise von Brüdern) berechtigt war. Später wurde der Kreis erweitert, aber der Zugang zur regierenden Bürgerschaft (*políteuma*) blieb an ein nicht näher beschriebenes Verfahren gebunden, wonach man „aus der Zahl derer, die zur Bürgerschaft gehören beziehungsweise außerhalb stehen, die auswählt, die (zur Bürgerschaft zu gehören) verdienen" (Aristot. Pol. 6,7 1321a30 f.).

Massilia

Wieder anders waren die Bedingungen in Thessalien: Dort gab es einen zahlenmäßig starken, kriegerischen und zugleich luxuriös lebenden Adel sowie eine breite Schicht von mittleren Bauern. Die Güter der Adeligen wurden von Unfreien, den Penesten, bewirtschaftet. Die thessalischen *áristoi* übten also sehr konkret Herrschaft aus, allerdings eher personal als politisch institutionalisiert. Da sie über große Ressourcen und mobilisierbare Abhängige verfügten, konnten sie die politische Herrschaft in ihren Krei-

Thessalien

sen halten, wobei ihnen ihre militärische Leistung als Kämpfer zu Pferd – eine Ausnahme in Griechenland – in die Hand spielte.

2.4 Menschen in Bewegung: Mobilität, Migration, Siedlungsexpansion

Ökologische und politische Grundbedingungen

Frühgriechische Dichter waren sich einig: Die Götter hatten den Menschen ein rastloses Leben zugewiesen, in einer Welt voller Risiken, Gefahren und jederzeit drohender Not. Als Kontrast dienten eine längst vergangene Goldene Zeit, die sich allenfalls an den Rändern der Oikumene und in fernen Idealwelten konserviert hatte, sowie konkreter die glanzvollen Reiche des Fruchtbaren Halbmondes, dort wo die großen Ströme überreiche Ernten und mächtige Herrscher der Bevölkerung Sicherheit boten.

in den östlichen Großreichen und ...

Natürlich abstrahierte diese Sicht von den Realitäten und ihren mannigfachen Schattierungen, doch sie hat im Kern etwas Entscheidendes erfasst: Die ausgeklügelten Bewässerungssysteme östlicher Flusstalkulturen banden Menschen und Herrscher aneinander und ließen sie naturale Krisen leichter vor Ort verkraften. Bewegungen von Bevölkerungsgruppen über große Entfernungen waren staatlich dekretiert, so wenn der siegreiche Herrscher Kriegsgefangene und Bewohner eroberter Städte an zentrale Orte oder in agrarisch unterentwickelte Reichsgebiete verpflanzte. Oder sie erfolgten in Form von Migrationen nomadischer und halbnomadischer Gruppen, die von den Berg- oder Wüstenregionen in die urbanen Zonen des Fruchtbaren Halbmondes und das Niltal drängten und hier bessere Lebensbedingungen, Beute oder Anstellung in den Armeen der Könige erhofften.

... im Mittelmeerraum

Die Welt der Griechen war kleinteiliger, multipolar und wandelbar. Die in zahllose Inseln und zerfurchte Küsten zergliederte Ägäis beförderte eine geradezu selbstverständliche Form maritimer Mobilität; ihre günstige Scharnierposition nahe den etablierten See- und Landverbindungen öffnete den Weg in alle Himmelsrichtungen und erleichterte transregionale Kontakte. Während die kleinasiatischen Landrouten den Zentren der Großreiche zustrebten, bewegten sich Schiffe in einem maritimen Großraum, der seinerseits in zahllose Mikroregionen zersplittert war und seine Bewohner zwang, ihre meist schmale agrarisch-ökologische Basis sowie kontingente Verluste (Zerstörungen durch Erdbeben, Ernteausfälle infolge Dürreperioden, Plünderungen) durch Zugewinn über See auszugleichen. In einem solchen Umfeld dominierten bis ins 6. Jahrhundert proto-urbane und urbane Siedlungsformen ohne großimperiale Ambitionen und monarchische Kontrollen. Die Macht war weniger stark zentriert und durch monokratische Ideologien strukturiert, vielmehr breiter gelagert unter Eliten, die miteinander um Einfluss und Führungspositionen rangen.

Machtkämpfe und Bewährungsdruck

Das schuf vielerorts eine brodelnde Atmosphäre interner Konkurrenz und individuellen Bewährungsdrucks, der immer auch nach außen drängte: so wenn junge Männer sich durch Großtaten in der Fremde beweisen mussten oder die Unterlegenen interner Machtkämpfe alternative Herrschafts- und Aufstiegschancen suchten. Bei alldem war die mentale und politische Schwelle zwischen gewohnter Nähe und fremder Ferne weniger stark ausgeprägt als im Osten, ihr Überschreiten vielmehr in das soziale Leben integriert. So sah die Initiation männlicher Jugend häufig einen Aufenthalt jenseits der Siedlungszentren vor. Während die Bewirtschaftung der mesopotamischen und ägyptischen Flusssysteme einen Großteil der Landbevölkerung unabkömmlich machte, konnten Eliten mediterraner Küsten ihren Besitz nicht selten saisonal verlassen, um zusätzliche Ressourcen zu gewinnen und Anhänger zu versorgen. Für die Gesamtgemeinde war dieses Ausbrechen aus heimatlicher Nähe oft die einzige Möglichkeit, um innere Konflikte auszutrocknen und Stabilität zu wahren.

Wissen über die Fremde als Quelle von Macht

Eng verbunden mit der egalitär-kompetitiven Struktur und der relativen ökonomischen Schwäche mediterraner Gemeinden sowie mittelmeernaher Gruppen war die Tatsache, dass das Wissen über die Fremde und ihre Reichtümer als Quelle von Macht und Ansehen nicht von omnipotenten Herrschern monopolisiert wurde, sondern im Prinzip jedem zugänglich war, der bereit war, den Schritt aus dem lokalen Nahbereich zu wagen. In der Praxis konzentriert sich diese Fähigkeit auf Gruppen und Familien, die über längere Zeit auswärtige Kontakte pflegten und als „foreign experts" einen reichen Erfahrungsschatz mobiler Techniken gesammelt hatten. Sie konnten Anhänger zu Kriegerbanden formen, die städtische Strukturen nie gänzlich an sich zu binden vermochten. Tatsächlich legte das im Mittelmeerraum verbreitete milizionär-tribale Rekrutierungssystem – Karthagos Politik dürfte auf vorderasiatische Traditionen zurückgehen, Tyrannen sistierten Milizen aus politischem Kalkül – einem Engagement in der Fremde selten harsche Beschränkungen auf, weil die Gemeinden hiervon entlastet wurden. Adlige Mobilität und kommunal-tribales Milizsystem produzierten so eine große Zahl von Männern, die routine- und regelmäßig die Fremde beobachteten und in ihre Lebensplanungen einbezogen. Das Meer bildete dabei den großen Strom, der zwar keine reichen Ernten, dafür aber Verdienstchancen und Kontakte ohne herrschaftliche Kontrollen ermöglichte. Während sich in Vorderasien großräumige Migration vornehmlich zu Lande abspielte und das Meer mental eher eine Barriere bildete, waren Insel, Küste und See unabdingbare Vektoren mediterraner Interaktion und *connectivity*.

Adlige Mobilität und Milizsystem

Migrationsbewegungen in und aus der Ägäis

Die (späteren) Griechen waren von Anbeginn Teil dieser mobilen Welt. Wanderungs- und Siedlungsbewegungen aus dem Ägäisraum reichten bis in die Bronzezeit zurück und dürften auf Initiative wendiger Anführer erfolgt sein, die für sich und ihre Familien bessere Lebensbedingungen erhofften. Ihre Kenntnisse erwuchsen aus maritimen Handelskontakten, die auch durch die Umbrüche der späten Bronzezeit nie gänzlich gekappt worden waren. Hinzu kamen Raubzüge und Überfälle auf Handelsschiffe und ostmediterrane Küstenstädte bis in die Levante. Diese bildeten das maritime Pendant zu den nomadischen Einfällen in die Kerngebiete des Fruchtbaren Halbmondes. Sie bestätigten einerseits die Auffassung östlicher Herrscher, dass die „Ioner" barbarische Störenfriede ihrer Weltordnung waren. Andererseits stärkten erfolgreiche Raubzüge das Renommee der Angreifer. Nicht selten wurden gefangene Anführer griechischer Piraten „umgedreht" und traten in den Dienst heimischer Könige, genauso wie diese die Angriffsdynamik der kontinentalen Reiternomaden zu absorbieren suchten, indem man sie den eigenen Armeen angliederte.

Piraterie

Auf diese (und andere) Weise entstanden Kontakte und Transferkanäle, die auch einfachen Kämpfern die Chance eröffneten, als Schwerbewaffnete unter den Fahnen eines fremden Monarchen zu dienen. Dass griechische *big men* und ihre Mannschaften (*hetaíroi*) für Gastfreunde in den Krieg zogen, war in der Archaik an sich nichts Ungewöhnliches. Ihre transregionalen Beziehungen bildeten auch in der Folgezeit die Basis, um ihre Kampfkraft gegen Bezahlung, Beuteanteile und gegebenenfalls ein Stück Land anzubieten. Da das ökonomische Gefälle zwischen den östlichen Großreichen (sowie später Sizilien) und der griechischen Halbinsel sowie der Bedarf an kampfstarken Infanteristen im We-

Söldner

sentlichen bestehen blieben – nur das Ausgreifen Persiens im 5. Jahrhundert sowie die folgenden griechischen Hegemonialkämpfe banden heimische Krieger über längere Zeit an den Ägäisraum –, bildete das Söldnerwesen ein Dauerphänomen der griechischen Geschichte. Es bot mit Schwankungen jährlich bis zu rund 20 000 Männern Lohn und Aufstiegsmöglichkeiten und führte Griechen bis an die Grenzen der damals bekannten Welt. Viele kehrten erst nach Jahren zurück, andere richteten sich in Militärsiedlungen und Garnisonen ein und ehelichten einheimische Frauen. Daraus lässt sich der – auch durch andere Indizien nahegelegte – Schluss ziehen, dass es zumindest in der Archaik einen signifikanten, vielleicht durch die hohe Müttersterblichkeit und einseitige Kindesaussetzung erklärbaren Überschuss an Männern in Griechenland gab, die mobil sein und in der Fremde versorgt werden mussten.

Überseehändler im Osten ...

Parallel zu den Aktivitäten als Pirat und Söldner intensivierte sich der Warenverkehr. Die Grenze zwischen gewaltsamer Aneignung und friedlichem Erwerb war fließend. Piratenkapitäne benötigten Orte des Austausches zur Veräußerung ihrer Beute, darunter Sklaven. Die über längere Zeit auf Festungen und in Grenzgarnisonen beschäftigten Griechen mochten auf Wein, Öl und Tafelgeschirr aus der Heimat nicht verzichten: Bei Homer werden die vor Troja lagernden Krieger durch einen Kapitän aus Lesbos mit Wein versorgt, während Patroklos für seinen Freund Achilles einen Priamossohn nach Lemnos verkauft haben soll.

... und im Westen

Andere Verdienstmöglichkeiten bot der Westen. Hier traf man auf Gemeinschaften, deren Strukturen den eigenen ähnelten und die von den Verhältnissen der Ägäis nicht durch eine so große machtpolitische Kluft getrennt waren wie der Osten. Die einheimische Konkurrenz für griechische Keramik, Symposiongeschirr und Wein war geringer, die Aufnahmefähigkeit für die mit den Produkten verbundenen Narrative und Verhaltensideale größer, wie man etwa bei den Etruskern in Italien sehen kann. Zudem bot der Westen mit Rohstoffen wie Eisen und Holz (Italien) sowie den Edelmetallen Kupfer und Zinn (Sardinien), Gold und Silber (Spanien) transportable Produkte, die auf der Rückfahrt nicht nur in die Ägäis, sondern vor allem in die rohstoffarmen Großreiche des Ostens weiterverhandelt werden konnten. Dagegen wurde das aus Ägypten und später dem Schwarzmeerraum exportierte Getreide nur in die Ägäis, aber nicht in den Westen geliefert. Erst der Handel mit westmediterranen Naturalien bot so die Chance, transregionale Verbindungen mit enormen Gewinnchancen aufzubauen. Wie es die Euboier im 8. und 7. Jahrhundert vorgemacht hatten, so waren in den folgenden Jahrhunderten die wohlhabendsten Poleis solche Hafenstädte, die im Erwerb und Vertrieb westlicher Rohstoffe *und* östlicher Produkte aktiv waren. Großhändler wie Sostratos aus Aigina, die über ein mittelmeerweites Handelsnetz verfügten, galten als die reichsten Männer Griechenlands.

Aufenthalt an fremden Küsten

Ob man als Pirat, Söldner oder Händler agierte – eine Voraussetzung des Erfolgs bildete nicht nur die Bewegung über das Meer, sondern auch der Aufenthalt an fremden Küsten, sei es, dass man ‚Kundenkontakte' pflegte, in den Kriegsdienst fremder Herren trat oder erbeutetes Gut weiterhandelte. Dabei müssen sich früh bestimmte *hotspots* etabliert haben, die sichere Kontakte eröffneten: An der nordsyrischen Küste und im Nildelta standen solche Räume meist unter der Aufsicht heimischer Herrscher; im Westen dürften Kleinkönige wie der von Tartessos oder ligurische Häuptlinge ähnliche Möglichkeiten angeboten haben, zumal wenn man sich von den Fremden nicht nur eine Erweiterung des Warenangebotes, sondern auch eine Verstärkung des heimischen Wehrpotentials versprach.

Doch es gab angesichts der kleinteiligen Herrschaften und der geringeren Bevölkerungsdichte des Mittelmeerraums auch Siedlungen auf Inseln und an der Küste, die außerhalb des Zugriffs heimischer Potentaten von den Ankömmlingen angelegt werden konnten. Solche Plätze entstanden im 8. Jahrhundert in Pithekussai und rund eine Generation später an der Rhônemündung sowie im Süden Italiens. Sie lassen sich gut mit dem Konzept des *middle ground* beschreiben. Hier fanden sich Händler, Handwerker und Söldner verschiedener Herkunft mit einheimischen Verbänden zusammen, ohne dass *eine* Gruppe politische Dominanz ausüben konnte. Stattdessen war man gezwungen, *gemeinsame* Formen und Strategien des Zusammenlebens zu entwickeln, die kreative Prozesse der Annäherung und des Austausches evozierten. Kinder aus Mischehen wuchsen zweisprachig auf, man lernte den Mythenschatz anderer Kulturen kennen und miteinander zu verbinden, das Besondere des Gegenübers zu verstehen, ohne das Eigene aufzugeben – und war vielfach angeregt, dieses Eigene überhaupt erst genauer zu bestimmen.

Middle grounds

In solchen Räumen dürften Griechen das phönizische Alphabet adaptiert haben (s. o. 2.1); ähnliche Austausch- und Lernprozesse gab es zwischen Etruskern und Phöniziern beziehungsweise Karthagern. Übrigens scheint es bereits in der Antike eine gewisse Ahnung von solchen Prozessen gegeben zu haben; so bemerkt der frühkaiserzeitliche Geograph Strabon über Emporion in Spanien, die Ordnung dort sei eine Mischung aus barbarischen und hellenischen Bräuchen gewesen – „wie auch in vielen anderen Fällen“ (Strab. Geogr. 3,4,8 C 160).

Die frühen Ansiedlungen boten mobilen Gruppen ein Optimum politischer Vergemeinschaftung bei gleichzeitiger individueller Handlungsfähigkeit; sie blieben offen für Neuankömmlinge und ließen die Freiheit, wieder wegzuziehen, wenn sich anderswo bessere Chancen auftaten. Der gemeinsame Nenner, der alle über einen gewissen Zeitraum zusammen und bei der Stange hielt, waren die Nähe zu Edelmetallen, die Qualität der Kontakte mit den Einheimischen und die Gewinne, die sich hieraus ergaben. Allerdings reagierten die kleinteiligen Herrschaften sensibler auf Störungen der ökologischen und politischen Bedingungen als der Osten, wo sich ein monarchisch etablierter Handelsplatz wie der von Naukratis gegenüber äußeren und inneren Krisen weitgehend resistent zeigte. Die als Weihegaben in Olympia und Delphi hinterlegten Waffen und Beutestücke westlicher Provenienz deuten darauf hin, dass es im 8. Jahrhundert zu militärischen Konflikten zwischen griechischen Kriegern und Piraten und ihren etruskischen und italischen Pendants (und zeitweiligen Partnern) kam. Ein weiterer Faktor, der Veränderungen innerhalb der Siedlungen bewirkte, war die Tatsache, dass griechische Erzeugnisse und Fertigkeiten v. a. im Bereich der Töpferkunst und des Trinkgeschirrs auf kurz oder lang von den Einheimischen als überlegen empfunden wurden. Dies und die bei längerer Ansiedlung notwendige agrarische Bebauung förderten die soziale Stratifikation und eine schleichende Machtakkumulation zugunsten der Griechen, die im Nahbereich der östlichen Reiche so nicht möglich war.

Konflikte und Veränderungen

All diese Faktoren können erklären, weshalb einerseits Siedlungen von Pithekussai, die zeitweise wohl 7 000 oder gar 10 000 Menschen beherbergten, wieder verschwanden beziehungsweise an die Küste verlegt wurden, während andernorts griechische Siedler nach einigen Generationen Mitsiedler verdrängten und ihr Gebiet auf Kosten einheimischer Bevölkerungen erweiterten. Diese Entwicklung bereitete buchstäblich den Boden für neue Wellen von Migrationsbewegungen, die erstmals kompakte Gruppen von

Zuzug von Ackerbauern seit dem 7. Jahrhundert

meist jungen Ackerbauern in die von Seehändlern, Piraten und Söldnern erschlossenen Siedlungszonen trieb. Sie bevorzugten nun solche Räume wie Sizilien und Unteritalien, die zwar kaum wertvolle Mineralien, dafür reiche Agrarbaugebiete boten. Ihre Ansiedlung war nicht mehr eine berufsbedingte, individuell und situativ gewählte Zwischenlösung, sondern sie brachen mit dem Ziel auf, sich Land als Basis einer dauerhaften Existenz zu sichern – was nicht heißt, dass man Alternativen ausschloss. Im Verlauf des neuerlichen Zuzugs und der formellen Akte der Besitzergreifung nahmen die Siedlungen auch architektonisch einen urbaneren Charakter an, Landstücke wurden großzügig und planmäßig erschlossen und vergeben, die Einwohner entwickelten als Bewohner einer eigenen Polis ein – wenn auch noch schwaches – Bewusstsein ethnischer Identität, die auf militärischem und kulturellem Dominanzgebaren sowie Abgrenzung gründete. Nicht von ungefähr begannen einige der frühen Ansiedlungen in Sizilien nach dem Zuzug bäuerlicher Siedler Subkolonien anzulegen, um ihre Handelsverbindungen und ihr Einflussgebiet zu stärken. Auch das ist eine der Quellen für die Spannungen, die das anfänglich kooperative Verhältnis der Griechen zu Phöniziern und Karthagern in eine neue Richtung trieb. Zugleich zeigt sich in den sekundären Gründungen eine ungebrochene Bereitschaft, neue Chancen zu ergreifen und ein gutes Leben für ein besseres aufs Spiel zu setzen.

Die mit der Anlage von Städten (Apoikien) verbundene Migration von Ackerbauern an die Küsten des westlichen Mittelmeer- und Nordpontosraum wird meist als „Große Kolonisation" bezeichnet, die zu ihr hinführenden Bewegungen hingegen als Protokolonisation. Tatsächlich handelt es sich um fließende Übergänge sowie in verschiedenen Formen verlaufende Manifestationen einer Migrationsbereitschaft, die auf veränderte Konstellationen in der Heimat und den Zielgebieten reagierte und Eigendynamiken entfaltete; diese wurden – auch ohne konkrete Ursachen – durch die entstandenen Netzwerke selbst ausgelöst und getragen. Misserfolge boten Erfahrungswerte, Erfolge stärkten das Selbstbewusstsein und strahlten nach außen. Vielfach dürfte die in der Heimat und Ferne gestählte Wehrhaftigkeit die Griechen so selbstbewusst gemacht haben, dass sie sich ihr Siedlungsland erkämpften. Auf der anderen Seite gab es nach wie vor Fälle, in denen die ankommenden Ackerbauern gezielt die Kooperation mit den Ein-

Kolonisation und Protokolonisation

heimischen suchten. Grundsätzlich blieb auch das Verhältnis von Ackerbau, Handel und Handwerk eher eine Frage der Gewichtung, weniger der kategorialen Alternative. Die Urbanisierung der Mittelmeerküsten schloss andere Formen mobiler Erfolgssuche keineswegs aus, sondern bot ihnen zusätzliche Anknüpfungspunkte. Die sich differenzierenden Bedürfnisse einer urbanen Küstenkultur stimulierten den Überseehandel mit Luxus- *und* Stapelprodukten. Südfrankreich, Sizilien und Unteritalien versorgten andere Apoikien sowie den Ägäisraum mit Exportgetreide und eröffneten ein weiteres Betätigungsfeld für Söldner.

Mediterrane *connectivity*

Mobile Spezialisten

Daneben stand individuelle Mobilität, quantitativ eher gering, aber von erheblicher (zumal kultureller) Wirkkraft. Spezialisierte Schiffsbaumeister, Techniker, Künstler und Dichter sowie religiöse Charismatiker, Seher und Reinigungspriester und nicht zuletzt eine wachsende Zahl von Ärzten zogen von Stadt zu Stadt, mitunter bis an die Höfe des Ostens. Auch die sophistische Bewegung des 5. Jahrhunderts ist dieser Gruppe zuzuordnen. Im Unterschied zu den örtlich gebundenen Ackerbauern betrieben sie in der Regel – die Daueranstellung von Ärzten am Perserhof war nach Aussage der Quellen kriegsbedingt – eine zirkuläre Migration, die auf Anfragen und Bedürfnisse der Städte reagierte, sich an kommunalen und überregionalen Festen orientierte und militärischen Kampagnen z. B. der Söldnerheere folgte. Einige prominente Griechen wie die Athener Hippias und Themistokles sowie der Spartaner Damaratos verbrachten jedoch den Rest ihres Lebens im Exil als Gäste des Perserkönigs.

Heiligtümer und Hafenstädte

Als wichtige Austauschzentren von Informationen und Erfahrungen fungierten neben den Hafenstädten und den Anwerbungsplätzen von Söldnern (etwa Gytheion auf der Peloponnes) die überregionalen, weiter im Inland gelegenen Heiligtümer, besonders Delphi und Olympia. Sie bildeten Knotenpunkte eines dicht geknüpften Netzwerkes von Migrationssystemen, das maßgeblich das Bewusstsein mediterraner *connectivity* als Summe gemeinsamer Lebensformen und Kontaktkonstellationen begründete.

Territoriale und fluviale Mobilität

Obwohl die Formen und Ziele von Mobilität flexibel blieben, haben die sprunghaft vermehrte Zahl der Städte und die Intensivierung transregionaler Austauschprozesse neue politische Perspektiven eröffnet, welche die Griechische Geschichte prägten. Zum einen bot die Anlage von Städten zumal an den Mündungen frequentierter Ströme die Möglichkeit, von der Küste ins Landesinnere vorzustoßen. Maritime Mobilität wurde auf diese Weise durch fluviale und territoriale Erkundungen ergänzt. Es entstanden Transfertrassen, die sich mit etablierten Migrationssystemen und Kontakten zu östlichen Residenzen sowie südlichen Oasenheiligtümern verknüpfen ließen und von Gelehrten wie Aristeas oder Hekataios genutzt werden konnten sowie nicht selten die Bewegungen von Söldnern lenkten. Im Osten wiesen sie seit Alexander d. Gr. den Vorstößen makedonischer Heere den Weg.

„Imperiale Kolonisation" der archaischen Tyrannen

Eine zweite Entwicklung bezog sich stärker auf die innergriechischen Verhältnisse. Auch wenn die Verbindungen zwischen den Heimatgemeinden und den an fernen Küsten angelegten Städten keine politischen Verpflichtungen implizierten, so zeigte allein die von einigen Neugründungen betriebene Subkolonisation, dass die Anlage von Apoikien auch macht- bzw. handelspolitischen Zielen dienen konnte. Voraussetzung hierfür war ein besonderer geostrategischer Konnex, der sich zum Beispiel in der Kontrolle beziehungsweise Inanspruchnahme von Handelsrouten, Meerengen und küstennahen Ressourcen (Minen) spiegelte; deshalb lagen die Subkolonien in der Regel nicht allzu weit entfernt von der „Mutterstadt". Um diesen Konnex über die gewöhnlichen Respekt- und Loyalitätsbekundungen zu wahren, bedurfte es entweder einer politisch geschlossenen Elite (wie in Massilia im späten 5. Jahrhundert) oder mächtiger Einzelpersönlichkeiten, die sich als Tyrannen großer und wohlhabender Städte wie Korinth, Athen oder Syrakus etabliert hatten. Ihnen gelang es, Apoikien in handelspolitischen und ökologischen Schlüsselpositionen entweder selbst in der Doppelrolle als Oikist und Befehlshaber anzulegen oder bestehende durch die Entsendung von Familienmitgliedern (meist Söhne), in einer quasi perpetuierten Oikistenfunktion, regieren zu lassen.

Mitunter – das taten auch tyrannenfreie Gemeinwesen wie Sparta – ließ man unabhängig davon ehrgeizigen Aristokraten die Chance, sich in Übersee kleine Herrschaften zu erkämpfen. Waren sie erfolgreich, wie z. B. die Miltiaden aus Athen in Thrakien, konnte man deren Herrschaft dem eigenen Einflussgebiet zurechnen; scheiterten sie wie im Falle des Spartaners Dorieus, musste die Heimatgemeinde keine Verantwortung übernehmen. In jedem Fall hatte man einen das eigene Zentrum störenden Machtfaktor in die Ferne abgeschoben, ebenso wie der Tyrann die Erbansprüche ehrgeiziger Söhne dadurch umlenkte, dass er sie in die peripheren Apoikien entsandte, dadurch aber gleichzeitig ein dynastisch begründetes Netz abhängiger Stützpunkte schuf. Alte Motive mehr oder weniger erzwungener Emigration verbanden sich auf diese Weise mit imperialen Zielen zu einem neuen Typus patrimonial-dynastischer Kolonisation.

... und der Poleis

Nach dem Sturz der Tyrannen übernahm in der Regel die heimatliche Polisgemeinde (s. u. 2.5) die Aufsicht über die Apoikien und machte sie zusammen mit selbst errichteten Neuansiedlungen zu Stütz- und Ausgangspunkten eigener Hegemonialsphären. Korinth versuchte auf diese Weise bis weit ins 5. Jahrhundert, ein eigenes ‚Kolonialreich' zwischen und sogar innerhalb der spartanischen und athenischen Machtsphäre zu behaupten, wobei an die Stelle dynastischer Verbindungen städtische Funktionäre traten. Athen richtete gegen Ende des 6. Jahrhunderts auf dem Territorium besiegter Poleis sog. Kleruchien ein. Im Gegensatz zu den überseeischen Apoikien behielten die Kleruchen („Eigentümer eines Landloses") ihr heimatliches Bürgerrecht und waren im Status von Hopliten (Schwerbewaffneten, vgl. 2.6) zur Verteidigung ihrer Ansiedlung und zum Militärdienst verpflichtet. Athen verschaffte damit nicht nur vielen Bürgern rentables Ackerland, sondern verbreiterte auch sein Wehrpotential und seine hegemonialen Gestaltungsmöglichkeiten, indem es die Kleruchien in Kombination mit Apoikien (wie seinerzeit die Tyrannen) an strategisch und handelspolitisch wichtigen Punkten anlegte. Diese Form der militärisch-imperialen ‚Kolonisation', die eine erzwungene Abwanderung der Altsiedler implizierte, glich in vielerlei Hinsicht den Söldneransiedlungen, welche die syrakusanischen Tyrannen vornahmen. In beiden Fällen wurden beträchtliche Bevölkerungsgruppen verschoben – im Laufe des 5. und 4. Jahrhundert lebte ein Drittel der Athener zumindest zeitweise in den Kleruchien.

Kleruchien Athens

Söldneransiedlungen in Sizilien

Unter speziellen Umständen und in kleinerem Maßstab hatten sich die griechischen Verhältnisse zumindest zeitweise sogar den nahöstlichen angenähert. Auch im griechischen Kernland gab es Bestrebungen in eine ähnliche Richtung; so unterstützte Theben die Gründung der Stadt Megalopolis im bis dahin kaum urbanisierten westlichen Arkadien 368/67, um machtgeographisch auf der Peloponnes ein Gegengewicht zu Sparta zu schaffen; dieser politische Synoikismos („Zusammensiedlung" samt Bildung eines Poliszentrums) war mit erzwungenen Umsiedlungen aus den Dörfern der Region verbunden (Diod. 15,94).

Gründung von Megalopolis

2.5 Gemeinschaftsaufgaben und öffentliche Ordnung: die Polis und ihre Alternativen

Politisch verfasste Gemeinden

Gegen Ende des 8. Jahrhunderts, in Kleinasien wohl auch schon früher, entstanden überall im Siedlungsraum von Griechen politisch verfasste Gemeinden. Ihr Rückgrat bildeten freie, wehrfähige Männer, deren landwirtschaftlicher Grundbesitz zusammengenommen ein Territorium bildete. Um die elementaren Gemeinschaftsaufgaben – Streitschlichtung im Binnenraum, Wehrhaftigkeit und allgemein Handlungsfähigkeit nach außen sowie eine stabile Kommunikation mit den Göttern – bewältigen zu können, wurden auf Dauer angelegte öffentliche Institutionen begründet, die unter Verweis auf ein definiertes Kollektiv Anspruch auf Verbindlichkeit erhoben. So eröffnet eine Satzung der kretischen Gemeinde Dreros (s. o. 2.3.2) mit „Dies hat die Polis gesagt (= beschlossen)“ [1.10.3: Rhodes, Decrees, 301]; später begannen die Volksbeschlüsse in der athenischen Demokratie mit einer entsprechenden Formulierung [ebd., 18–24]: „Rat und Volk haben beschlossen.“

Staatlichkeit

Dieser Prozess der Institutionalisierung lässt sich als Ausbildung von Staatlichkeit fassen: Als wesentlich erachtete Güter wie Sicherheit und innerer Frieden, Chancen auf Wohlstandsressourcen, Gerechtigkeit oder Einvernehmen mit den Göttern werden nunmehr maßgeblich von einer organisierten Gemeinde bereitgestellt, an der eine große Zahl von Personen Anteil hat, und zwar auf der Grundlage von routinisierten Verfahren. Man kann durchaus von Staat sprechen, ohne den antiken Verhältnissen irreführende und anachronistische neuzeitliche Vorstellungen aufzustülpen. M. Webers Definition – Staat als ein „auf das Mittel der legitimen (das heißt: als legitim angesehenen) Gewaltsamkeit gestütztes *Herrschafts*verhältnis von Menschen über Menschen“ [2.3: Wirtschaft und Gesellschaft, 822] – umschließt auch antike Verbände. Allerdings betraf in Griechenland die staatliche Regelungskompetenz und Durchsetzungsmacht anfangs nur einige Bereiche des Zusammenlebens; wichtige Ordnungs- und Mobilisierungsleistungen wurden auch weiterhin im Oíkos (s. o.) und von anderen Formationen erbracht. Zumal bei kriegerischen und maritimen Unternehmungen bestand vielfach die Eigeninitiative von Aristokraten und ihren Gefolgschaften fort. Der die Zeit ab dem 8. Jahrhundert prägende Basisprozess – gemeinschaftsrelevantes

Handeln formiert sich in gemeindlichen Institutionen – lässt sich jedenfalls nicht ausschließlich als simple Domestizierung beschreiben, in dem Sinne, dass Eigeninitiative und Eigenmacht fortschreitend eingehegt oder zurückgedrängt worden seien. Ein solcher Prozess kam am ehesten bei den inneren Verhältnissen zum Tragen, wenn die Gemeindemitglieder sich geschriebene Satzungen (*thesmoí* oder *rhêtrai*) gaben oder die Selbsthilfe an gerichtliche Verfahren und Kollektivorgane gebunden wurde, um die zerstörerische Eskalation von Rache einzudämmen. Diese Bemühungen adressierten in erster Linie die labilen und konfliktbereiten Eliten (s. o. 2.3.2).

Doch im Handeln nach außen ergab sich eine andere Konstellation: Hier stellten die entstehenden politischen Handlungseinheiten und Netzwerke einzelnen Akteuren Ressourcen bereit, von denen ein homerischer *basileús* nicht einmal träumen konnte. Nur so konnten Sparta und Athen, aber auch Gemeinden wie Korinth und Samos sowie einige westgriechische Städte bereits im 6. Jahrhundert eine beachtliche ‚außenpolitische' Dynamik entfalten (s. u. 4.2), und nicht zufällig verbanden sich – außer in Sparta – in der Gestalt von Tyrannen (s. u. 2.5.2) mancherorts und für eine gewisse Zeit individuelles Machtstreben mit kollektiven Ressourcen und Interessen. Bei den Westgriechen bildeten sich unter dem Etikett der Tyrannis sogar semi-monarchische Herrschaften mit einem beträchtlichen Aktionsradius heraus. Und schließlich katapultierte eine entfesselte Ressourcenmobilisierung, gleichsam ‚nachholend', im 4. Jahrhundert das bis dahin eher randständige Makedonien unter Philipp II. an die Spitze der griechischen Staatenwelt.

Einzelpersönlichkeit und politische Gemeinschaft

Allerdings wurden bereits in der Archaik, dann vermehrt im 5. Jahrhundert – und gegenläufig zur makedonischen Monarchie – vielerorts Eigenmacht und Eigeninitiative Einzelner begrenzt und in eine politische Steuerung durch größere Kollektive und deren Institutionen eingebunden. Damit war die in älteren Geschichtsbildern gern überhöhte Frage nach dem – oft durchaus spannungsreichen – Verhältnis zwischen dem ‚großen' Individuum und der politischen Gemeinschaft in der Welt: Wie konnte ein Akteur, der etwas bewegen wollte, die Institutionen für seine Ziele nutzen beziehungsweise dem Kollektiv seinen Willen nahebringen? Wie formierte umgekehrt das Kollektiv seinen Willen durch den Einzelnen? Dabei richtete sich der Blick sach- und quellenbedingt zum einen auf Athen vor und während der Demokratie (Solon, Themistokles, Kimon, Perikles, Kleon, Alkibiades und Demosthenes), aber auch auf bestimmte Phasen der Geschichte Spartas, als Könige wie Kleomenes I. oder Agesilaos beziehungsweise Feldherren wie Lysander zu einflussreichen Anführern wurden, sowie auf Sizilien mit den Tyrannen Gelon, Hieron und den beiden Dionysioi. Doch auch einer Macht wie Theben wäre in den 370er- und 360er-Jahren ohne die Feldherren und politischen Lenker Epaminondas und Pelopidas kaum die (kurzlebige) Hegemonialstellung beschieden gewesen. In der griechischen Öffentlichkeit fanden ‚Herrscher' – ungeachtet der unterschiedlichen politischen Rahmenbedingungen und Bezeichnungen (König, Tyrann, Feldherr mit unbeschränkter Vollmacht) – auch deshalb große Aufmerksamkeit, weil sie sich gern als ‚heroische' Gestalten von überlegener Tüchtigkeit inszenierten. Das schloss Grenzüberschreitungen ein, wie sie wiederum dem aristokratischen Handlungsstil eigen waren.

Für die Wahrnehmung beziehungsweise Konstruktion des erwähnten Spannungsverhältnisses lassen sich mehrere Kontexte ausmachen: Die Stratifizierung der Gesellschaft (s. o. 2.3.1) brachte seit den *Dark Ages* ‚Anführer' hervor; ihr Reichtum, ihr alle Optionen nutzendes Handeln und die Erwartungen an sie heizten vielerorts die Entwicklung an. Mit Odysseus stand das Modell des intellektuell überlegenen Herrschers bereit. Es kristallisierten sich entsprechende Rollen heraus: maritimer Unternehmer, Siedlungsgründer, Gesetzgeber, Tyrann, einflussreicher Politiker usw. Mancherorts boten die Verhältnisse auch Entfaltungsräume für ‚universale' Menschen.

Archytas von Tarent

So wurde der als Mathematiker und Musiktheoretiker ausgewiesene Archytas (ca. 425 – nach 360) in seiner damals machtvollen, demokratisch verfassten Heimatstadt Tarent gegen die Regeln siebenmal zum Bevollmächtigten Strategen (*stratêgós autokrátôr*) gewählt (und im Felde angeblich niemals besiegt); außerdem soll er dem Italiotenbund, einer Vereinigung griechischer Städte Unteritaliens, vorgestanden und eine kluge Politik gegenüber dem westgriechischen Machtzentrum Syrakus verfolgt haben. Auf Platon und Aristoteles machte er tiefen Eindruck; letzterer schrieb mehrere (verlorene) Werke über ihn.

Biographie und Genie

Generell begann früh, bereits im 5. Jahrhundert, ein gesteigertes Interesse an prägenden Gestalten, das sich in biographischer Literatur niederschlug; deren Summe bildeten viel später die Parallelbiographien Plutarchs. Hinzu kam die in der Neuzeit unter dem Einfluss des Geniegedankens bis tief ins 20. Jahrhundert hinein herrschende Idee, ‚große Männer' bestimmten den Verlauf der Geschichte oder prägten gar eine ganze Epoche.

2.5.1 Die Polis: Räumlichkeit, Institutionalisierung, Bürgerstaatlichkeit, Integration, Stasis

Vielgesichtige Polis

Die Polis galt in der Forschung wie im allgemeinen Geschichtswissen lange Zeit als *die* charakteristische politische Handlungseinheit der antiken Griechen, ermöglichte sie doch selbst bei vergleichsweise geringen Ressourcen ein Maximum an politischer Verdichtung, Formierung und Mobilisierung. Letztere konnte noch erheblich dynamischer ausfallen, wenn sich einzelne Poleis miteinander verbanden und eine Handlungsgemeinschaft bildeten. In verschiedenen wissenschaftlichen Traditionen haben sich jeweils besondere Vorstellungen von der Eigenart der Polis entwickelt. Nach einem treffenden Wort konnten deutsche Forscher die Polis nicht anders als in einem Handbuch des Verfassungsrechts fassen, während sie in den Augen der Franzosen eine Art Heilige Kommunion darstellte. Die Polis der englischen Gelehrten war ein historischer Zufall, während sich in der amerikanischen Version die Praktiken einer Mafiaversammlung mit den hehren Prinzipien der Gerechtigkeit und individuellen Freiheit paarten [O. Murray, in: Ders. / Price, Greek City, 3]. Keine dieser Perspektiven ist ganz falsch. Eine weitere Schwierigkeit resultiert daraus, dass *pólis* in den antiken Quellen (emische Sicht) häufig vorkommt und im jeweiligen Zusammenhang eine gewisse Bedeutungsbandbreite besitzt, während ‚die Polis' einen (klassifizierenden oder analytischen) Begriff der modernen Forschung darstellt (etische Sicht) und dort mit anderen Konzepten (‚Stadt', ‚Staat', ‚Bürgerschaft' etc.) konnotiert wird.

Räumliche Dimension der Polis

Eine Polis bestand aus einem definierten, überwiegend landwirtschaftlich genutzten Territorium (*chôra*) sowie einem städtischen Zentrum (*ásty*), die rechtlich eine Einheit bildeten, weswegen man mit guten Gründen vom Stadtstaat („city-state") spricht.

Größenverhältnisse

Im 5. und 4. Jahrhundert existierten in der griechischen Welt jeweils etwa 1000 Poleis gleichzeitig. Nur drei von ihnen – Sparta, Athen und Syrakus – waren größer als 2000 km^2; 80 Prozent aller Poleis umfassten dagegen weniger als 200 km^2. Kleine Poleis hat-

Urbanes Zentrum

ten weniger als 1000 Bürger, während Athen im 5. Jahrhundert 40 000 oder gar 50 000 Bürger sowie etwa 250 000 Einwohner zählte. Das Zentrum einer Polis war nicht nur verdichtet besiedelt, sondern auch baulich exponiert: In der Regel gab es eine Stadtmauer, und von den meist schlichten Gebäuden, in denen gewohnt und gearbeitet wurde, unterschieden sich die seit dem 6. Jahrhundert monumental gestalteten Tempel als Wohnstätten der Götter sowie der öffentliche Raum der Gemeinde, der zunächst lediglich in Gestalt eines abgegrenzten freien Platzes, der *agorá*, existierte, später jedoch vielerorts durch gesonderte Bauten für politische Amtsträger und Gremien sowie ein Theater ergänzt und ausgewiesen wurde. Bei entsprechender Lage und maritimer Ausrichtung konnte ein natürlicher, oft aber auch künstlich ausgebauter Hafen hinzukommen. Herodot hebt drei Bauten auf Samos als die größten unter denen der Griechen hervor: den Heratempel, die Hafenmole und die Wasserleitung des Architekten Eupalinos (Hdt. 3,60). Wo die Topographie es nahelegte, bildete ein herausragender Ort den kultisch-religiösen und fortifikatorischen Kern der Stadt, so die Akropolis in Athen oder die Kadmeia in Theben. Auch das Polisterritorium außerhalb des urbanen Kerns wurde zunehmend durch stadt- oder grenznahe Heiligtümer, Befestigungen und Erinnerungsorte als ein gestalteter Raum erkennbar und durch ein Wegenetz erschlossen, in dem die großen Prozessionsstraßen hervorstachen. Generell strebte man an, das Gebiet der Polis in militärischer, politischer und wirtschaftlicher Hinsicht sowie kulturell, religiös und memorial zu integrieren. Die Bürger nahmen ihre Polis zunehmend als eine historisch gewachsene oder gegründete, dicht mit Mythen, Gottheiten und heiligen Orten besetzte Einheit aus städtischem Zentrum und Umland wahr. Gleichwohl konzentrierten sich politische Institutionen, Kulte, Handwerk und Handel sowie Erziehung und Kultur in der Stadt. Dort konnten sich deshalb dynamische Wandlungsprozesse entfalten.

In der Tiefe der Zeit: fundierende Geschichten

Unterstützt wurde die Formierung der Polis im Raum durch ihre Verankerung in der Zeit: Es entstanden fundierende Erzählungen, die von Wanderungen, Gründungen und bewältigten Krisen handelten, von uralten Verwandtschaften, Hilfeleistungen und Ansprüchen auf Land und Vorrang. Diese Geschichten verknüpften Landschaft und Polis, aber auch einzelne Heiligtümer und Örtlichkeiten mit einer Frühzeit, in der die Götter mit Menschen verkehrten und die großen Geschichten um Herakles oder den Krieg um Troja spielten. Solche Erzählungen speisten lokale mündliche Überlieferungen ebenso wie Erklärungen von Namen, Riten und Bräuchen (Aitiologien), ferner Kultlieder und Götterhymnen sowie deren literarische Manifestationen, von der Dichtung bis hin zur gelehrten Lokalgeschichtsschreibung. Auch rezente Ereignisse wurden memorial verewigt, wie die zahlreichen Beuteweihungen und Dichtungen aus dem Perserkrieg zeigen, aber auch ein Monument wie die Statuen der Tyrannenmörder in Athen. Besonders gut verfolgen lässt sich der Zusammenhang, wenn die politische Formierung spät und im hellen Licht der Geschichte erfolgte; so ist zu erkennen, wie sich die Messenier im Zuge ihrer Staatsgründung nach der Befreiung von der spartanischen Herrschaft in den 360er-Jahren eigene Mythen und Gründungserzählungen zulegten. Die Forschung hat dieses Feld inzwischen konzeptionell wie im Detail intensiv erschlossen (s. Bd. II 2.7). Durch fundierende Geschichten eng miteinander sowie mit dem eigenen Boden und den zentralen Gottheiten verflochten waren die Menschen jedoch nicht nur in der Polis, sondern auch und besonders in den politisch lockerer gefügten *éthnos*-Regionen und Bundesstaaten (s. u. 2.5.3); dort boten die gemeinsamen Kultfeste und Spiele regelmäßig Gelegenheit, sich der in (oft nur vorgeblich) alter Zeit gestifteten Gemeinsamkeit zu erinnern und zu versichern. Besonders dicht ließ sich die aggressive Erinnerung an siegreiche Kriege in den großen panhellenischen Heiligtümern bestaunen; so war Delphi „das große monumentale Museum des Hasses von Griechen gegen Griechen, mit höchster künstlerischer Verewigung des gegenseitig angetanen Herzeleids“ [1.2.1: Burckhardt, Griechische Kulturgeschichte 1, 285].

Ungleichzeitige urbanistische Entwicklung

Die erwähnte ‚Durchgestaltung‘ von Stadt und Territorium verlief lokal und regional verschieden schnell. Smyrna in Kleinasien besaß bereits im 9. Jahrhundert eine Stadtmauer; Ende des 8. Jahrhunderts lebten dort innerhalb der Befestigung auf fünf Hektar etwa 2–3 000 Menschen. Das kleinasiatische Phokaia wurde zu Beginn des 6. Jahrhunderts von einer fünf Kilometer langen Mauer umschlossen. In Athen begann der urbanistische Aufschwung erst in der Tyrannenzeit (ca. 560–510), erreichte aber schon bald nach den Perserkriegen eine ungeahnte Höhe. Sparta dagegen verzichtete bewusst auf eine echte Stadtwerdung: Kein künftiger Besucher, so hielt Thukydides um 400 fest, würde die einstige Macht dieser Polis vom Bild ihres Siedlungszentrums richtig einschätzen können, da „die Stadt weder in einen dichter bebauten Kern konzentriert wurde noch sich aufwändige Tempel und Gebäude leistete, sondern nach der alten Art von Hellas in dörflicher Siedlungsweise angelegt" war (Thuk. 1,10,2). Ganz anders verfuhren die Westgriechen: So wurde das westsizilische Selinunt zu Beginn des 6. Jahrhunderts nach einem ehrgeizigen Gesamtentwurf neu gestaltet; danach gliederte sich das etwa 100 Hektar umfassende, von mächtigen Mauern umschlossene Stadtgebiet in Wohnareale, öffentliche und sakrale Räume, verbunden durch ein teilweise rechtwinklig angelegtes Straßennetz. Generell scheint bei den Westgriechen die planvolle und großzügige Stadtanlage einen wesentlichen Teil der – ansonsten ja aus politischen Gründen nicht selten prekären – Identität ausgemacht beziehungsweise abgebildet zu haben. In Klassischer Zeit stellte Syrakus neben Athen den größten Stadt-, Hafen- und Festungskomplex der griechischen Welt dar. In Regionen wie Aitolien, Akarnanien und Epirus begann die Verdichtung in Polisstaaten hingegen erst im späten 5. Jahrhundert und wurde vielerorts auf den Ausbau eines städtischen Zentrums verzichtet.

Polis als Personenverband

Was die Menschen angeht, so wurde die Polis lange Zeit einseitig mit den Bürgern (*polítai*, Singular *polítês*) identifiziert, also den freien, erwachsenen, ihrerseits von Bürgern abstammenden Männern, die am politischen Beraten und Entscheiden – oder mit Aristoteles gesprochen: am Regieren und Regiertwerden – Anteil hatten. Diese Teilhabe, das ‚Bürgerrecht', wird als *politeía* bezeichnet. War dieses durch ein festgelegtes Mindestvermögen beschränkt, sprach man von einer Oligarchie. In der Regel konnten nur Bürger Grundbesitz erwerben und vor Gericht in eigener Person auftreten. Erst in jüngerer Zeit schaut die Forschung stärker auf *alle* Gruppen der Bevölkerung in ihren konkreten Interaktionen und Teilhaben sowie auf die Verschränkung des häuslichen, kultisch-religiösen und wirtschaftlichen Lebens mit dem politischen Geschehen; das gilt sowohl für die Ehefrauen, Schwestern und Töchter der Bürger wie auch für die residenten Ausländer und die Sklaven.

Wer jedoch die sich selbst regierende Bürgerschaft als Kern der Polis ansprechen möchte, weil jene in einer ansonsten von Monarchien oder reinen Elitenherrschaften geprägten vormodernen Welt eine bemerkenswerte historische Errungenschaft darstellte, während es Städte auch anderswo (zudem wesentlich größer und eindrucksvoller!) gab, kann nach wie vor mit gutem Grund vom Bürgerstaat (A. Heuss) sprechen. Bürger (Polite) zu sein hieß dabei zugleich immer, als Teil des Bürgeraufgebots zu kämpfen. In der Milizarmee wurde die Polis als Gesamtheit, wurden Solidarität und Risikobereitschaft im Einsatz für die Gemeinde bereits früh sichtbar, selbst wenn adlige Kampfgenossenschaften mancherorts weiterbestanden. Der relative Status eines Bürgers bemaß sich nicht nur in Athen zunächst nach der Qualität der Selbstausrüstung (s. o. 2.3.1); später war die Organisation des gemeinsamen Wehrdienstes meist an die Binnengliederung der Bürgerschaft gekoppelt (‚Phylenregimenter'). Selbst als im 4. Jahrhundert diversifizierte Waffengattungen und das erneut anwachsende Söldnerwesen die Kriegführung erheblich veränderten, blieb die schwerbewaffnete Bürgermiliz das zumindest ideelle Herzstück der Militärorganisation der Poleis.

Polis als Wehrgemeinschaft

In jeder Polis gab es für die zentralen politischen Aufgaben – Führung, Beratung und Entscheidungsvorbereitung sowie die Entscheidung selbst – drei grundlegende Institutionen: die Amtsträger (*archaí*), den Rat (*boulê*) und die Volksversammlung (meist als *ekklêsía* bezeichnet). Die gewählten oder ausgelosten Amtsträger nahmen ihre Funktionen meist für ein Jahr wahr. Je nach politischer Gewichtung ging entweder auch die Initiative und damit Führung von ihnen aus, oder sie waren – in der Demokratie – lediglich ausführende Kräfte; komplementär dazu unterlagen sie dort ständiger Kontrolle und waren rechenschaftspflichtig. Größe, Zusammensetzung, Bestallungsmodus und Kompetenzen des Rates, der an politischen Entscheidungen, Verwaltung und Rechtsprechung beteiligt sein und somit faktisch eine Art Mitte der Polis bilden konnte, zeigten an, ob in einer Polis die Volksversammlung entscheidend war oder Angehörige der Elite dominierten. Unabhängig vom System trat das Volk jedoch ohne formale Gliederung auf (anders als in Rom). Es gab indes auch interessante Sonderformen. So hatten in vielen kretischen Poleis die Bürger den vom leitenden Amtsträger (*kósmos*) und dem Rat getroffenen Entscheidungen in einer Mehrheitsentscheidung zuzustimmen. Eine solche hierarchische Steuerung des Volkes durch Rat und Kosmen war nur mittels gesellschaftlicher Einrichtungen möglich, die eine intensive Disziplinierung und ethische Vereinheitlichung

Politische Institutionen

sowohl der Eliten wie auch der Menge der Politen gewährleisteten.

Als vierte Säule kann man die Gerichte (*dikastêria*) ansehen, da sich in ihnen ebenfalls der Charakter des politischen Systems spiegelte und auch politisch relevante Gegenstände verhandelt wurden. Alle Gremien erhielten im Laufe der Zeit eigene Örtlichkeiten, darunter oft ein *prytaneíon* als ständiges Amtslokal und ein *bouleutêrion* als Versammlungshaus des Rates. In Athen trat die Volksversammlung nicht auf der Agora zusammen, sondern hatte seit dem ausgehenden 6. Jahrhundert in der Pnyx am Westabhang des Musenhügels eine eigene Stätte. In Sparta war der Versammlungsort bereits in der ältesten Satzung, der „Großen Rhetra" (Plut. Lyk. 6,2, um 650), festgelegt.

... und ihre Örtlichkeiten

Wann begann die Polis?

Die Frage nach dem Beginn der Polis hängt davon ab, welche Merkmale als wesentlich erachtet werden. Die Anlage und das Wachstum der Siedlungsapoikien (s. o. 2.4) stellten die neu konstituierten Bewohnerschaften vor erhebliche Ordnungsaufgaben, weswegen wichtige Impulse für eine Institutionalisierung von der neuen Peripherie der griechischen Welt ausgingen. Doch die frühesten Belege für entsprechende Satzungen stammen aus Kreta (Dreros, o. 2.5, um 650) und Sparta (Große Rhetra, wie eben), während der urbanistische Befund eher nach Kleinasien (Smyrna [s. o.] und Milet) sowie in den Raum der Westgriechen weist. Von Anfang an dürfte die Nachahmung erfolgreicher Regelungen in der dicht besetzten Poliswelt zu einer dynamischen Entwicklung auch auf der Ebene der Institutionen wesentlich beigetragen haben. Wettbewerb und Kooperation waren gleichermaßen konstitutiv für die sich formierende Stadtstaatenkultur.

Entstehung von Großtempeln

Aufschlussreich ist die Transformation der frühesten durch ihre Größe auffälligen Gebäude: Mit einer zentralen Pfostenreihe und Sitzbänden an beiden Langseiten scheinen diese *oíkoi* zunächst als Räume für die Repräsentation des *basileús* beziehungsweise der *basileís* sowie – und das ist der entscheidende Zwischenschritt – für gemeinsame Mahlzeiten und Kulthandlungen gedient zu haben. Solche Gebäude mit kultischen und geselligen Funktionen, etwa 100 Fuß lang (daher „Hekatompedoi"), sind für das späte 8. Jahrhundert u. a. für Eretria auf Euboia und für Samos nachgewiesen. Ab dem späten 7. Jahrhundert wurden größere und architektonisch modifizierte Bauten dieses Typs zu exklusiven Wohnhäusern der Götter, wobei die Frage der Initiative zu ihrer Errichtung und der Kontrolle über sie angesichts der ausgreifenden Projekte prominenter Tyrannen (Korkyra, Samos, Athen, Naxos, Eretria) noch im 6. Jahrhundert nicht geklärt war. Unbestreitbar beschleunigten solche Großvorhaben jedoch die Formierung staatlicher Gemeinschaftlichkeit in den Poleis.

Intensität des politischen Lebens

Die Aufgaben und Routinen der Institutionen unterschieden sich nach Größe, Entwicklungsstand und Ambitionen erheblich. Während in einer kleinen binnenländischen Polis etwa bei den Lokrern nur selten wichtige Dinge zu regeln waren und die Tagesroutine eher auf den Amtsträgern ruhte, herrschte in Athen seit dem 5. Jahrhundert (s. u. 3.7) im politischen Raum stets hektische Betriebsamkeit. Die Aufgaben waren vielfältig: Beständig musste man außenpolitische Entscheidungen fällen, Krieg führen, Informationen von nah und fern einholen und verarbeiten, die Feldherren und anderen Amtsträger kontrollieren und anweisen, das öffentliche Vermögen, die Finanzen und die Flotte in Ordnung halten, die Versorgung mit Getreide und Holz sichern, über die Vergabe von Bürgerrecht und Privilegien entscheiden, die Belange der Kulte versehen, die Errichtung und Instandhaltung öffentlicher Bauten besorgen und vieles andere mehr. Allein das Kompetenzengefüge zwischen Amtsträgern, Rat und Volk zu betrachten und danach zu klassifizieren griffe also auch in diesem Fall zu kurz – das breite Wurzelwerk der politischen Kultur war mindestens ebenso wichtig. In diesem Sinn erscheint etwa die schlichte Notiz eines Geographen aussagekräftig, die Athener seien Freunde des Wortes, die Spartaner und Thebaner hingegen nicht (Strab. Geogr. 2,3,7 C103).

Bedeutung formalisierter Verfahren

Unter dem Stichwort „Legitimation durch Verfahren“ [N. Luhmann] wurde zuletzt aufgezeigt, wie die eingangs erwähnte Formierung der Polisinstitutionen gelingen konnte. In der vorstaatlichen Phase zählten, vereinfacht gesagt, die individuelle Qualität der Entscheidungsträger, die situative Akzeptanz ihrer Entscheidungen und das Ergebnis – alle drei waren jedoch mehr oder minder prekär. Demgegenüber bestand Polisstaatlichkeit ganz wesentlich in einer Entindividualisierung der beteiligten Personen – diese nahmen festgelegte und daher berechenbare Rollen wahr – sowie in einer damit verbundenen Abstraktion der Verfahren. Das von allen getragene Procedere, um zu einer kollektiv verbindlichen Entscheidung zu kommen, ermöglichte es erst, ‚Sieg‘ und ‚Niederlage‘ nicht persönlich zu nehmen, sondern als Resultat einer ‚dritten Instanz', eben eines Verfahrens des Polisstaates, zu akzeptieren. Über Individuen und Parteien hinausgreifend „entstand die Polis gewissermaßen performativ innerhalb von Verfahren aus der Summe der Entscheidungen und Vermittlungen zwischen allen beteiligten Instanzen" [Grote, Genese, 483]. Die Verfahren als Zusammenspiel verschiedener Institutionen, die zudem fast sämtlich als Kollektive agierten, brachten durch überindividuelle, rollengebundene Entscheidungen und Verrichtungen tagtäglich aufs neue die Polis hervor. Diese war dabei mehr als bloß die Summe ihrer Teile; sie bildete sich und existierte in komplexen Interaktionen. Dabei führte der Weg von einfachen Kooperationen wie „Die Polis hat nach Versammlung (Konsultation?) der Phylen beschlossen" [Dreros/Kreta, 2. Hälfte 7. Jahrhundert; 1.10.3: Koerner, Inschriftliche Gesetzestexte Nr. 91 = Gagarin / Perlman, Laws of Ancient Crete, 215–218] bis hin zu komplexen Verfahren, wie sie in den alle beteiligten Funktionsträger und Personen sowie die Abfolge der Verfahrensschritte penibel aufzählenden athenischen Volksbeschlüssen im 5. und 4. Jahrhundert dokumentiert sind.

Mehrheitsentscheidung

Für die welthistorisch bemerkenswerte Ausbildung eines eigenständigen politischen Raums bedurfte es freilich eines weiteren Schritts: der Mehrheitsentscheidung. Sie erlaubt es einer Gemeinschaft, einen Beschluss zu fassen, ohne vorher einen Konsens erzielt zu haben – die Minderheit trägt den Beschluss mit, weil er durch ein anerkanntes Verfahren zustande gekommen ist (s. o.). Mit dieser Formalisierung wuchs generell, wie bereits im Griechenland des 6. Jahrhunderts, dann aber besonders in der Athenischen Demokratie zu studieren ist, die Entscheidungskapazität der politischen Akteure. Die Mehrheitsentscheidung beschleunigte Entscheidungen ganz ungemein, brachte also potentiell eine hohe Dynamik ins System. Damit konnte der Radius der zu beratenden und zu entscheidenden Gegenstände größer werden – die Polisorgane erhielten eine umfassende Organisationskompetenz, die tief in Haus- und Vermögensverhältnisse eindringen, sich sogar auf die Gesamtordnung selbst beziehen konnte, wie am ersten oligarchischen Umsturz in Athen 411 abzulesen ist.

keine Theokratie

Dieser Prozess einer Autonomisierung des politischen Raumes wäre freilich kaum möglich gewesen, wenn in Hellas Religion und Theologie eine starke Quelle von Autorität geworden wären. Das geschah jedoch nicht: Politisch gesehen, so brachte Chr. Meier es auf den Punkt, sei „vor allem ein Negativum für die griechische Religion festzuhalten": Die Aristokraten vermochten aus ihr kein Herrschaftsmittel zu machen. Eine „priesterliche und letztlich politische Autorität" formierte sich nicht [1.2.2: Kultur, um der Freiheit willen, 136].

In diesem Sinne waren auch die Satzungen (*nómoi*; *thesmoí*) der Polis Produkte gänzlich innerweltlicher Akte, selbst dort, wo sie Sakralfragen betrafen. Die frühen Gesetzgebungen zu sehr verschiedenen Feldern seit dem 7. Jahrhundert zeigen zum einen, wie konflikthaltig die Verhältnisse in den frühen Poleis sein konnten; das betraf manifeste Delikte wie Diebstahl, Körperverletzung und Tötung, aber auch Eigentums- und Nachbarschaftsstreitigkeiten sowie Schuldverhältnisse, schließlich auch Gegenstände, die auf den ersten Blick in den Oíkos gehörten: Ehe- und Erbfragen oder die Lebensführung, zumal die demonstrative Pflege von ‚Luxus'. Zum anderen lässt sich an der Bereitschaft, die Dinge nicht einfach laufen zu lassen, den Gewohnheiten zu folgen oder das Recht des Stärkeren walten zu lassen, ein starker kommunaler Wille erkennen, gemeinsam und im Konsens Übelstände zu beseitigen sowie Pflichten und Verfahren zu fixieren – gerade Angehörigen der Eliten wurde immer wieder eingeschärft, was ihre Pflichten als Amtsträger waren und was sie nicht (mehr) tun durften. Indem Verstöße auf der Basis akzeptierter Verfahren sanktioniert wurden, wuchsen der Gemeinschaft im günstigen Fall auch nach dem Satzungsakt kontinuierlich kohäsive Kräfte zu und stieg der Grad der entlastend wirkenden Institutionalisierung.

Gesetzgebung

Dazu trug bei, dass die neuen Gesetzgebungen – die allerdings wohl keine umfassenden ‚Kodifizierungen' bestehenden oder neuen Rechts waren – meist in Form von Inschriften auf dauerhaftem Material im öffentlichen Raum, etwa an den Außenwänden von Tempeln, ausgestellt wurden. Da öffentliche Schriftlichkeit, noch dazu in monumentaler Form, damals noch eine Ausnahme darstellte, erhielten die Satzungen und Regelungen so zusätzliches Gewicht. Und schließlich: Obwohl sie (zumindest in der sozialen Erinnerung) in der Regel von einzelnen als weise geltenden Gesetzgebern, Schiedsrichtern oder „wieder-ins-Lot-Bringern" aufgegleist wurden (Drakon und Solon in Athen, Pittakos in Mytilene, Charondas in Katane, Zaleukos im Westlichen Lokris, Diokles in Syrakus und viele andere), demonstrierten diese Satzungen der jeweiligen Bürgerschaft, dass sie als politischer Körper

im öffentlichen Raum

in der Lage war, bei Bedarf einen Anfang zu setzen und die Verhältnisse zu gestalten. Diese Idee setzte sich nicht überall durch, doch selbst in Sparta konnte jemand wie Agis IV. (König 244–241) unter dramatischen Umständen eine Fundamentalreform versuchen. Dass einschneidende Gesetzgebungen und Gesetzesrevisionen in Athen stattfanden, überrascht nicht (Solon, erstes Drittel des 6. Jahrhunderts; Nomothesie Ende des 5. Jahrhunderts; Demetrios von Phaleron, um 300).

Ebenen der Integration

Zweifellos stellte die für sich stehende Polis die markanteste Integrations- und Handlungseinheit in der griechischen Welt dar; ihre Lebendigkeit und Funktionalität sind auch daran zu erkennen, dass sie im Hellenismus und der römischen Kaiserzeit unter völlig veränderten Rahmenbedingungen fortbestand und sogar zu einer urbanistischen Blüte gelangte, die vor 300 undenkbar war. Dennoch wäre es falsch, sie isoliert zu betrachten, denn die Polis war häufig Teil eines komplizierten Gefüges von dauerhaften politischen Strukturen oberhalb von ihr. Diese konnten dem – für die Polis an sich typischen – Lokalismus und ihrem Streben nach Eigenständigkeit widerstreiten – oder beide sogar durch neue Formen von Integration hinter sich lassen; sie werden daher unter

Autonomie?

„Alternativen zur Polis" vorgestellt (2.5.3). Da solche Einbindungen weit verbreitet waren – im 4. Jahrhundert gehörte mindestens jede dritte Polis zu einem größeren Verband –, erscheint die vielfach eng mit der Polis verbundene Qualität der Autonomie (im Sinne einer uneingeschränkten Verfügung über das eigene Handeln) als ein im Rückblick oft überschätztes und kaum je realisiertes Ideal – falls man *autonomía* nicht allein auf die inneren Angelegenheiten beziehen oder mit zahlreichen Abstufungen versehen möchte. Umgekehrt mussten auch und gerade die großen Vormächte auf ihre Verbündeten Rücksicht nehmen und Leistungen erbringen, um die Ressourcen des Bündnisses für ihre eigenen Machtambitionen nutzen zu können. Dem Selbstbewusstsein, eine Polis zu sein, taten solche Konditionen hier wie dort jedoch kaum Abbruch; dazu trugen auch die o. g. Praktiken der ‚Identitätspolitik' bei. Repräsentanten einer Polis nach außen sowie auch Institutionen des zwischenstaatlichen Verkehrs waren u. a. die Proxenoi (geehrte und geschätzte Bürger anderer Gemeinden, die im Interesse der die Proxenie verleihenden Gemeinde tätig waren) sowie – neben *ad hoc* beauftragten Einzelgesandtschaften –

auch regelmäßige Emissäre zu den großen panhellenischen Festen („Schauleute“, *theôroí*).

Unterhalb der Polisebene existierte ein Netzwerk von lebendigen Untergliederungen, die wichtige kommunale und administrative Aufgaben wahrnahmen und zugleich die Integration der Bürgerschaft beziehungsweise des Polisterritoriums sicherten. Dabei gab es sowohl gewachsene Einheiten wie die *kômai* (‚Dörfer‘) als auch genossenschaftlich gebildete, jedoch mit Verwandtschaftsbegriffen benannte Assoziationen wie die Phratrien (‚Bruderschaften‘). Am wichtigsten waren die Phylen, Untergliederungen der Bürgerschaft in mindestens drei oder vier Abteilungen, auf deren Basis Ämter vergeben und Räte zusammengesetzt wurden. Wie sehr die Phylenorganisation zu Ausgleich und Festigung innerhalb der Bürgerschaft beizutragen vermochte, zeigen die zahlreichen, oft höchst kreativen Phylenreformen im 7., 6. und 5. Jahrhundert. Durch sie wurden bewusst ältere, sektorale Abhängigkeiten, Bindungen und Privilegien personaler, sozialer, örtlicher oder landsmannschaftlicher Natur aufgelöst, zumindest zurückgedrängt. In ihren neuen Formationen, regelmäßig vereint in gemeinsamen Kultfeiern und Militärdienst, konnten die Phylenangehörigen in eine strukturierte Bürgeridentität und Polisloyalität hineinwachsen. Die Frage der Kohäsion stellte sich besonders in großen Poleis; deswegen spielten in Sparta, wo ein urbanes Zentrum fehlte (s. o.), formierende Praktiken wie die gemeinsamen Mahlzeiten der Vollbürger (Syssitien) sowie der Militärdienst eine zentrale Rolle. Am besten kennen wir diesen Integrationsprozess, wie so oft, für Athen (s. u. 3.7).

Binnenstrukturen

Die vergleichsweise hohe politische Intensität in vielen Poleis barg freilich großes Konfliktpotential. Wo traditionelle oder verwandtschaftliche Bindungen schwach blieben, konnten sich für kürzere oder längere Zeit Gruppen mit starker Solidarität bilden; diese versuchten dann nicht selten, sich das Gemeinwesen als Ganzes anzueignen und ihre Rivalen auszuschalten. Der Kampf dieser Parteiungen (*stáseis*, wörtlich „Auseinandertreten“) konnte zu blutigen Bürgerkriegen (ebenfalls *stáseis*) führen, in deren Verlauf die Unterlegenen vertrieben und enteignet, nicht selten ermordet wurden, um sie dauerhaft aus der bürgerschaftlichen Gegenwärtigkeit zu entfernen. „Die jedesmal herrschende Partei“, so brachte es J. Burckhardt [1.2.1: Griechische Kulturgeschichte 1, 80] auf den Punkt, „benimmt sich dann völlig so, als ob sie die ganze

Assoziation und Dissoziation gesteigert: die *stásis*

Polis wäre und deren ganzes Pathos auszuüben das Recht hätte." Abstrakter formuliert: Die freie, auf Gedeih und Verderb geschlossene, daher potentiell sehr enge Assoziation erzeugte unter Umständen eine maximal ausgeprägte Dissoziation. *Stásis* war ab dem sechsten Jahrhundert in Hellas ein wiederkehrendes Phänomen von großer Heftigkeit (übrigens auch noch im Hellenismus). Dabei wandten die Kontrahenten handfeste Gewalt an, zudem wurden an sich befriedende Ordnungsräume wie die Gerichte zweckentfremdet. Allein im 5. und 4. Jahrhundert lassen sich beinahe 300 dieser meist kurzen und eruptiven *stáseis* identifizieren, häufiger in mittelgroßen als in ganz kleinen oder sehr großen Poleis, wobei es in manchen Gemeinden über die Zeit mehrere solche Umstürze gab. Ketten von Umsturz und Gegenumsturz wurden gewiss auch durch das Gebot von Rache und Widerrache befördert. Eine Verdichtung lässt sich für die Zeit des Peloponnesischen Krieges (431–404) beobachten. Die Opferzahlen (Vertriebene und Tote) waren unterschiedlich; wo Angaben überliefert sind, ergeben sich gemessen an der Bürgerzahl Quoten von 5 bis 10 %, in Einzelfällen 20 oder sogar 33 % (Milet 405). Es gab eine Tendenz, den Gegner völlig zu eliminieren; die Bereitschaft und Fähigkeit, eine Opposition zu dulden oder eine Niederlage zu akzeptieren, blieben schwach ausgeprägt. Um die eigenen Ziele zu erreichen, zogen die Kontrahenten in einer polarisierten Atmosphäre den plötzlichen Coup, das Losschlagen mit brachialer Gewalt dem geduldigen Ringen um politischen Einfluss vor. Klassisch ist die Schilderung und Analyse der *stásis* auf Korkyra in den 430er-Jahren durch Thukydides (3,70–84, v. a. 82 f.). Da es kaum Routinen der De-Eskalation gab und die Akteure oft noch unter dem Druck äußerer Gegner beziehungsweise Verbündeter standen, wurde ihr Handeln immer radikaler: Man wollte durch einen schnellen Sieg klare Verhältnisse schaffen, um danach wieder zum Alltag nach eigenen Vorstellungen übergehen zu können.

Ursachen und Konfliktfronten

Ein wesentlicher Grund für die Labilität und Konflikthaltigkeit der politischen Strukturen reicht bis in eine frühe Zeit zurück. In den kleinen Gemeinden barg eine hohe Konfliktbereitschaft Einzelner das Potential, das gesamte soziale Gefüge zu zerstören – so mahnt bereits Nestor in der „Ilias" (9,63 f.): „Bindungslos, gesetzlos, herdlos ist, wer Gefallen findet am schaudervollen Krieg im eigenen Volk!" Von Anfang an existierten in der Gesellschaft keine übergreifenden, auf Verwandtschaft basierenden Strukturen; vielmehr standen die aristokratischen Oíkoi isoliert und autark nebeneinander (s. o. 2.3.2). Schon hier beruhte der Zusammenschluss, etwa in adligen Aktionszirkeln, den Hetairien, auf einem Willensakt; ähnlich sah es in den auf gewinnbringende Unternehmungen ausgerichteten Zweckgemeinschaften aus. Kommunikative ‚Echokammern' wie das Symposion und gruppendynamische Selbstbestätigungen trugen dazu bei, dass Freund-Feind-Denken und Dissoziation die Oberhand gewannen. Mit dem Aristie-Ideal (s. o. 2.3.2.) untrennbar verbunden war das Denken in Kategorien von Sieg und Niederlage, war schließlich das Gebot zu Rache und Widerrache. Hinzu kam, dass viele *áristoi* durch Gastfreundschaften, Geschenke und Eheschließungen Verbindungen über ihre Polis hinaus unterhielten; diese stellten im Ernstfall eine Ressource dar. Hauptakteure von *stâseis* waren im 7. und 6. Jahrhundert meist nach Macht strebende einzelne Aristokraten mit ihren Gefolgsleuten und Unterstützern; am Ende konnte dann wie in Athen eine Tyrannis stehen. Nicht selten brachen sich auch soziale Konflikte gewaltsam Bahn. Im 5. und 4. Jahrhundert richteten sich die Konfliktlinien dann häufiger an außenpolitischen Bündnisoptionen (Athen vs. Sparta) und – oft damit verbunden – antithetischen Verfassungsformen (Demokratie vs. Oligarchie) aus. Den engen Konnex zwischen *stásis* und Krieg beziehungsweise zwischenstaatlichen Konstellationen betonte bereits Thukydides (3,82,1 f.).

Eindämmungsversuche

In vielen Fällen gewannen die zerstörerischen Kräfte die Oberhand, obwohl man Verfahren ersann, um zu Lösungen zu kommen, die nicht einfach im Sieg einer Partei bestanden. Seit dem 7. Jahrhundert spielten kollektiv akzeptierte Satzungen – nicht selten angesichts einer drohenden Stasis durch einheimische oder auswärtige Schiedsrichter vorgeschlagen – eine wichtige Rolle, außerdem wurde mancherorts auch die Bürgerschaft durch Phylenreformen neu geordnet, um die Teilhabe zu stärken. Später beschwor man Bürgereide oder schuf Gesetze gegen Tyrannen und Oligarchen. Dennoch waren diese Anstrengungen nicht immer von Erfolg gekrönt. Hieraus erklärt sich, warum die griechische politische Philosophie – von Platons Staat der Gerechtigkeit bis hin zum Konzept der Mischverfassung – immer wieder und geradezu obsessiv nach Wegen suchte, wie eine Polisordnung dauerhaft zu stabilisieren und gegen Umsturz und Bürgerkrieg zu schützen sei (s. u. 2.5.4). Auch die für sich genommen schwer verständliche Bewunderung für Sparta in Oberschichtkreisen sowie unter Intellektuellen hatte hier eine ihrer Wurzeln: Sparta galt seit dem 6. Jahrhundert als Muster innerer Stabilität, gab es dort doch keine offenkundige Stasis und keine neben den Institutionen stehende Alleinherrschaft (Tyrannis, s. u. 2.5.2).

2.5.2 Ordnungsmodelle in der Polis: Tyrannis, Oligarchie, Demokratie

Die drei in der Überschrift genannten Ordnungsbegriffe haben durch das politische Denken in Griechenland (s. u. 2.5.4) und seine Rezeption in der bewusst auf die Antike zurückgreifenden Vorstellungswelt seit der Renaissance große Prominenz erlangt. Auf den ersten Blick sind sie leicht zu verstehen: Es geht um die Frage, wer in einem politischen System die Macht (*archê*, *krâtos*) ausübt. Dabei meint Tyrannis die Dominanz eines einzigen Mannes, in den Quellen häufig mit dem Beiklang, illegitim, willkürlich und auf Gewalt gestützt zu sein; anders als einem König mangele es dem Tyrannen an traditionaler oder abstammungsbasierter Legitimität. Oligarchie bedeutet, dass ein kleiner, durch Reichtum und andere Unterscheidungsfaktoren ausgewiesener Teil einer Bürgerschaft die Zügel in der Hand hat, wobei der Begriff nicht selten ebenfalls negativ konnotiert ist (Herrschaft einer nur ihre eigenen Interessen wahrnehmenden Clique). Demokratie schließlich meint die tatsächliche Regierung durch alle Bürger einer Polis; auch hier kannte bereits die Antike negative Untertöne (Herrschaft einer wankelmütigen, leicht zu manipulierenden, von eigensüchtigen Interessen getriebenen ‚Masse'). Freilich sind ‚Oligarchie' und ‚Demokratie' erst Mitte des 5. Jahrhunderts und im Zusammenhang von Athens Aufstieg zur Großmacht entstanden; für die Zeit davor scheinen sie nicht recht zu passen.

Tyrannen …

Das gilt nicht für die Tyrannis, die allerdings in der historischen Wirklichkeit und deren Deutung einige Wandlungen durchmachte. Obwohl sie später im theoretischen Verfassungsschema ihren Platz als negative Variante der Monarchie bekam, wurde die Tyrannis von den Griechen eigentlich nie als reguläres Ordnungsmodell aufgefasst. Vielmehr repräsentierte sie auf der breiten Skala der Verteilung von Macht und Ohnmacht eine extreme, zugleich labile Variante und wurde in erster Linie mit einem bestimmten Typ Mensch identifiziert: dem überaus reichen, intelligenten, tatkräftigen, glanzvollen, machthungrigen und rücksichtslosen, bisweilen in Genuss und Gewalt enthemmten Individuum – Platon sollte später vom „tyrannischen Menschen" sprechen. In diesem Sinne konnte es höchst erstrebenswert scheinen, Tyrann zu sein, weswegen J. Burckhardt [1.2.1: Griechische Kulturgeschichte 1, 166] die Tyrannis „eine der ganz unvermeidlichen Formen der griechischen Staatsidee" nannte: „In jedem begabten und ehrgeizigen Griechen wohnte ein Tyrann und ein Demagog." Zugleich jedoch konnte es als das Schlimmste gelten, unter einem solchen zu leben. Nicht nur für die Archaische Zeit lässt sich der Tyrann mit dem Apoikiegründer, dem Schiedsrichter und Gesetzgeber oder dem Befehlshaber mit umfassender Befugnis in eine Linie von ‚Machern' stellen; allerdings betrieb er dabei als Projekt in erster Linie sich selbst, und das möglichst ohne zeitliche Begrenzung. Auf einem anderen Blatt steht freilich, dass dabei gerade Tyrannen viele konkrete Vorhaben ins Werk setzten, nämlich monumentale Bauten (Tempel, Hafenanlagen, Wasserleitungen) sowie Feste und großzügige Repräsentation, dass sie ferner polisübergreifende Netzwerke aus ökonomischen Verbindungen und politischen Beziehungen schufen. Ebenso wie ihr Bemühen, eine Dynastie zu begründen, waren dies fernwirkende Versuche, eine charisma-ähnliche, auf individuellen Leistungen und kollektiven Projektionen ruhende Stellung zu verstetigen und sie weniger prekär zu gestalten. Deshalb konnte semantisch die Abgrenzung zum Königtum schwerfallen. Im etablierten Bild der Griechischen Geschichte ist es seit dem 19. Jahrhundert geläufig, eine sogenannte Ältere Tyrannis (7. bis frühes 5. Jahrhundert) von der ‚Jüngeren' (spätes 5. bis 4. Jahrhundert) zu trennen; in den Quellen findet diese Unterscheidung indes kaum Stützen – und auch im Hellenismus gab es Tyrannen.

... als ‚Macher'

Allerdings traten seit dem 7. Jahrhundert tatsächlich einige Persönlichkeiten auf, die in der Überlieferung mit markanten Worten und Taten anekdotisch lebendig blieben, während ihre zeitliche Fixierung vielfach ein dorniges Forschungsproblem darstellt. Das Wort *týrannos* stammt aus dem Anatolischen und erscheint im Griechischen erstmals bei den Dichtern Archilochos und Semonides (beide 7. Jahrhundert). Bekannte Tyrannen waren Kypselos, Periander und Psammetichos in Korinth, Thrasybulos in Milet, Myrsilos und Pittakos in Mytilene auf Lesbos sowie (im 6. Jahrhundert) Phalaris in Akragas, Polykrates von Samos, Lygda-

Tyrannis in Archaischer Zeit

mis auf Naxos und die Peisistratiden in Athen (Peisistratos und seine Söhne Hippias und Hipparchos). Fast alle namhaften Tyrannen wirkten in größeren Städten mit einer starken maritimen Komponente und vermochten dementsprechend eine große Reichweite zu entfalten – so konnte Periander von Korinth (um 600) „der mächtigste Mann Europas" genannt werden [1.2.1: Meyer, Geschichte des Altertums III, 578]. In welcher Stellung der etwas rätselhafte Pheidon von Argos wirkte, ist nicht klar. In Sparta etablierte sich keine Tyrannis, doch gab es dort in Gestalt des Doppelkönigtums eine legitime Führungsposition mit charismatischem Potential.

Die neuen ‚Macher' kamen auf sehr unterschiedliche Weise ans Ruder: als prominente Gestalten durch einen Putsch oder indem sie eine ihnen übertragene Funktion als Schiedsrichter oder Heerführer nicht mehr abgaben. Eine Synthese vieler charakteristischer Komponenten bietet ein (sehr viel späterer) Bericht über den Aufstieg des Kypselos: Dieser erhielt angeblich in Delphi einen Orakelspruch, kehrte nach Korinth zurück und fand dort sogleich die Bewunderung der Bürger, denn er war tapfer und rücksichtsvoll und ihm schien das Interesse des Volkes am Herzen zu liegen, zumal im Vergleich mit den herrschenden *dynasteía* der Bakchiaden, die arrogant und gewalttätig agierten. Er amtierte als Heerführer und zeichnete sich aus. Als Gerichtsmagistrat war er nicht unerbittlich, sondern akzeptierte Bürgen; ja, einigen Beklagten stellte er sich sogar selbst als Bürge zur Verfügung, und die ihm dafür zustehende Geldsumme zog er nicht ein. Deshalb war er in der Bevölkerung sehr populär. Als er die Feindseligkeit der Korinther gegen die herrschende Clique bemerkte, bot er sich selbst als Anführer an und band das Volk an sich, indem er von dem Orakelspruch erzählte, die Bakchiaden würden von ihm gestürzt werden. Das Volk vertraute seinen Worten und seiner erwiesenen Tapferkeit. „Schließlich bildete er eine Gefolgschaft (*hetairikón*) und tötete den Herrscher Patrokleides, der ein Unterdrücker ohne Rücksicht auf das Recht war. Und das Volk setzte Kypselos rasch an dessen Stelle als *Basileús* ein." Versammelt sind in dieser überdeterminierten Erzählung: die ‚Erwählung' durch eine Gottheit, Prominenz durch persönliche Qualitäten, Bewährung im Polisamt, volksfreundlich-soziales Verhalten, eine Art revolutionäre Situation, die Formierung einer Partei (Stasissituation!) und der gewaltsame Putsch.

Kypselos wird Tyrann

Um in der Polis weiterhin zu dominieren, setzten Tyrannen teils Familienangehörige als Helfer ein, suchten Unterstützung durch andere Tyrannen oder auswärtige Mächte (etwa die Perser, wie die ostgriechischen Stadtherrscher vor 500; s. u. 4.3), schufen sich auswärtige Geldquellen, Stützpunkte und eine Leibgarde, verschiedentlich auch ein Söldnerheer oder eine Kriegsflotte mit Triëren. Rivalen wurden meist vertrieben oder umgebracht, zeitweise aber auch eingebunden. Probleme traten in der Regel beim Übergang zur nächsten Generation auf; eine dritte konnte sich fast nirgendwo länger halten. Die Tyrannen konzentrierten erstmals die Machtmittel einer Stadt in einer Person und schufen dadurch neue Handlungsmöglichkeiten, auch wenn die folgenden Merkmale (wie die eben genannten) nicht für alle Fälle gelten: Sie führten Steuern ein, reglementierten das Leben der Bürger, stützten die Bauern, zentralisierten die Rechtsprechung, förderten den Kult, besonders auch zentrale Kulte, und setzten in ihrer Polis erste monumentale Akzente. Aus alldem, so A. Heuss [1.2.1: Hellas, 146 f.], „spricht eine systematische Planung, wie sie der Vergangenheit unbekannt war und unbekannt sein mußte"; die Tyrannis „lebte von ihren Veranstaltungen und deren einsichtiger Zweckmäßigkeit. Sie verkörperte die Initiative des politischen Verbandes und entsprach seinen ausgesprochenen wie auch den unausgesprochenen Wünschen." Wo sie auftrat, bildete die Tyrannis einen wichtigen Markstein in der Entstehung der Polis als politisch-organisatorischer Einheit. Deren Institutionen ruhten zwar meist während der Alleinherrschaft oder hatten wenig zu tun, wurden jedoch nicht abgeschafft und konnten daher nach dem Ende der Tyrannis reaktiviert oder neu formiert werden, wie das in Athen gut zu beobachten ist. Auch konnte sich aus der Regierung einer ganzen Polis durch einen einzigen Mann ohne Zwischeninstanzen „a growing feeling of equality among the people, or at least the longing for it" ergeben [1.2.1: Ehrenberg, From Solon to Socrates, 26].

Tyrannen und Polisformierung

Eher ein Sammelsurium von Machtbildungen kennzeichnet das in der Forschung bisweilen noch als ‚Jüngere Tyrannis' bezeichnete Phänomen; darunter wird die 405 erneut etablierte und zu glänzender Höhe geführte Herrschaft der syrakusischen Tyrannen seit Dionysios I. geführt. In der Sache gehören ferner Persönlichkeiten eher an der Peripherie der griechischen Welt dazu, wie Jason von Pherai oder Euagoras auf Zypern. Einen interessanten

‚Jüngere' Tyrannis

Fall stellt das sogenannte Bosporanische Reich unter der von einem thrakischen Söldner (!) begründeten Dynastie der Spartokiden dar; diese Regenten nannten sich zunächst Archonten und nahmen um 300 den Königstitel an. Im 4. Jahrhundert entstanden auch Ansätze zu einer ethisierenden Rechtfertigung oder philosophischen ‚Lenkung' der Alleinherrschaft; die nach wie vor diffuse Semantik kam solchen Bemühungen entgegen. Realhistorisch war es Agathokles, Tyrann von Syrakus, der als erster nach dem Vorbild der Alexandernachfolger den Königstitel annahm (306). Andererseits galt in der griechischen Poliswelt, in der sich nirgendwo eine stabil akzeptierte Form von Alleinherrschaft etablieren konnte, der Tyrann nun oftmals als das Böse schlechthin. Die Rede über ihn war von Faszination nicht frei, doch der Schritt vom Innehaben der Macht zu anerkannter Herrschaft gelang ihm nie.

Oligarchie

Während die Tyrannis erst am Ende ihrer ‚Karriere' zum negativen Gegenmodell der Demokratie werden sollte, entstanden Begriff und Konzept der Oligarchie („Herrschaft der Wenigen") Mitte des 5. Jahrhunderts gleichzeitig mit jener Demokratie, logisch jedoch in Reaktion auf diese. Und während die im gesamtgriechischen Kontext zahlenmäßig kaum ins Gewicht fallenden Tyrannen in der Überlieferung wenigstens so viele Spuren hinterlassen haben, dass wir uns ein Bild von dieser Form der Machtausübung machen können, bleiben die nach Hunderten zählenden ‚normalen' Oligarchien im Dunkel, was ihre politische Alltagspraxis angeht – nur als Ideologie, Putsch und Gewaltherrschaft ist die Oligarchie aus dem antidemokratischen Diskurs in Athen und den beiden Umstürzen dort 411 und 404/03 erkennbar. Eine böse Fratze zeigt sie auch in der *stâsis*, wie sie Thukydides am Beispiel von

Grundzüge

Korkyra drastisch beschreibt (s. o. 2.5.2). Immerhin lassen sich folgende Grundzüge ausmachen: In einer Oligarchie waren die meisten Bürger einer Polis von den Ämtern und den politischen Entscheidungen ausgeschlossen; diese blieben vielmehr einer soziopolitisch definierten Elite vorbehalten. Als Gegenmodell zur Demokratie präsentierte sich die Oligarchie auch darin, dass die Amtsträger durchweg gewählt, nicht gelost wurden und keine Besoldung erhielten. Von den politischen Institutionen hatten die Amtsträger und der Rat das größte Gewicht. Der Kreis der Vollbürger in der *ekklesía* war in vielen Oligarchien gar nicht so klein und schloss die Hoplitenbauern ein; gleichwohl konnte die Politik faktisch einer exklusiven Elite vorbehalten bleiben. Gelegentlich ist von einer runden Zahl wie 1 000 für die abstimmungsberechtigte Vollbürgerschaft die Rede. In welchem Maße oligarchische Herrschaft der Legitimation bedurfte (und sich dann auf aristokratische Qualitäten wie Abstammung, Bildung und Weisheit berief), ist nicht bekannt; als faktisches Zugehörigkeitskriterium firmierte jedenfalls das Vermögen. Vielerorts dürfte die Zugehörigkeit zu einer seit langem führenden Familie genügt haben. Soziologisch kann eine Oligarchie als Kartell verstanden werden (s. o.); das schloss jedoch Konflikte innerhalb der regierenden Elite keineswegs aus. Bezeichnenderweise spaltete sich während beider Umstürze in Athen die Machthaberclique in Gemäßigte und Radikale.

Oligarchen in Athen

In Athen gab es bis in die 440er-Jahre Aristokraten, die an den elitären Spielregeln der Politik hingen und sich nicht leicht mit der demokratischen Entwicklung abfanden. Die scharfe Ablehnung der etablierten Demokratie, wie sie in der wohl zwischen 431 und 424 entstandenen pseudo-xenophontischen „Verfassung der Athener" zum Ausdruck kommt (im Englischen wird das Pamphlet als „Old Oligarch" bezeichnet), legt indes nahe, dass es sich nunmehr um neuartige Gegner handelte: Diese waren nicht mehr gekränkte Aristokraten im Rückwärtsgang, sondern – jedenfalls im ‚harten Kern' – ideologisch-aggressive, mit demagogischen und terroristischen Mitteln arbeitende Oligarchen (s. u. 3.7).

Oppositionelle Begriffe – diffuse Wirklichkeit

Durch den Terror der ‚Dreißig' in Athen während ihrer 18 Monate an der Macht kam die Oligarchie in der politischen Sprache in Misskredit; selbst Kritiker der aktuellen Demokratie bevorzugten im 4. Jahrhundert dort andere Ausdrücke für ihr Wunschmodell, etwa „Verfassung der Väter" (*pátrios politeía*). Im ausgearbeiteten Verfassungsschema seit Aristoteles steht die Oligarchie als der missratene Bruder der ‚guten' Aristokratie: ein eigensüchtiges Regime der Reichen. Und im Hellenismus hießen beinahe alle politischen Ordnungen „Demokratien", auch wenn fast durchweg die wohlhabenden Honoratioren das Heft in der Hand hielten. Nicht nur diese Entwicklung zeigt, dass die scheinbar so klaren griechischen Bezeichnungen der Herrschaftsmodelle in Wirklichkeit wenig trennscharf waren und je nach Situation jeweils eine große Bandbreite von Wirklichkeiten auf den (irreführenden) Punkt zu bringen hatten. Umgekehrt sprachen schon die Frontmänner der ersten oligarchischen Verfassungsänderung in Athen 411 salbungsvoll von „nicht unverändert an der Demokratie festhalten“ und „den Staat vernünftiger und mit Konzentration der politischen Führung auf wenige einrichten“, was Thukydides lapidar als „die Sache mit der Oligarchie“ übersetzte (8,53,1 u. 3; 54,1). Derselbe Autor hielt jedoch eine „Mischung aus oligarchischen und demokratischen Elementen“ in ein und derselben politischen Ordnung für höchst plausibel (8,97,2).

Demokratie

Wenn außerhalb des althistorischen Fachgesprächs von „griechischer Demokratie“ die Rede ist, geht es in der Regel tatsächlich um die Demokratie in Athen – diese kann sicher eine der welthistorisch bemerkenswertesten Innovationen des Altertums gelten, wurde doch „in der Tat in Athen mit der Selbstregierung des Volks so bitterer Ernst gemacht wie niemals vorher noch nachher in der Geschichte“ [1.2.1: Meyer, Geschichte des Altertums IV 1, 545]. In der Systematik des vorliegenden Grundrisses ist sie im Athen-Kapitel (3.7) behandelt.

Merkmale

An dieser Stelle soll es nur um einige Grundmerkmale der Demokratie als Regierung durch den versammelten *dêmos* gehen, wie sie auch außerhalb Athens in mehreren Poleis sowie in der politischen Theorie, besonders bei Aristoteles, anzutreffen sind. Als solche Merkmale einer Demokratie im 5. und 4. Jahrhundert können gelten: Die große Zahl der einfachen Bürger bestimmt in der Volksversammlung durch Beschlüsse und Gesetze den Kurs der Polis und fällt in den Gerichten Urteile. Alle erwachsenen Männer sind Bürger; Vermögensqualifikationen gibt es entweder gar keine oder nur für wenige Ämter. Die meisten Ämter und Funktionen werden nicht durch Wahl, sondern per Losverfahren vergeben, um vorpolitische Machtpositionen, Hierarchien und Netzwerke in ihrer Wirkung zu begrenzen. Amtszeiten sind zeitlich strikt begrenzt und eher kurz (so in Argos: sechs Monate); in Taras (Tarent) durfte man das Strategenamt nur einmal bekleiden, während in Athen eine beliebig häufige Wiederwahl möglich war. Amtsträger unterliegen einer genauen Kontrolle; in wenigen Fällen gibt es auch Verfahren, um unangemessen agierende Angehörige der Elite für eine gewisse Zeit aus der Stadt zu entfernen (in Athen: Ostrakismos; in Syrakus: Petalismos). Auch ärmere Bürger werden durch eine kleine Aufwandsentschädigung für den Lebensunterhalt (daher: Diäten) in die Lage versetzt, Funktionen zu übernehmen, Richter zu sein oder an der Volksversammlung teilzunehmen. Ratsgremien haben in erster Linie die Aufgabe, die Volksversammlung vorzubereiten (*proboúleu-*

sis). ‚Ideologisch' werden in Demokratien Freiheit (*eleutheria*) und Gleichheit (Begriffe mit *iso*-) akzentuiert.

Athens Einzigartigkeit

Entwicklungen seit dem späten 8. Jahrhundert bereiteten die Möglichkeit einer partizipatorischen Ordnung vor: die bereits bei Homer greifbare Elitenkritik und das „strong principle of equality", die Mobilisierung breiterer Schichten in den Milizheeren der Poleis, der Institutionalisierungsprozess, der gerade auch die Elite zu disziplinieren vermochte, und anderes mehr (s. o. 2.5.1). Allerdings konnte sich, so weit wir sehen, nur in Athen aus einer einzigartigen historischen Konstellation vor und nach dem großen Perserkrieg eine genuin demokratische Ordnung entwickeln, die nicht allein stabil war, sondern auch gleichsam aus sich, aus ihrer gewachsenen Tradition, dem enorm angewachsenen Entscheidungsbedarf in Kriegführung und Außenpolitik sowie dem Habitus der Bürger heraus existierte, so dass sie selbst schwerste Erschütterungen wie die Niederlage im Peloponnesischen Krieg und den Verlust der Hegemonie im Jahr 404 überstand, ja, sich als lern- und reformfähig erwies.

Demgegenüber waren fast alle anderen Poleis, in denen wenigstens einige der genannten Charakteristika zu finden sind – die Überlieferung lässt uns leider weitgehend im Stich –, immer wieder Umstürzen unterworfen und folgten dort auf militärische Niederlagen Verfassungsänderungen (in beide Richtungen). So bestand in Syrakus im 5. Jahrhundert zwar für zwei Generationen (465–405) dem institutionellen Gefüge nach eine Demokratie, doch konnte diese mangels eines Wurzelwerks im vorpolitischen Raum nicht zur stabilen, krisenresistenten Selbstverständlichkeit werden (vgl. Kap. 3.9). Die Demokratie war offenbar vielerorts – wie die Oligarchie auch – lediglich ein Vehikel zur Mobilisierung von Kräften im Kampf um Autonomie und Hegemonie, wie dies etwa für Theben erkennbar ist. Gleichwohl gab es auch außerhalb Athens interessante Versuche, um den konfliktträchtigen und für die Stabilität der Demokratie generell bedrohlichen Gegensatz zwischen Armen und Reichen anders als durch Knebelung und konfiskatorische Praktiken zumindest einzuhegen; so durften in Tarent die Armen offenbar aus „gemeinsamen Gütern" Nutzen ziehen.

2.5.3 Alternativen zur Polis

Unter dieser Überschrift lassen sich Formationen zusammenfassen, die nicht oder nicht ausschließlich dem Modell der nach Eigenständigkeit strebenden, stark lokal ausgerichteten Polis folgten. „Daß der griechische Geist sich bemüht hat", so formulierte bereits Fustel de Coulanges [Der antike Staat, 286], „über den Stadtstaat hinauszukommen, ist nicht zu bezweifeln; schon früh haben sich mehrere Städte zu einer Art Bündnis zusammengeschlossen." Diese Formationen entwickelten und pflegten entweder, den äußeren Bedingungen angepasst, andere Formen des Siedelns und des politischen Handelns oder sie basierten zwar auf der Existenz von Poleis, überwanden aber deren Vereinzelung durch übergreifende Strukturen. Im letzteren Sinne gehörten viele, zumal kleinere Poleis einem größeren regionalen Zusammenschluss an, der in erster Linie die ‚Außenpolitik' bestimmte; dabei differierte dessen Einfluss auf die einzelne Gliedgemeinde, je nach Konstruktion des Verbandes und individueller historischer Konstellation. Zu nennen sind hier die großen hegemonialen Symmachien, zumal der von Sparta dominierte Peloponnesische Bund (6. Jahrhundert – 371) und der (Erste) Attische Seebund unter Führung Athens (478–404), der im 4. Jahrhundert für gut zwanzig Jahre eine veränderte Neuauflage erlebte (377–355). Hinzufügen kann man die Bemühungen mehrerer Tyrannen seit Gelon, von Syrakus aus einen sizilischen Territorialstaat zu errichten; dort wurden Poleis unter der Ägide der Tyrannen-Monarchen oft auch dynastisch miteinander verknüpft. Einen Sonderfall stellte der 481 gegen die bevorstehende persische Invasion gebildete Hellenenbund dar, der mit Spartas Rückzug aus dem Kampf gegen die Perser bereits 478 faktisch erlosch und durch den Attischen Seebund ersetzt wurde.

Varianten – ein Überblick

Im 5. und 4. Jahrhundert entwickelten sich ferner mehrere ältere regionale Verbünde zu komplex organisierten Bundesstaaten; diese avancierten im Hellenismus zu den stärksten verbliebenen Akteuren neben den übermächtigen Monarchien. Abgesehen vom Boiotischen Bund mit Theben als Vormacht entstanden solche Zusammenschlüsse meist in Regionen, denen (anfangs) eine ausgeprägte Stadtkultur beziehungsweise eine ‚natürliche' Vormacht fehlte: bei den Phokern und den Lokrern, in Thessalien, Akarnanien, Aitolien, Achaia, Arkadien, auf der Chalkídikê oder auf Kreta, aber auch in Unteritalien (Italiotenbund). Andere, politisch weit weniger fest gefügte Verbünde gruppierten sich um ein gemeinsames religiöses Zentrum, so etwa die Delphische Amphiktyonie um das bekannte Orakelheiligtum in Mittelgriechenland oder der Ionische Zwölfstädtebund um das sogenannte Panionion in Kleinasien.

Éthnos

In den eben genannten, meist küstenfernen Regionen Nord- und Mittelgriechenlands sowie der Peloponnes entwickelte sich die Polis erst spät oder wurde nie zum allein dominierenden politischen Gehäuse. Hier definierten sich vielmehr die Bewohner der Dörfer und kleinen Städte über eine regionale Zusammengehörigkeit. Für den Unterschied aufschlussreich sind die Bezeichnungen der Kollektive: Die Bürger Athens, Korinths, Milets hießen *Athênaíoi, Korínthioi, Milêsioi*; das Kollektiv führte seinen Namen also auf die gemeinsame Siedlung, später Stadt zurück. Hingegen leitete sich der Name der Eleier im Westen der Peloponnes von der Landschaft Elis ab; in anderen Fällen wie bei den *Boiôtoí* oder *Thessaloí* stand der Name des Kollektivs am Anfang und wurde von dort auf die Landschaft übertragen.

In der älteren Forschung hießen diese der ‚modernen' Polis gegenübergestellten Gebilde „Stammstaaten", was problematisch ist, da mit dem Begriff „Stamm" allerlei aus der Romantik stammende Vorstellungen von ursprünglicher Zusammengehörigkeit und kompakten Einwanderungen von „Völkern" verbunden waren. Überdies war das institutionelle Gefüge der meisten Formationen dieser Art bis ins 5. Jahrhundert nur schwach ausgebildet. Deshalb wird nun oft die in den Quellen zu findende Bezeichnung *éthnos* (Plural: *éthnê*) gebraucht, freilich als typologisierender Begriff. Da es in diesen Zusammenschlüssen anders als in der verdichteten Polis nur wenige formierende Institutionen und Interaktionen gab, manifestierte sich dort die Gemeinschaftlichkeit primär in Kulten bei zentralen Heiligtümern, in Verwandtschaft begründenden Mythenerzählungen sowie im gemeinsamen Militäraufgebot. Auf Letzteres deutet bereits der Sprachgebrauch in der „Ilias", wo *éthnos* (bezogen auf Menschen) eine identifizierbare Gruppe von Kriegern unter einem Anführer bezeichnet, bisweilen mit einer Landschaft verbunden – von Verwandtschaft ist dort noch keine Rede. Politisch dominierten in den frühen *éthnê* öfters die führenden Familien oder Clans; bei den Makedonen gab es einen König, der es freilich schwer hatte, sich gegen die regionalen Granden durchzusetzen.

Entstehung der *éthnê*

Die Entstehung der *éthnê* lässt sich historisch in keinem Fall rekonstruieren. Wie die Forschung zur Ethnogenese an anderen Fällen, besonders der spätantiken ‚Völkerwanderung' (3.–7. Jahrhundert n.Chr.) nahelegt, ist mit kriegerisch orientierten Kerngruppen schon in den *Dark Ages* zu rechnen; deren Erfolg lockte andere Akteure an und veranlasste sie, sich unter dem Siegel von gemeinsamer Abstammung einzugliedern. Dafür spielten Stammväter, Anführer und nachträglich gebildete Ursprungserzählungen eine maßgebliche Rolle. Kaum überschätzt werden kann ferner die Bedeutung zentraler Heiligtümer: Sie wurden für die Angehörigen der *éthnê* Orte der Selbstvergewisserung, wo sie sich auch als politisch zusammengehörig erfahren konnten. Kultgemeinschaft und politische Gemeinschaft waren unmittelbar aufeinander bezogen, können sogar als eine Einheit gelten – die Heiligtümer fungierten als kultische und zugleich politische Katalysatoren bei der Ethnogenese von Stammesverbänden. Als Beispiele seien die zentralen Heiligtümer der Aitoler in Thermos oder der Achaier in Helike und Aigion genannt.

Heiligtümer

Rückständigkeit?

Falsch ist die lange vorherrschende Ansicht, bei den *éthnê* – eine in den Quellen ebenfalls verwendete Bezeichnung ist *koinón*, Plural *koiná* – habe es sich um rückständige und defizitäre Überbleibsel einer frühen (Wanderungs-)Zeit gehandelt. Vielmehr passten sich diese Gemeinwesen an die regional herrschenden Bedingungen an und funktionierten – anderenfalls wären sie vielfach dem Machthunger der handlungsstarken Poleis anheimgefallen. *Éthnê* ruhten ferner nicht allein auf einer Idee gemeinsamer Herkunft, sondern mindestens ebenso sehr auf geteilten wirtschaftlichen, militärischen und politischen Interessen und Bedürfnissen, die zu bedienen die gewählte Form der regionalen Kooperation die geeignete war. Das lässt sich an den Phokern ablesen: Die mehr als zwanzig (kleinen) Städte in der Phokis stellten sich in ihren Mythen und ihrer materiellen Kultur zunächst sehr eigenständig dar, sahen sich jedoch auf eine stärkere Zusammenarbeit verwiesen, um Übergriffe durch die Thessaler parieren zu können. Da ihr Gebiet durch den Parnassos zweigeteilt war, spielten Heiligtümer als Kristallisationspunkte des Zusammenschlusses hier eine besonders wichtige Rolle; dabei wurde Kalapodi im Norden mehr und mehr zum kultischen Zentrum. Im Süden stellte das wachsende Interesse auswärtiger Akteure am Apollon-Heiligtum und -Orakel von Delphi, das als Enklave auf phokischem Ge-

Die Phoker

biet lag, zunehmend ein Problem dar: Aus dem Streben, Delphi und seinen Reichtum zu kontrollieren, ergaben sich immer wieder Konflikte in beziehungsweise mit der Delphischen Amphiktyonie als Versammlung der regionalen Schutzmächte des Heiligtums (mehrere „Heilige Kriege"). Gegen Ende des 6. Jahrhunderts prägte das *koinón* der Phoker eigene Münzen mit einem Stierkopf; das Bild verwies auf die Bedeutung der Viehweidewirtschaft in der meist bergigen Landschaft. Wohl etwas später wurde an der Heiligen Straße, bei oder südlich von Daulis, das Phokikón als Bundeszentrum errichtet. Da die Landschaft Phokis weder natürliche Grenzen hatte noch eine geographische oder ethnische Einheit bildete, bedurfte es umso stärkerer politisch integrativer Bemühungen.

Bundesstaaten

Wie auch das Beispiel der Phoker zeigt, erwiesen sich die Organisationsformen der *éthnê* als bemerkenswert entwicklungsfähig. Seit dem 5. Jahrhundert traten vielerorts zur Militärorganisation sowie zu den religiös-kulturellen Zusammengehörigkeitsmarkern ausgeklügelte politische Strukturen hinzu. Diese beließen den kleineren Einheiten – Poleis, Dörfern (*kômai*), Kleinregionen, Unterstämmen – ihre Autonomie; zugleich wurden nun aber übergreifende Strukturen etabliert (s. u. 5): ein zentraler politischer Versammlungsort, eine repräsentativ zusammengesetzte Bundesversammlung, ein Bundesheer und eine gewählte Führung. Beide Ebenen besaßen staatliche Qualität, so dass es ein doppeltes Bürgerrecht gab: eines des Bundes und eines der einzelnen Gliedgemeinden. Dieses in der Forschung meist als *koinón* bezeichnete Ordnungsmodell, das in seiner hellenistischen Spätform durch den Geschichtsschreiber Polybios (2. Jahrhundert) greifbar ist, stand Pate für die Gestaltung der amerikanischen Bundesverfassung von 1783/1787.

Boiotischer Bund

Eine frühere Variante kennen wir aus der anonymen „Hellenika aus Oxyrhynchos" (19,3 f.): Der Boiotische Bund bestand von 447 bis 386 aus zehn verschieden großen Poleis. Um deren ausgewogene Teilhabe an den Bundesgeschäften zu gewährleisten, war Boiotien in elf Distrikte (*mérê*, „Teile") untergliedert. Diese bildeten die Grundlage und eine Art Umrechnungsschlüssel für die Rechte und Pflichten der Mitglieder in der Bundesorganisation. Jeder Distrikt entsandte einen hohen Repräsentanten (*Boiôtárchês*) sowie sechzig Ratsherren in die Bundesgremien. Theben hielt als größte Polis seit 427 vier Distrikte, Orchomenos und Thespiai je zwei, Tanagra einen; die beiden übrigen wurden von jeweils drei kleineren Orten gemeinsam besetzt, wobei die Ratsherrensitze aufgeteilt wurden und der Boiotarchenposten rotierte. Deutlich zu erkennen ist der Leitgedanke der Proportionalität; vgl. Hell. Oxy. 19,4: „Entsprechend der Zahl der Boiotarchen hatten sie am Bundesschatz teil, zahlten ihre Beiträge, entsandten ihre Richter und nahmen gleichermaßen teil an Schlechtem wie Gutem." Was sich in der formalen Struktur freilich nicht abbildete, war der entschiedene Führungsanspruch Thebens, der immer wieder zu Konflikten innerhalb des Bundes führte. Gegen die politische Integration konnte daher die Autonomieparole ausgegeben werden, unter der die Spartaner während ihrer kurzlebigen Hegemonie den Boiotischen Bund faktisch auflösten (386). Doch nur wenige Jahre später wurden er und die thebanische Hegemonie in ihm wiederhergestellt (s. u. 3.6); der Bund war nun – mehr als zuvor – ein Instrument der Machtpolitik Thebens.

Arkadischer Bund

Noch filigraner stellte sich die Organisation des nach der Schlacht von Leuktra (371) als Gegengewicht zu Sparta gegründeten Arkadischen Bundes in der Zentralpeloponnes dar: Seine Verfassung vereinigte Elemente direkter und repräsentativer Politik zu einer durchdachten und handlungsfähigen Struktur. Während die Bundesversammlung (*mýrioi*, „Zehntausend") als direkte, alle Bundesbürger einschließende Volksversammlung im extra dafür errichteten Thersilion tagte, agierte der fünfzigköpfige Bundesrat als Sprachrohr der Städte. Deren Anteile am Rat ergaben sich auch in diesem Fall aus dem Proportionalitätsprinzip: Die größeren Poleis schickten je fünf, die durch einen Synoikismos neu gegründete Metropole Megalopolis zehn, die kleineren Mitglieder zwei beziehungsweise drei Ratsherren. Hauptziel dieser Konstruktion war es, die traditionellen Rivalitäten zwischen den beiden führenden Poleis Mantineia und Tegea einzudämmen, ferner dem Koinon gegenüber seinen Mitgliedern Autorität zu verleihen und die Akzeptanz der Abgabe von Souveränität zu sichern. Auch andere wichtige Institutionen konnten föderal organisiert sein; so gab es auf Kreta (wenn auch wohl erst in hellenistischer Zeit) ein *koinodíkion* als nicht-ständigen Gerichtshof und Schiedsstelle für Streitigkeiten zwischen Mitgliedspoleis.

Thessalien

Bei den Thessalern scheint die politische Verdichtung von der Heeresorganisation ausgegangen zu sein: Spätestens im 6. Jahrhundert war die Landschaft in vier Distrikte (Tetraden) eingeteilt, die wohl für die Mobilisierung von Truppen zuständig waren. Ein neuzeitlicher Gelehrter charakterisierte den Zusammenschluss bereits für die Zeit ab 700 als eine „gewaltige Macht" im Norden Griechenlands. In Klassischer Zeit gab es in Thessalien fünfundzwanzig Poleis, unter denen Larissa, Pharsalos und Pherai herausragten. Obwohl wir über die politische Binnenorganisation wenig wissen, vermochten die Thessaler offenbar eine Hegemonie über benachbarte Landschaften auszuüben; es muss also ein effizientes System zur Mobilisierung von Macht gegeben haben. Seit dem frühen 4. Jahrhundert versuchten nacheinander Lykophron, Jason und Alexander von Pherai im Sinne eines für diese Zeit typischen Modernisierungsprozesses, das traditionell von aristokratischen Familien dominierte Land unter monarchischen Vorzeichen zu zentralisieren. Gegen diese Bemühungen sammelten sich jedoch oppositionelle Kräfte im neu formierten Thessalischen Bund. Dieser schloss sich, nachdem die Machthaber gescheitert waren, politisch dem nördlichen Nachbarn Philipp II. an.

Vom primitiven Stamm zum modernen Bund?

Zwischen älteren *éthnê* und jüngeren Bundesstaaten lässt sich keine klare Grenze ziehen, denn auch letztere ruhten weiterhin auf einer ethnisch definierten und inszenierten Zusammengehörigkeit, für die Stammeskulte und mythische Genealogien konstitutiv waren. Neue Mitglieder wurden nicht selten in neu gestaltete Gründungs- und Abstammungsmythen integriert (so der Heros Triphylos, der im Zuge der Eingliederung Triphyliens in den Arkadischen Bund im 4. Jahrhundert in die arkadische Genealogie eingebaut wurde). Bundesspiele und Kultfeste entwickelte man zeitgemäß weiter. Auffällig ist eine beträchtliche institutionelle Kreativität; die Gestaltung der Repräsentation in den Bundesstaaten ähnelt strukturell den Phylenreformen in einzelnen Poleis. Bei der Etablierung und Verfeinerung der politischen Institutionen schaute man sich gewiss einiges von den ‚frühen' Polisstaaten ab, mit denen man ja nicht selten machtpolitisch konkurrierte. Doch auch nachdem in den meisten der *éthnos*-Regionen Städte gegründet worden waren und man dort angesichts der vielfach geographisch zerklüfteten Landschaften eifersüchtig auf Eigenständigkeit pochende Poleis erwarten würde, zerfielen die ortsübergreifenden Identitäten gerade nicht, sondern wurden sogar gestärkt. Trotz der – verschieden schnellen und verschieden weit reichenden – urbanistischen und organisatorischen Modernisierungsprozesse blieb in den *éthnê* und *koiná* die regionale Identität lebendig. Und auch für die kulturelle und symbolische Integration einer Gemeinschaft, ob orts- oder landschaftsgebunden, war bei den Poleis zweifellos einiges zu lernen.

Das formal wichtigste Alleinstellungsmerkmal der Bundesstaaten gegenüber anderen Formen der Kooperation war ihre eigene Staatsqualität neben beziehungsweise oberhalb der Staatlichkeit ihrer Mitglieder (doppeltes Bürgerrecht, s. o.). Diese Qualität fehlte den hegemonialen Symmachien, also den auf bilateralen Verträgen zwischen der Vormacht und den einzelnen Mitgliedern gegründeten Bündnissen. Deren Sinn bestand darin, auf dem Gebiet der Bündnispartner Sicherheit und Stabilität zu gewährleisten sowie miteinander, als *sýmmachoi*, Krieg zu führen. Dabei bestimmte das stärkste Mitglied im Bündnissystem als „Anführer" (*hêgemôn*) die Außenpolitik, den Ressourceneinsatz und die Kriegführung. Solche Symmachien waren, wie eingangs erwähnt, der Peloponnesische Bund und der Attische Seebund; hinzu kam der 338 unter Führung Philipps II. von Makedonien gegründete Korinthische Bund, der zugleich einen „Allgemeinen Frieden" durchsetzte (s. u. 5.2). Zwar gab es in den drei genannten Symmachien auch jeweils eine Bundesversammlung (im Attischen Seebund jedenfalls bis Mitte des 5. Jahrhunderts), doch diese spielte in der Praxis so gut wie keine Rolle – bezeichnenderweise hören wir von dem entsprechenden Organ des Attischen Seebundes, das zunächst auf Delos tagte (daher bisweilen pseudogenau: Delisch-Attischer Seebund, Delian League) fast nichts. Die Binnenverhältnisse waren in hohem Maße von der Struktur des Bündnisses und den situativen Machtverhältnissen abhängig. So reagierte Athen auf Austrittsversuche einzelner Mitglieder mit brutaler Gewalt, während Sparta im Peloponnesischen Bund von der Freiwilligkeit der Mitglieder abhängig war, wie sich im Zuge der Intervention in Athen Ende des 6. Jahrhunderts oder bei der Auslösung des Peloponnesischen Krieges zeigte. Entstehung, Aufbau und Agieren der drei genannten Bündnisse sind im vorliegenden Grundriss an den passenden Stellen der folgenden Kapitel behandelt.

Kampfbündnisse: die hegemonialen Symmachien

Amphiktyonien

Amphiktyonien schließlich, so unterschied bereits G. Hermann [Lehrbuch, 26] vor bald zwei Jahrhunderten die in diesem Unterkapitel behandelten Phänomene, waren „geschlossene Vereine der Nachbarvölker eines Heiligthumes, ohne Rücksicht auf Stammverschiedenheiten, einzig zum Zwecke wechselseitiger Befriedung und gemeinsamer Festfeier, nicht aber in einer bestimmten Absicht nach außen oder in einem gemeinschaftlichen Interesse gegen Dritte gestiftet; wodurch sie sich also nicht nur von eigentlichen Bundesgenossenschaften zu Schutz oder Trutz, sondern auch, so häufig auch diese mit ihnen verwechselt werden, von den Verbindungen stammverwandter Orte unterscheiden, die, obschon selbständig gegen einander, dennoch ihre Gesammtangelegenheiten in allgemeinen Versammlungen zu berathen fortfuhren, und die Schutzgottheit des Stammes fortwährend durch gemeinschaftliche Feste verehrten." Ihren Ausgang nahm die Bezeichnung, deren sprachliche Erklärung in der Antike strittig war, vom bekanntesten Vertreter dieses Typs von Assoziation: der Delphischen Amphiktyonie (s. u. 3.3).

Panionion

Welche historisch-politische Bedeutung das Panionion, eine ebenfalls zwölf Städte umfassende Amphiktyonie der Ioner in Kleinasien um den Kult für Poseidon Helikonios (s. Hdt. 1,148,1), besaß, ist nicht klar zu erkennen. Angesiedelt auf der gebirgigen Landzunge Mykale (die genaue Lage ist strittig) scheint diese Assoziation bei dem einzigen bemerkenswerten Gemeinschaftsunternehmen der Region, dem Ionischen Aufstand (499–494), keine Rolle gespielt zu haben; jedenfalls hören wir nichts davon. Allerdings soll Bias, einer der Sieben Weisen, dort knapp zwei Generationen zuvor den Ionern vorgeschlagen haben, angesichts der persischen Eroberung des Lyderreichs nach Sardinien auszuwandern und eine panionische Polis zu gründen (Hdt. 1,170,1 f.). Die politische Impotenz des kultischen Panionion spiegelt Herodot in dem angeblichen Rat des Thales von Milet (frühes 6. Jahrhundert), die Ioner sollten sich in der Art eines politischen Synoikismos oder eines Bundesstaates zentralisieren, indem sie in Teos eine gemeinsame Ratsversammlung (*buleutêrion*) begründeten und die Städte als Gliedgemeinden (*dêmoi*) betrachteten (Hdt. 1,170,3). Wenn diese Notiz auch unhistorisch sein dürfte, zeigt sie doch, dass polisübergreifende Zusammenschlüsse zumindest prinzipiell als gegeneinander ‚konvertierbar' gedacht werden konnten.

2.5.4 Der Beitrag des politischen Denkens

Das politische Denken der Griechen, also die literarisch fassbare Reflexion über das gute Zusammenleben in einer Gemeinschaft sowie die Rechtfertigung von Herrschaft und Teilhabe, lässt sich in zwei Ausrichtungen einteilen. Bereits die Epen Homers zeigen exemplarisch, wie in einer gegebenen Situation ein guter *basileús* agiert, wie eine Versammlung (*agorê*) ablaufen sollte und wie eine Gemeinde als ganze idealerweise funktioniert (Schildbeschreibung in der „Ilias"; Inselstadt Scherie in der „Odyssee") – und welche Fehler gemacht werden können. Einen wesentlichen Maßstab bildet dabei zunächst die Gerechtigkeit (*díkê*). Ab Mitte des 5. Jahrhunderts trat eine zweite Reflexionsebene hinzu: Die Erfahrung sehr unterschiedlicher, teils realhistorisch auch gegeneinander Krieg führender Ordnungen – die Monarchie des Perserreichs, die Tyrannis in griechischen Städten, die Herrschaft einer kleinen Gruppe (Oligarchie) und die Entwicklung einer radikal neuen Selbstregierung der gesamten Bürgerschaft in der Athenischen Demokratie – sowie die oft gewaltsam vollzogene Transformation einer Ordnung in eine andere legten es nahe, nun auch zu vergleichen und die verschiedenen Optionen in einen gedanklichen Zusammenhang zu bringen. Dieser Vorstoß profitierte stark von der parallelen Ausprägung einer theoretisch-analytischen Reflexion durch die frühen Denker (‚Vorsokratiker') und die Ärzte der Hippokratischen Schule.

In diesem Denken flossen Operationen wie Gegenüberstellung, Analogieschluss oder Zergliederung von abstrakt gefassten Phänomenen zusammen, teilweise unterstützt von einer möglichst umfassenden Sammlung empirischen Materials. Außerdem trugen die – individuell sehr verschiedenen – Sophisten ab etwa 450 maßgeblich zum Denken in Optionen bei, indem sie Rhetorik, Dialektik und Eristik (Streitlehre) unterrichteten sowie die Grundlagen sozialer Gemeinschaften diskutierten. Hinzu kam die weit über Hellas hinausblickende Ethnographie mit ihrem methodischen Instrumentarium, zumal dem Vergleich. Von diesen Voraussetzungen her konnten Ordnungsvorstellungen im weitesten Sinn auch in einzelnen Schlagwörtern zusammenfließen, die wiederum dem historischen Wandel unterlagen und daher begriffsgeschichtlich untersucht werden. Genannt seien hier nur drei zugleich miteinander verflochtene Nomina: als allgemeine Wertvorstellung die „Freiheit" (zunächst als privilegierter Zustand des Nicht-Sklaven verstanden), als Ordnungskonzept in verschiedenen Bereichen die „Isonomie" („gleicher Anteil") sowie „Demokratie" als Bezeichnung einer konkreten, in bestimmten Institutio-

Schlagwörter und Begriffe

nen und Praktiken verwirklichten politischen Ordnung (mitunter als „Verfassungsform" bezeichnet; s. o. 2.5.2).

Der intellektuelle Entfaltungsprozess, der das politische Denken schließlich zur politischen Theorie avancieren ließ, mündete bei Aristoteles (384–322) und dann bei Polybios (ca. 201–120) in das Modell einer typischen Abfolge von Verfassungsformen sowie in das Ideal einer ‚gemischten' Verfassung. Diese sollte gegen innere Kämpfe und Umstürze gefeit sein, da sie die besten Elemente aller drei Grundformen politischer Ordnung in sich vereine und dadurch verschiedenen Befähigungen, Ansprüchen und Interessen Rechnung trage.

Reale und ideale Verfassungen

Generell fällt auf, wie sehr die Griechen von der Idee der Gestaltung und Gestaltbarkeit des Politischen fasziniert waren. Das schlug sich nicht nur in den Entwürfen und Reflexionen einzelner Autoren nieder, sondern auch in der breiten Überlieferung zu Gesetzgebern wie Lykurg, Solon oder Charondas mit ihren heilenden Satzungen und reichte bis hin zur Idee der idealen Größe einer Stadt (*pólis myríandros*, „Polis mit 10 000 Bürgern"); in den meisten Fällen sind dabei in der Überlieferung Konstruktion und historische Tatsachen nicht leicht zu unterscheiden.

Politische Theorie und *stásis*

Zweifellos hat die schmerzhafte Erfahrung der innerstaatlichen Kämpfe das politische Denken erheblich befördert. Viele Zeugnisse in diesem Bereich tragen einen kämpferischen und parteiischen Zug, andere zeigen wie die Verfassungsdebatte bei Herodot (3,80–82) oder die „Politik" des Aristoteles – ohne ‚neutral' zu sein – das Bemühen um eine analytische Außensicht. Jedenfalls blieb auch die ‚reine' Theorie von einer als heilungsbedürftig angesehenen Erfahrungswelt geprägt – und von dem Optimismus, durch einen geistigen Entwurf etwas zu bewegen. Auf knappem Raum versammelt Archytas von Tarent (o. S. 50) in einem Werk über mathematisch-musikalische Harmonielehre (!) die einschlägigen Begriffe und wechselseitigen Bedingungsfaktoren: „Spaltung (*stâsis*) dämpft es, Gleichsinnigkeit (*homónoia*) erhöht es, wenn eine korrekte Berechnung (*logismós*) gefunden wurde. Denn es gibt kein Mehrhabenwollen (*pleonexía*), wenn sie vorhanden ist, und es herrscht Gleichheit (*isótas*). Denn mit ihr setzen wir uns über die gegenseitigen Verpflichtungen auseinander. Ihretwegen nehmen die Armen (*pénêtes*) von den Vermögenden (*ploúsioi*), und die Reichen geben den Bedürftigen, weil sie beide darauf vertrauen, durch sie künftig das Gleiche (*íson*) zu besitzen. So

Das Richtmaß des Archytas

ist sie Richtmaß und Hemmschuh der Unredlichen und veranlasst die, die mit ihr umgehen (d. h. richtig messen und rechnen) können, innezuhalten, bevor sie Unrecht begehen, und macht ihnen klar, dass sie nicht unentdeckt bleiben können, sobald jemand sie anwendet." Mit „Berechnung" ist hier offenbar ein rationaler, ausgleichender Mechanismus im Sozialen gemeint, mit *isótas* sicher eine relative (geometrische) Gleichheit.

Platon und Aristoteles

Die Prägung durch eine krisengebeutelte Erfahrungswelt konnte zu so extremen Denkspielen führen, wie sie Platon (427–347) im Modell eines antipolitischen, durch eine kleine Kaste von Weisheitsbesitzern gelenkten Idealstaates („Politeía") beziehungsweise einer allein von umfassend angelegten Gesetzen geprägten Ordnung („Nómoi") entwickelte. Dagegen favorisierte Aristoteles die Idee, die politische Ordnung müsse zu den wirtschaftlichen und gesellschaftlichen Gegebenheiten des jeweiligen Gemeinwesens passen, wobei eine möglichst große Zahl von ‚mittleren' Bürgern die beste Gewähr gegen Umsturz und einseitige Machtmonopolisierung durch Reiche (Oligarchie) oder Arme (Demokratie) biete. Beiden Denkern gemeinsam war jedoch, dass sie stark auf die Tugend des Einzelnen als Ziel des Lebens und Maßstab des Handelns abhoben. Deshalb habe in der politischen Gemeinschaft die Erziehung eine zentrale Rolle zu spielen. In auffälliger Weise blieb die politische Theoriebildung auf die autonome Polis als Norm fixiert. Die Monarchie wurde buchstäblich an den Rand der relevanten Welt verbannt, und die im 4. Jahrhundert doch bereits ziemlich avancierten sympolitischen Ordnungen (Bundesstaaten, s. o. 2.5.3) blieben ganz außer Betracht.

Fixierung auf die Polis

2.6 Krieg und zwischenstaatliche Beziehungen

Allgegenwart des Krieges

Kaum ein Grieche in vorhellenistischer Zeit hätte wohl bestritten, dass sein Leben auf die ein oder andere Weise vom Krieg geprägt wird, sei es als Milizionär für seine Polis, als Söldner für fremde Könige oder als Akteur bei den zahlreichen anderen Gelegenheiten, in denen militärische Gewalt zum Einsatz kam. Selbst in Friedenszeiten erinnerten ihn die mit Beutestücken überreich gefüllten Tempel, die Grabmäler der Gefallenen und die Statuen erfolgreicher Feldherren, nicht zuletzt die zahlreichen Sklaven, die als Kriegsgefangene im Dienst der Bauern und Handwerker arbeiteten und im Notfall die Miliz ergänzten, an die Allgegenwart des Krieges. Nicht von ungefähr entfaltete sich die griechische Historiographie nach dem Vorbild Homer an der Darstellung großer Kriege. Die Helden der Epen und Mythen suchten Ruhm und Ehre im Kampf und scheuten selten vor militärischer Gewalt zurück.

Unterschiedliche Formen und Ziele

So ubiquitär der Krieg in der Wahrnehmung und im Selbstverständnis der Menschen erschien, so mannigfaltig und jeweils abhängig von ökologisch-politischen Makrostrukturen waren seine Formen und die Ziele, die man mit ihm zu erreichen suchte. Der Siedlungsraum der ägäischen Poleis war vergleichsweise karg und arm an wertvollen Naturalien oder Edelmetallen. Das war auch ein Grund, weshalb die griechische Halbinsel bis zur Ankunft der Perser von Invasionen größerer Mächte verschont blieb. Krieg wurde so bis zum Beginn des 5. Jahrhunderts (und weit darüber hinaus) primär zwischen den griechischen Siedlungsgemeinschaften selbst geführt, und er war selten mit großen materiellen Gewinnerwartungen und Okkupationserfolgen verbunden. Für die meisten Poleis in der Größe heutiger Dörfer lohnte es sich schlicht nicht, benachbarte Poleis zu „erobern" oder gar zu zerstören, denn was hätte man mit dem Gebiet und ihren Menschen auch anfangen sollen, abgesehen davon, dass die Gewinne niemals die Kosten und den Zeitaufwand längerer Kriege aufgewogen hätten? Die Versklavung von Griechen war verpönt, Lösegelder waren viel zu gering und – anders als in den Monarchien des Ostens – institutionelle Herrschaftsstrukturen viel zu wenig ausgeprägt und eingeübt, als dass sie in die Eroberung, die materiell lukrative Besetzung und Integration größerer Gebiete innerhalb Griechenlands hätten münden können. Was blieb, waren Raubüberfälle auf Viehherden, Positionskämpfe um Wasserstellen und den Zugang zu überschaubaren Landzonen, „nicht groß und auch nicht besonders vorzüglich", wie Herodot sagt (5,49,7), in der Nachbarschaft zwischen zwei oder mehreren Poleis.

Der Ägäisraum in der Archaik

Begrenzte Kriegsformen

Derartige Unternehmungen wurden anfangs meist von den Adligen und ihren ad hoc zusammengerufenen *hetaíroi* durchgeführt; sie haben sich später mitunter zu legendenhaften Erzählungen wie dem „Kampf um die Lelantische Ebene" verdichtet, die den Kleinkrieg zu adligen Großunternehmungen mehrerer Parteien stilisierten. Selbst die „Eroberung" des fruchtbaren Messenien scheint nicht aus einem Generalplan der Polis Sparta heraus erfolgt zu sein, sondern war das kumulative Ergebnis einer sich be-

Epische Stilisierungen

schleunigenden Abfolge individueller Raubzüge der *basileís* und ihrer Anhänger sowie der Racheaktionen der Betroffenen. Und wenn dann einmal in der Folge solcher Entwicklungen die Akteure ihre gesamte Gemeinde hinter sich bringen und die gegnerische Gemeinde zu einem Entscheidungskampf auffordern konnten, dann nahmen sich diese ‚Schlachten' vor allem im Vergleich zu den Feldschlachten der östlichen Großreiche sehr bescheiden und vor allem kurz aus. Das Ergebnis war selten umstürzend, eher ausgleichend und zielte kaum auf die Vernichtung des Gegners und die Gewinnung ihrer kompletten materiellen Lebensgrundlage. Es ist kein Zufall, dass die epische Erinnerung lediglich von einer einzigen „Eroberung" einer größeren Stadt wusste, obwohl es sich hierbei gar nicht um eine Belagerung oder Eroberung im klassischen Sinne, sondern um die episch in die Länge gezogene Abfolge von Kämpfen der gegnerischen Parteien in der Ebene *vor* der Stadt sowie im Schiffslager an der Küste handelte. Dass mit Troja diese Stadt in Kleinasien lag und die Einnahme selbst den gewaltigen Helden der Vergangenheit erst nach zehn Jahren, unter großen Verlusten und mit einem Trick gelang, der offensichtlich assyrische Belagerungstechniken für griechische Verhältnisse episch codierte, zeigt, wie fremd den Griechen solche ‚Großunternehmungen' waren.

Verhältnisse im Osten

Tatsächlich unterschieden sich die Verhältnisse im Nahen Osten und an der westlichen Peripherie der griechischen Siedlungsräume von denen in der Ägäis erheblich. Nicht von ungefähr zogen seit dem 7. Jahrhundert regelmäßig griechische Krieger in großer Zahl in den Söldnerdienst nahöstlicher Monarchien, weil deren große Heere und Kriegsziele einen viel drängenderen (und regelmäßigen) Bedarf nach kampffähigen Soldaten erzeugten und weil auch die Verdienst- und Beutemöglichkeiten weitaus größer waren. Dementsprechend richteten sich auch Piraterie und Überfälle von See aus fast durchweg auf die urbanisierten, wohlhabenden Küstenregionen des östlichen Mittelmeers; hier waren üppigere Gewinne auch in Form reicher Lösegeldforderungen möglich, und es eröffneten sich Optionen militärischer Bewährung bis hin zur Eroberung ganzer Städte unter den Fahnen der technisch viel besser ausgerüsteten östlichen Heere, die in der Heimat unmöglich schienen.

Wiederum etwas anders gestalteten sich die Bedingungen in den westlichen Kolonialgebieten. Hier entstanden Poleis in agra-

Die westlichen Kolonialgebiete

risch reichen Siedlungszonen, die – meist unter dem Regime von Tyrannen – finanziell erheblich potenter, zugleich im Angesicht mächtiger Konkurrenten (wie Karthagos und der Etrusker) jedoch auch gezwungen waren, größere Heere und Kriegsflotten zu unterhalten sowie die Militärtechnik systematisch weiterzuentwickeln. Syrakus wurde so schon im 6. Jahrhundert zu einem beinahe konkurrenzlosen Brennpunkt militärischer Innovation. Dort besaß man auch die technischen und militärischen Mittel, um gegnerische Städte zu belagern, zu erobern und – soweit das antiken Heeren möglich war – zu zerstören sowie deren Gebiet in ihr eigenes zu integrieren (oder seltener: brach liegen zu lassen). Selbst wenn die Bedrohung durch nichtgriechische Mächte objektiv selten real war, so bestand doch anders als auf der griechischen Halbinsel eine jederzeit aktivierbare außenpolitisch-militärische Konfrontationsperspektive, die es den Entscheidungsträgern in den kolonialen Poleis erlaubte, größere Mittel für den Krieg zu konzentrieren und einzusetzen sowie auch eigene Hegemonialräume und Interessensphären zu bestimmen. Diese Perspektive bildete den Zündstoff für ein hochexplosives Gemisch, das nicht nur die Militärtechnik auf fast allen Gebieten schubweise vorantrieb, sondern auch die Entfaltung von spezifischen Truppengattungen (insbesondere der Reiterei) und einen „colonial style of warfare“ (E. L. Wheeler) unterschiedlicher Intensität und Reichweite in einer Zeit ermöglichte, als man im Ägäisraum fast durchweg – mit Ausnahme Spartas – Krieg räumlich und materiell weitaus begrenzter betrieb.

Impulse auf der griechischen Halbinsel: Spartas Hegemonie

Allerdings hatten auch die auf der griechischen Halbinsel geführten Auseinandersetzungen einen wichtigen, wenngleich zeitlich verzögerten Effekt. Dieser ging von zwei Akteuren aus, die sozusagen außerhalb der Norm handelten: Zum einen bewirkten die gegen Ende des 6. Jahrhunderts sich intensivierenden Bemühungen der Spartaner, ihre Hegemonie über die gesamte Peloponnes auszuweiten, dass zumindest die von dieser Entwicklung betroffenen und wirtschaftlich aufstrebenden Poleis die Weiterentwicklung ihrer politischen Institutionen (meist nach der Abschüttelung des Zwischenstadiums der Tyrannis) mit einer grundsätzlichen Neuorganisation ihrer Armeestruktur verbanden. Diese ermöglichte eine umfangreichere Mobilisierung der wehrfähigen Bürger und band gleichzeitig die alten und bis dahin meist exklusiven militärischen Aktions- und Kompetenzbereiche der adligen

Institutionell-innenpolitische Neuerungen

Familien in die Zuständigkeit der Gesamtpolis ein. Beides erhöhte die militärische Schlagkraft der Poleis um ein Vielfaches; Krieg wurde fortan (und erst jetzt), ohne adlige Einzelaktionen völlig auszuschließen, zu einer konzertiert-solidarischen Aktion der Gesamtgemeinde, die bereit war, alles in die Waagschale zu werfen und gegebenenfalls auch größere Ziele anzuvisieren, die in der Archaik noch ausgeschlossen waren.

Effekt der Perserkriege

Ein zweiter, mächtiger Impuls ging – wie auf so vielen anderen Gebieten – vom Angriff der persischen Supermacht aus, die möglicherweise auch durch das unerwartete militärische Erstarken isonomer Poleis wie Athen zum Handeln getrieben wurde (s. u. 4.3). Es waren die um 500 einsetzenden organisatorisch-institutionellen Formierungen, die es den abwehrwilligen Poleis überhaupt erst ermöglichten, größere Armeen und Flotten aufzustellen und den Persern entgegenzuwerfen (wobei auch hier offenbar Athen eine treibende Kraft war). Die bis dahin unbekannte Herausforderung, auf eigenem Gebiet von einem organisatorisch und zahlenmäßig überlegenen nichtgriechischen Gegner direkt angegriffen zu werden, sowie die erschütternde Erfahrung, dass dieser Gegner in der Lage war, ganze Städte zu erobern, erzeugten einen Handlungsdruck, der die im Kampf gegen innergriechische Gegner entwickelten politischen und militärischen Neuorganisationen weiter voran- und auf eine bisher nicht gekannte Höhe trieb, und zwar auf allen Ebenen: zum einen beim Kriegsschiffbau und Seekrieg (ganze Flotten wurden nun mit dem modernsten Kampfschifftyp der Zeit, der Triëre bestückt), zum anderen beim Ausbau der bisher im Ägäisraum eher nachlässig vorangetriebenen Stadtbefestigungen zur großräumigen Verteidigung der Poleis; schließlich sehr wahrscheinlich auch im Bereich des Infanteriekampfes.

Die klassische Phalanx

Erst die Bedrohung durch größere Expansionsheere mit koordinierten und trainierten Spezialwaffengattungen wie Bogenschützen und Reiterei zwang die Poleis, die vorher wohl nur von Sparta und wenigen anderen Akteuren geübten Kampfformationen der Schwerbewaffneten noch enger zu einer geschlossenen Schlachtreihe (Phalanx) zusammenzufügen, die gegnerischen Pfeilbeschuss unterlaufen sowie durch ihren festen Zusammenhalt im Kampf selbst in relativer Unterzahl den gemischt nach Ethnien aufgestellten Einheiten der Perser Paroli bieten konnte. Die klassische Phalanxschlacht der Bürger-Hopliten als Markenzeichen der Polis scheint wie so vieles letztlich ein Produkt der

Perserkriege gewesen zu sein, auch wenn sie vorangegangene militärtechnische und politische Entwicklungen aufnahm; so konnte erst die Umstellung auf das öffentliche Rekrutierungssystem die Reihen einer Phalanx auch in der Tiefe füllen.

Lernen von den Persern

Hingegen lernten zumindest einige Poleis von ihrem großen Gegner vieles, was bisher unmöglich und gegen ihre Natur zu sein schien: zunächst und an erster Stelle die Fähigkeit, die Bewegungen von Landtruppen und Seestreitkräften großräumig unter einer klaren geostrategischen Gesamtplanung zu koordinieren; ferner die hiermit zusammenhängende Bedeutung der Logistik, technisch anspruchsvoller Pionierarbeiten (z. B. zur Überquerung maritimer Hindernisse) sowie Belagerungs- und Eroberungstechniken; schließlich die Voraussetzung von allem: eine zumindest mittelfristige finanzielle Planung. Bereits in der Archaik hatten in größeren Poleis Seemachtpolitik und Flottenrüstung eine erhebliche Dynamik in zentralen Bereichen – Administration, Wirtschaft, Politik, Demographie – nach sich gezogen. Für Athen liegen diese Zusammenhänge auf der Hand: Dort sorgte die Seemachtpolitik seit 480 in kurzer Zeit für eine enorme Ausweitung und Ausdifferenzierung staatlichen Handelns. In fast all diesen Bereichen erwiesen sich die Athener zugleich als gelehrige Schüler der Perser. Der unmittelbar nach deren Abwehr etablierte Seebund und dessen weitausgreifende, zeitlich über fast zwanzig Jahre andauernde Operationserfolge, überhaupt das sich in diesen Kampagnen offenbarende militärstrategische Denken lassen sich zu wesentlichen Teilen nur aus der Erfahrung der Perserkriege und mit der Adaption persischer Vorbilder erklären. Das begann mit der Umfunktionierung der Triëren zu Pferde- und Truppentransportern, ging über die von den Athenern Schritt für Schritt erworbene Fähigkeit zur Belagerung und Erstürmung renitenter Poleis sowie die strikte Konzentrierung des Oberkommandos und reichte bis hin zur Einziehung von Tributen und der Entwicklung eines militärischen Budgetdenkens in Form der Seebundkasse und der Aparché (Abgabe von fünf Prozent des Tributs) für den Athena-Tempel auf der Akropolis.

Neues strategisches Denken – Krieg als Großoperation

Perser als Vorbild für Athen

Sparta zog wie immer zögerlich und meist reaktiv nach, doch im Peloponnesischen Krieg zeigte sich, dass die Spartaner ihre Lektion gelernt hatten und den Kampf um die Hegemonie der Bündnissysteme auch als einen großräumigen Krieg begriffen, der flexibel an mehreren Fronten (Nordägäis, Sizilien) und wenn nötig auch mit unterschiedlichen Waffengattungen und unter Hinzuziehung nicht-bürgerlicher Kämpfer (Heloten, Perioikoi, Söldner) geführt werden musste.

Spätestens mit dem Peloponnesischen Krieg bildete auch der vorausschauende Kampf um Versorgungslinien und -ressourcen einen integralen Teil der strategischen und außenpolitischen Planungen – so musste Athen 404 kapitulieren, weil die Stadt von der Getreideversorgung zur See abgeschnitten war. Diese Entwicklungen wiederum machten große Schlachten zu Lande – entgegen der Wahrnehmung moderner Forscher – seltener und erhoben stattdessen das Meer zum entscheidenden Operationsraum eines Abnutzungskrieges, der am Ende von Sparta nur mit Hilfe persischer Unterstützungszahlungen siegreich beendet werden konnte.

Krieg um Ressourcen und Versorgungslinien

Das 4. Jahrhundert

Die oben erwähnten Verschiebungen setzten sich generell im 4. Jahrhundert fort und verbanden sich hier mit einer schon während des Peloponnesischen Krieges einsetzenden Spezialisierung und Professionalisierung auch neuer Waffengattungen (Peltasten, Leichtbewaffnete, Reiterei) und Akteure (Söldner). Auch die Fähigkeit zu weiträumigen Kriegen mit koordinierten Land- und Seestreitkräften blieb zumindest im Falle von Athen und Sparta erhalten; nur konnten sie aufgrund geringerer finanzieller Mittel bei weitem nicht mehr die Dimensionen des 5. Jahrhundert erreichen – dafür wurde die Kriegsfinanzierung kreativer (‚freiwillige‘ Beiträge lokaler Akteure, Zölle, Belastungen eigener reicher Bürger). Der Krieg verlagerte sich außerdem in gewissem Sinne wieder nach Griechenland zurück und nahm hier Formen eines zermürbenden Stellungskrieges an, der auf die Versorgungsgrundlagen des Gegners zielte, aber nicht mehr und jedenfalls nicht mehr so konsequent die großen transmaritimen Handelswege in die Planungen miteinbezog, wie dies im zweiten Drittel des 5. Jahrhundert der Fall war. In die Lücke sprang (im Osten) die makedonische Monarchie, die über die Ressourcen und längerfristigen Planungsoptionen verfügte, um zielgerichtet moderne Kriegstechniken mit handelspolitischen und geostrategischen Perspektiven zu verbinden.

Die Kontinuität adliger Werte und Motive

So sehr sich allerdings binnen eines Jahrhunderts die Kriegsformen, ihre Grundlagen und Ziele (zusammen mit den außenpolitischen Organisationsformen) auch wandelten beziehungsweise weiterentwickelten – eines blieb offenbar erhalten und wurde lediglich den veränderten Möglichkeiten und Herausforderungen angepasst: nämlich das auch im 5. und 4. Jahrhundert nie aufgegebene Verständnis des Krieges als eine Auseinandersetzung um Ehre, Ansehen und Prestige. Letztlich war dies ein Ergebnis der besonderen Situation in Griechenland im 8. und 7. Jahrhundert (und bezeichnenderweise in den Rand-, Kolonial- und Söldnergebieten nicht so ausgeprägt!). Der kleinräumig geführte und als ‚archaisch-heroisch' vermittelte Kampf um Ehre beziehungsweise deren Schmälerung füllte gewissermaßen die Lücke und trat in der Selbstwahrnehmung und Legitimierung der Krieger an die Stelle der nicht vorhandenen (oder zu erhoffenden) reichen materiellen Gewinne, des Ruhms großer Eroberungen und des Aufeinandertreffens gewaltiger Heere. Tatsächlich lassen sich fast alle Formen und Ziele des Krieges auf die eine oder andere Weise auf dieses Verständnis zurückführen oder zumindest mit ihm verbinden, und die Quellen haben dies meist auch konsequent so getan: Viehraub war genauso ehrenvoll wie Piraterie oder der Kampf um ein wertvolles Stück Land, weil die hierdurch erzielte Mehrung des Reichtums (ohne dass er ökonomisch oder ökologisch unbedingt erforderlich war) adligen Status begründete, aus Sicht des Betroffenen dagegen unmittelbar Rache verlangte, um Ansehen und Status wiederzugewinnen.

Ehre und Rache

Kriege in Griechenland entstanden demnach ähnlich wie die sogenannte Kolonisation oder das Söldnerwesen (s. o.) nur sehr selten aus drängender ökonomisch-agrarischer Not, sondern vornehmlich aus dem Drang rivalisierender Gruppen und politischer Formationen, mehr zu haben und mehr zu sein (*pleonexía*). Sie waren auch in dieser Hinsicht das Ergebnis spezifischer politisch-sozialer Verhältnisse und außenpolitischer Umstände. Hervorgegangen aus dem Verständnis eines begrenzten und in der Regel unter exklusiv adliger Führung geführten „Kleinkrieges", wurden auch die großen Kriege der Bürgergemeinschaft offiziell meist um die Ehre, allerdings nun nicht mehr einzelner Adliger, ihrer *hetaíroi* und Kriegergruppen, sondern der Gesamtpolis geführt. Die vermeintliche Bedrohung ihrer Hegemonie oder ihrer Sicherheit war ein potenzieller Ehrverlust, dem begegnet werden musste; reale Verluste mussten zur Wiedererlangung der Ehre mindestens reziprok wettgemacht und gerächt werden. Selbst Abwehrkriege gegen Gegner wie die Perser, die eigentlich als „Barbaren" außerhalb des innergriechischen Dauerszenarios um Ehre und Ehrverlust standen, wurden in das skizzierte Denkschema eingefügt.

Pleonexía

Schnell und unproblematisch, ja geradezu organisch ließen sich die griechischen Erfolge in literarischer und monumentaler Form an die glorreiche Zeit der homerischen Helden und ihrer Kämpfe anschließen.

Zwischenstaatliche Beziehungen

Während der Apparat und die Pragmatik des Krieges beinahe kontinuierlich Aufmerksamkeit gefunden haben, stehen die Instrumente und Routinen der zwischenstaatlichen Beziehungen ein wenig im Schatten. Im vorliegenden Grundriss gehen sie teilweise in den o. 2.5.3 skizzierten Verbünden sowie selbstredend in der Ereignisgeschichte auf (u. Kap. 4 und 5). Die Griechen pflegten ‚Diplomatie' zum einen durch Gesandtschaften – Bezeichnungen für einen Emissär lauteten *ángelos*, *présbys* oder *kêryx* –, daneben auch durch „ritualized friendship" (Bd. II 2.3.1), nicht zuletzt im Institut der Proxenie, sowie durch Auszeichnungen anderer Art: So ehrten die Athener Dionysios I. von Syrakus, lange bevor sie einen offiziellen Vertrag mit ihm und seinen Söhnen abschlossen [1.10.3: RO, Nrn. 10, 33 und 34]. Für moderne Augen irritierend erscheint die religiöse Rahmung des zwischenstaatlichen Verkehrs (Eide, Speise- und Weinopfer). Vielfältig waren die Vertragsinstrumente; um deren Zweck und die zugrundeliegende Konstellation zu erhellen, muss man sich die Laufzeit ansehen sowie die Frage beantworten, wer unter welchen Voraussetzungen wann was für den Vertragspartner tun muss. So zeichneten sich elaborierte Symmachieverträge wie etwa beim Attischen Seebund (seit 478) durch Asymmetrie und Unkündbarkeit aus und boten damit die Grundlage für eine Hegemonie- und Herrschaftsbildung, während zweiseitige Verträge meist auch ein relatives Machtgleichgewicht der Bündner voraussetzen. Wiederum anders (und in seiner Art wohl singulär) konstruiert war der „Hellenenbund" von 481, der die gemeinsame Kampfbereitschaft gegen die Perser mit harschen Strafdrohungen an alle Griechen („Hellenen") verband, die nicht mitzukämpfen bereit waren.

Neuerdings hat sich, nicht zuletzt ausgelöst durch eine Faszination für Thukydides, auch die politikwissenschaftliche Disziplin „International Relations" (IR) – zumal in ihrer ‚realistischen' Ausprägung – der Griechen angenommen, ohne dass dabei bislang sehr viel herausgekommen wäre. Es muss zu denken geben, dass sich die so kreative politische Reflexion bei den Griechen ausschließlich auf die Polis bezog, jedoch nicht allein die polisübergreifenden Formen ausklammerte (s. o. 2.5.4), sondern auch nicht einmal einen Ansatz oder eine Theorie der zwischenstaatlichen Beziehungen zu entwickeln versuchte. Ebenso bezeichnend: Außerhalb der Bundesstaaten entwickelte sich erst gegen Ende des 4. Jahrhunderts eine halbwegs funktionierende Schiedsgerichtsbarkeit, die über ad hoc-Akte hinausging.

3 Facetten der griechischen Staatenwelt

Hauptakteure und Regionen

Für den Berichtszeitraum dieses Buches lassen sich die Griechen insgesamt verschiedenen Großregionen zuordnen. Dabei steht im vorliegenden Band Milet exemplarisch für die Ostgriechen, während Delphi, Sparta, Korinth, Theben und Athen Hauptakteure auf der griechischen Halbinsel waren. Massilia und Syrakus repräsentieren die „Western Greeks". Die Bezeichnung Magna Graecia (*Megâle Hellâs*, „Großgriechenland") wurde im Altertum zunächst nur für die griechischen Städte Unteritaliens gebraucht; später schloss sie auch Sizilien ein. Diesem weiteren Sprachgebrauch folgen wir im „Grundriss". Dieser Teil der hellenischen Welt galt wohl wegen Fruchtbarkeit des Bodens, der Gunst des Klimas und des Reichtums vieler der dortigen Poleis als „groß" – der Mittlere Westen der griechischen Welt.

Jeder dieser Großakteure hat in seinem eigenen Raum die Geschichte der Griechen mitgestaltet oder trug – wie Kreta – zumindest charakteristische Züge. Anders als in Kapitel 2 stehen nicht bestimmte Strukturphänomene wie Mobilität, Staatlichkeit oder Demokratie als solche im Vordergrund, sondern deren besondere Ausformungen im historischen Verlauf. Zugleich sollen die Vielfalt der Staatenwelt und die Prägekraft beziehungsweise Eigenart der Regionen als Voraussetzung für die Tektonik der Griechischen Geschichte insgesamt deutlich werden; dabei werden die großen Linien ausgezogen – für die meisten Einzelheiten ist auf die Nachschlagewerke und Handbücher zu verweisen. Ein detaillierter geographischer Atlas zur Antike sollte zur Hand sein (s. Bibliographie 1.7.1). Das Kapitel legt zugleich ein Fundament für die beiden folgenden Abschnitte zur Ereignisgeschichte, in deren Verlauf einige der hier vorgestellten Poleis – Milet, Sparta, Korinth, Theben, Athen, Syrakus – zu treibenden Kräften eines dynamischen, multipolaren Geschehens wurden.

Selbstverständlich ließe sich die Liste interessanter Städte erheblich verlängern. Kandidaten wären als zumindest zeitweise historisch wichtige oder exemplarische Orte Aigina, Argos, Elis (mit Olympia) und Megara, für den Schwarzmeerraum als Kontaktzone zu den Skythen etwa Olbia sowie als ‚Grenzstadt' zwischen Hellenen, ansässigen Karern und dem Perserreich Halikarnassos, die Heimatstadt Herodots. Uns erschien jedoch die getroffene Auswahl hinreichend aussagekräftig.

3.1 Milet und Ionien

Hafenort mit alter Geschichte

Milet, das „Venedig" der griechischen Welt, gehört zu einem Cluster bedeutender Poleis, die im Zuge von Migrationsbewegungen ab ca. 1000 an der Küste Kleinasiens entstanden. Im Unterschied zu den übrigen griechischen Siedlungsräumen außerhalb der Ägäishalbinsel übernahmen die Neuankömmlinge ein fruchtbares Gebiet an der Mündung des Maiandros (Mäander), das bereits engste Beziehungen zu den bronzezeitlichen Kulturen der Minoer auf Kreta und den Mykenern gepflegt hatte und von diesen als strategisch bedeutender Außenposten okkupiert worden war. Die auf einer gut zu verteidigenden Halbinsel angelegte Polis entwickelte sich demnach nicht am Rande, sondern im pulsierenden Zentrum einer urbanisierten Welt, an einer verkehrstechnisch zentralen Schnittstelle zwischen der viel befahrenen Handelsroute aus der Levante und Ägypten weiter nach Norden, entlang der anderen Hafenpoleis in Richtung auf den Bosporus und das Schwarze Meer oder wahlweise westlich nach Kreta oder über die Kykladen zur griechischen Halbinsel und von dort weiter gen Westen.

Knotenpunkt maritimer Transferwege

Das mit ca. 120 Hektar recht ausgedehnte Siedlungsgebiet selbst war durch Berge begrenzt; das Mäandertal wurde im Wesentlichen nur für Verbindungen stromabwärts, nicht aber gen Osten genutzt. Milet war so mit zwei hervorragenden Häfen im Gegensatz zum inländisch orientierten Ephesos – die Hauptverkehrsachse von der Küste nach Inneranatolien verlief von Ephesos nach Sardes – auf das Meer und die maritimen Handelsrouten verwiesen (s. o.). Die Stadt konnte wie kaum eine andere Polis unterschiedliche kulturelle Einflüsse aufnehmen und zum maritimen *melting pot* mediterraner, vorderasiatischer und halbnomadischer Traditionen werden, die über stetig dichter werdende Handelsnetze den Weg an die südliche Küste Kleinasiens fanden. Diese strukturelle Weltoffenheit auf der Basis maritimer Konnektivität unterschied die Situation Milets von anderen Hafenstädten wie Korinth oder Massilia, die ihren Einfluss auch zu Lande zu erweitern suchten. Sie begründete nicht nur Milets Ruf als Mutterstadt zahlreicher Apoikien vor allem im Schwarzmeerraum, sondern auch eine bis ins frühe 5. Jahrhundert führende Rolle als Vorreiter kultureller Entwicklungen sowie philosophisch-spekulativer und wissenschaftlich-empirischer Erkundungen der Welt.

Ökologische Rahmenbedingungen

Basis dieser Erfolge bildete aber nicht nur die günstige verkehrstechnische und gegen die Landseite relativ leicht zu verteidigende Lage. Hinzu kamen ökologische Rahmenbedingungen. Sie gewährleisteten die Ernährung der Bevölkerung auf verschiedene Weise und erlaubten sogar sporadische Exportüberschüsse. Vorteilhaft waren zum einen fischreiche Küstengewässer mit einer sonst nur für die Levante gerühmten Schnecken, aus der Purpurfarbe gewonnen und verarbeitet wurde. Ferner bot ein durch den Mäander herangeführter Schwemmboden (auch wenn er die Einfahrt in den Hafen immer wieder zu behindern drohte) vor allem im Norden der Stadt recht gute, freilich nicht mit den sizilischen und unteritalischen Verhältnissen vergleichbare Bedingungen für den Getreide-, Oliven und Weinanbau sowie verschiedene Heilkräuter. Schließlich gab es reiche, allerdings für den Schiffbau wenig geeignete Baumbestände an den Hügeln des Mäandertales und an deren Hängen zusätzlich wie auf den nahen Inseln Weidewirtschaft mit Ziegen und Schafen.

Apokien im Schwarzmeeraum

So vergleichsweise fruchtbar und ökologisch diversifiziert der Siedlungsraum der Milesier war, einen Nachteil teilte die Stadt mit fast allen Poleis der Ägäis, nämlich den fast völligen Mangel an wichtigen Mineralien. Selbst Eisen und Blei kamen offenbar nur in geringen Mengen vor; der begehrte (und berühmte) graue Marmor wurde auf Chios und nördlich an den Ausläufern des Mykale-Gebirges gebrochen. Ohne regelmäßige Zufuhr an Mineralien waren weder der Export heimischer Töpferwaren noch der Hafenausbau oder der für die Existenz der Stadt unabdingbare Unterhalt von Schiffen möglich. Die Suche nach entsprechenden Ressourcen und die relative Isolation gegenüber dem Binnenland dürften denn auch – vielleicht in Kombination mit der Bedrängnis zunächst durch die Lyder, dann die Perser – wesentliche Gründe dafür gewesen sein, dass unter milesischer Führung und Initiative (aber sicherlich nicht ausschließlich mit milesischen Siedlern) zahlreiche Apoikien zunächst am Marmarameer (Kyzikos), sodann im südöstlichen und nördlichen Schwarzmeergebiet angelegt wurden. Während die an der kleinasiatischen Küste (Sinope und Trapezis) und in Georgien (Phasis) gelegenen Siedlungen offensichtlich den Zugang zu den Abbaugebieten von Edelmetallen des Kaukasus ermöglichen und damit die Metallarmut Milets ausgleichen sollten, erleichterten die nahe der skythischen Gebiete angelegten Städte – am bedeutendsten und berühmtesten war Olbia – den Anschluss an transasiatische Fluss- und Handelsrouten sowie den Warenaustausch mit den Skythen. Anders als in den westlichen Siedlungsgebieten wurden die milesischen, ebenso wie die anderen von kleinasiatischen Poleis (wie Phokaia) gegründeten Apoikien nicht primär wegen reichen Ackerlandes angelegt; ihre Lage reflektiert vielmehr die strukturelle Abhängigkeit Milets und anderer ionischer Poleis vom Überseehandel und dem Import von Metallen. Milet bildete so die Drehscheibe innerhalb eines globalen Netzwerkes, das die Apoikien des Nordens mit exzellenten Kontakten und Stützpunkten in Ägypten (Naukratis) sowie in den nahen und fernen Westen (Athen beziehungsweise Sybaris) verband und eine lukrative transmediterrane Warenzirkulation ermöglichte, in die auch eigene Produkte eingespeist werden konnten: Silber, mitunter auch Gold sowie Sklaven aus dem Westen und Norden sowie heimisches Öl, Keramik, Möbel und Textilien nach Ägypten und in die Levante, im Gegenzug ägyptisches Getreide, Leinen, Papyrus und vorderasiatische Kunsterzeugnisse und Luxusgüter in den Ägäisraum und weiter nach Westen.

Handelsnetze

Geostrategische Probleme und Bedrohungen

Dabei blieben zwei geostrategische Grundprobleme bestehen, die in vielerlei Hinsicht an die Situation der phönikischen Hafenstädte der Levante erinnern. Da war zum einen die Konkurrenz der übrigen, weiter nördlich gelegenen Hafenstädte und Inselpoleis, die an den Handelsgewinnen der Milesier partizipieren wollten (Ephesos und Chios) oder sie anderweitig, zum Beispiel über Piraterie und Kaperei wie im Falle von Samos, abzuschöpfen suchten und eine langfristige politische Kooperation der ionischen Poleis erschwerten. Zweitens machten sich die – vom Halikarnassier Herodot zum strukturellen Angelpunkt seines Geschichtswerks erhobenen – Expansionsbestrebungen der binnenländischen Mächte bemerkbar, zunächst der Lyder und dann des Perserreiches, die sich die strategisch und verkehrstechnisch wichtige Küstenzone sichern und deren maritime Kompetenzen und Erfahrungen in ihre Militärstruktur integrieren wollten.

Diese machtpolitische Gemengelage wurde in der Zeit nach den Perserkriegen noch dadurch verkompliziert und dynamisiert, dass nun auch Poleis der griechischen Halbinsel – zunächst Athen, dann für kurze Zeit Sparta – ihre hegemonialen Ansprüche östlich über die Ägäis ausweiteten und ihr offizielles Schutzversprechen mit eigenen Machtinteressen verbanden.

Stáseis und Wechsel der politischen Ordnung

All diese Faktoren zusammen – die potentielle Bedrohung durch binnenländische Reiche, das Hegemonialstreben westlicher Poleis und die notorische Konkurrenz das kleinasiatischen Poleis untereinander – dürften ein wesentlicher Grund dafür gewesen sein, dass die ursprüngliche oligarchische Ordnung Milets seit dem 7. Jahrhundert in wachsendem Ausmaß von *stáseis* erschüttert wurde. Sie waren mitunter so heftig, dass sie nur von außen beigelegt werden konnten. Hatten sich (seit ca. 630) Tyrannen wie Thrasybulos wohl ähnlich wie in anderen Poleis im Rahmen außenpolitisch-militärischer Krisen (gegen Lydien) und auf der Basis bestehender Ämter etablieren können, so unterstützen die Perser seit der Mitte des 6. Jahrhunderts einzelne Stadtherren, weil man in ihnen geeignete Ansprechpartner für die imperiale Herrschaft, die Bereitstellung von Schiffen und den Einzug von Tributen erhoffte. Nach dem Scheitern dieses Modells während des Ionischen Aufstandes (499–494) installierte man dann wieder gemäßigte, als Isonomien bezeichnete Oligarchien, die wohl auch im Rahmen des Seebundes zunächst von den Athenern akzeptiert, aber in der Mitte des 5. Jahrhunderts den athenischen Wünschen entsprechend institutionell in eine ‚demokratische' Richtung hin modifiziert wurden. In der Endphase des Peloponnesischen Krieges konnte Sparta eine oligarchische Verfassung einrichten, die im Zuge der Erneuerung und Reorganisation der persischen Herrschaft nach der gescheiterten Rebellion des Jüngeren Kyros (401) zumindest personell neu besetzt wurde.

All dies zeigt, wie stark die innere Ordnung Milets durch außenpolitisch-militärische Ereignisse und Veränderungen beeinflusst wurde. Selbst der erfolgreiche Seehandel und die Erfahrung im Seekrieg führten nicht zur Etablierung einer von der Gesamtbürgerschaft und den äußeren Mächten akzeptierten ‚Handelsaristokratie', wie dies z. B. in Massilia und zumindest über weite Strecken in Korinth und Aigina der Fall war (s. u. S. 151). Vielmehr scheint es immer ein potentielles Aufbegehren der weniger Begüterten, unter ihnen wahrscheinlich Teile der karischen Vorbevölkerung, gegen den Führungsanspruch der reichsten Aristokraten gegeben zu haben. Diese Resistenz konnte nicht nur von ehrgeizigen Einzelnen, sondern auch von äußeren Mächten instrumentalisiert werden und erschwerte die Bildung einer gemeinsamer Abwehrfront. Vielleicht waren die zunehmende Abhängigkeit von äußeren Entwicklungen an der umkämpften Schnittstelle zwischen griechischen Hegemonial- und persischen Herrschaftsansprüchen sowie die in Folge dieser Kämpfe und Eroberungen ausgelösten Bevölkerungsverschiebungen und Emigrationen (zumal in den Westen) auch Gründe dafür, dass Milet seine bis etwa 500 führende Position als literarisches und wissenschaftliches Zentrum der griechischen Welt zunächst an die unteritalisch-sizilischen Griechenstädte und dann zunehmend an Athen verlor. Das in Milet auf so vielen Ebenen und Bereichen gepflegte und durch die transregionalen Verbindungen über das Meer immer wieder befruchtete Nachdenken über die Welt und ihre Veränderungen wurde so sukzessive seiner führenden Köpfe beraubt. Diese hatten sich nicht selten, aber meist erfolglos als Ratgeber in die politischen Debatten eingeschaltet, strebten dann aber in die Ferne und suchten andernorts die Ruhe und Anerkennung, die ihnen in der politisch zerrissenen Heimat verwehrt blieben.

Emigration der intellektuellen Eliten

3.2 Kreta

Kreta spielte im Berichtszeitraum des vorliegenden Buches keine historisch bedeutende Rolle. Dennoch spiegeln sich hier charakteristische Merkmale und Polaritäten der Griechischen Geschichte insgesamt. Die Insel, immerhin Geburtsort des Zeus, hatte teil an wesentlichen Prozessen in der griechischen Welt, sie war Knotenpunkt einer Vernetzung in den Nahen Osten, sie wurde – begünstigt durch ihre geographische Abgeschlossenheit – aber auch zu einem Raum eigenständiger Entwicklungen. Diese Trias manifestierte sich bereits in der Bronzezeit. Zunächst entstand hier eine auf große ‚Paläste' (Knossos, Phaistos, Mallia, Galatas und Archanes im Zentrum, Kydonia im Westen, Gournia und Zakros im Osten) ausgerichtete, strikt stratifizierte Ordnung (o. 2.1). Die ‚Minoer' unterhielten in dieser Zeit nicht nur intensive Kontakte nach

Bronze- und Nachbronzezeit

Ägypten und in den Nahen Osten, sie vermochten offenbar auch zur See Einfluss auf oder gar Kontrolle über Teile der Ägäis auszuüben, was später (freilich weitgehend ohne Kenntnis der Tatsachen) nach dem Vorbild des Attischen Seebunds als „Thalassokratie" des Königs Minos überzeichnet wurde. Gewalt nach außen zu tragen sollte eine bevorzugte Option bleiben – bis in die Klassische Zeit, als zahlreiche kretische Söldner im Peloponnesischen Krieg wie auch im außergriechischen Raum kämpften, etwa beim Putschversuch des Jüngeren Kyros gegen seinen Bruder Artaxerxes II. im Jahr 401 oder in der Armee Alexanders des Großen.

Nach einer schweren, vermutlich durch eine Naturkatastrophe ausgelösten Krise der ‚minoischen' Ordnung standen Knossos und Kydonia (Chania) seit dem 15./14. Jahrhundert unter der Herrschaft von ‚Mykenern' und rückten dadurch näher an das spätere Griechenland. Wie dort brach im 13. Jahrhundert auch auf Kreta jede zentrale Macht zusammen. In den von Unsicherheit und wirtschaftlichem Niedergang bis auf das Niveau der Subsistenzwirtschaft geprägten *Dark Ages* bildete sich die später erkennbare Struktur mit zahlreichen, großenteils im Binnenland bei natürlichen Bergbastionen liegenden Siedlungen heraus. Diese breite Streuung lag angesichts der geographischen Zerklüftung der Insel in kleine Siedlungskammern durchaus nahe. Überdies wanderten um das Jahr 1 000 von der Balkanhalbinsel Gruppen ein, die einen dorischen Dialekt sprachen. Da die Insellage nur wenige Ausweichmöglichkeiten bot, konnte sich auf Kreta eine klare soziopolitische Schichtung von kriegerischen Herren und einer das Land bebauenden Bevölkerung ausbilden.

Kreta erneut an der Spitze

Seit dem 10. Jahrhundert profitierten die Bewohner davon, dass der ostmediterrane Austausch wieder in Gang kam. Im Heiligtum des Hafenortes Kommos waren wahrscheinlich phönizische Fernhändler und Handwerker präsent, und in der sogenannten Orientalisierenden Epoche (ca. 900–650) manifestierte sich ein deutlicher nahöstlicher Einfluss. Das Alphabet wurde früh übernommen, die Fertigung lebensgroßer Kultbilder aus Holz oder Stein („Dädalische Kunst", abgeleitet von dem mythischen, angeblich zunächst auf Kreta wirkenden Ahnherren aller Bildhauer, Handwerker und Architekten) beeinflusste den griechischen Kulturraum stark, und der aristokratische Lebensstil fand in Luxusgütern reichen Ausdruck. Auch die Polis entwickelte sich früh, bereits seit dem 8. Jahrhundert; so stammt das früheste Dokument mit dem Wort *pólis* als „Bürgerschaft" aus Dreros (um 650; s. o. 2.3.2 und 2.5). Kreta wurde sprichwörtlich zur „Insel der hundert Poleis" (*hekatómpolis*); positiv belegt sind – in verschiedenen Phasen – vierzig bis sechzig Stadtstaaten, von denen einige eine beachtliche Größe und Bevölkerungsdichte erreichten. Zusammen mit Apoikisten aus Rhodos gründeten Kreter im frühen 7. Jahrhundert die bald unter dem Namen Gela bekannte Stadt Lindioi an der Südküste Siziliens.

Kreta formiert sich – und scheidet aus

Im späten 7. Jahrhundert gaben die Aristokraten der Insel ihre bisherige kulturelle Vorreiterrolle bewusst auf. Erschüttert von inneren Konflikten bildeten sie stattdessen eine spezifisch kretische ‚formierte Gesellschaft', verzichteten auf Luxusdemonstration und übten ihre Macht künftig als Kollektive aus (o. 2.3.2). Dies schlug sich besonders in Rechtssatzungen nieder, die zumal das notorisch strittige Ämterwesen sowie die Rechte und Pflichten von Bürgern, Fremden, Frauen, Abhängigen und Sklaven festlegten. Das zu großen Teilen erhaltene „Große Gesetz von Gortyn" (um 450) regelte überdies wichtige Materien im Familien- und Eigentumsrecht. Die kretischen Polisgesellschaften ähnelten in manchen Zügen der spartanischen: Die Bürgerschaft, geführt von einer disziplinierten Aristokratie, verstand sich als Kriegergemeinschaft, die über eine abhängige Bevölkerung herrschte. Deswegen spielten eine militärische Sozialisation der Jugend, gemeinsame Mahlzeiten (Syssitien) in Männergemeinschaften und eine militärisch geprägte Binnenorganisation eine zentrale Rolle. Ein beim Waffentanz oder während der Mahlzeiten gesungenes Trinklied (*skólion*) eines kretischen Dichters (Hybrias, Ende 6. Jahrhundert?) gibt dieses Selbstverständnis prägnant wieder: „Dies ist mein großer Reichtum: ein Speer, ein Schwert, dazu ein schöner Fellschild, der Schutz meines Leibes. Damit pflüge ich, damit ernte ich, damit keltere ich die süßen Trauben, damit bin ich Herr meiner Sklaven. Die es aber nicht wagen, Speer und Schild zu tragen, dazu den schönen Fellschild, den Schutz des Leibes, die fallen alle auf die Knie und küssen mich als ihren Herren und nennen mich Großen König."

‚Spartanische' Kreter?

Das oberste politische und militärische Amt der meisten Poleis war in Gestalt der *kósmoi* kollektiv besetzt und rotierte unter den Phylen. Die Volksversammlungen nickten die in der Regel einmütigen Beschlussvorschläge der Führung ab, und die aus älteren Männern wohl auf Lebenszeit besetzten Räte (*bólai* oder *preigeíai)* verstärkten den aristokratischen Charakter der Verfassung. Obwohl es viele lokale Varianten gab und der ‚spartanische' Zug der gesamten Lebensordnung gewiss übertrieben dargestellt wurde (nicht zuletzt wegen der Zugehörigkeit der Spartaner wie der Kreter zu den ‚Dorern'), betonen zumal Platon und Aristoteles, dass die Verfassungen auf Kreta sehr einheitlich gestaltet gewesen seien. Der Realitätsgehalt dieser Behauptung ist jedoch strittig.

Kreta hält sich abseits

Ein wesentlicher Unterschied bestimmte freilich die komplett verschiedenen historischen Wege der Inselstädte und der Siedlungen am Eurotas: Während Sparta von Anfang an hegemoniales Potential besaß und durch die Eroberung Messeniens sowie die Bildung des Peloponnesischen Bundes den Pfad einer dauerhaften Machtprojektion nach außen einschlug (s. u. 3.4), erschwerte das Nebeneinander zahlreicher kleiner Poleis eine auf Kreta begrenzte Hegemoniebildung. Während sie im Transithandel zwischen Griechenland und Nordafrika überaus rührig waren, hielten sich die Kreter von den großen Ereignissen fern und nahmen zum Beispiel nicht am Perserkrieg teil. Sie lebten politisch nach innen gekehrt, führten kaum Kriege und verstanden sich zugleich als Krieger – kein Wunder, dass so viele von ihnen als Söldner ihr Glück suchten. Berühmt waren dabei die kretischen Bogenschützen – eine ansonsten ganz überwiegend im Nahen Osten verbreitete Waffengattung. Es scheint auch, als sei auf Kreta der Gestaltungswille verkümmert, weil er keinen Entfaltungsraum fand. Wer etwas bewegen wollte, versuchte dies eher in der Ferne. So soll der Weise, Seher und religiöse Reiniger Epimenides im 6. Jahrhundert in Athen gewirkt haben, u. a. als Berater Solons. Der ebenfalls aus Kreta stammende Nearchos wurde Admiral der Flotte Alexanders im Indischen Ozean.

3.3 Delphi und die Delphische Amphiktyonie

Die Einteilung der griechischen Halbinsel
Mittel- und Nordgriechenland

Üblicherweise wird die griechische Halbinsel in drei Großregionen oberhalb der Ebene der einzelnen Landschaften eingeteilt. Mittelgriechenland umfasst dabei die Regionen östlich und nördlich der Peloponnes. Diese zeigen jedoch topographisch wie historisch sehr verschiedene Gesichter. Während im Süden und Osten, also auf der dicht am Festland liegenden Insel Euboia, in Attika und der Megaris sowie in Boiotien die Polis früh zur dominierenden Form staatlicher Verdichtung wurde und die geographische Situation auch bald den Aufstieg regionaler Hauptakteure ermöglichte (Chalkis und Eretria, Athen, Megara sowie Theben), mussten die Lokrer, Phoker und Dorer in ihren kleinen, durch Berge zerklüfteten Siedlungskammern ihre Isolierung auf anderen Weise zu überwinden suchen – falls sie das überhaupt anstrebten. Die großen Regionen im Westen, Aitolien und Akarnanien, galten in der Antike als rückständig. Neuere Untersuchungen, teils unterstützt durch Surveys (Geländebegehungen mit Aufnahme aller Befunde und Besonderheiten, doch ohne Grabung), haben jedoch dieses Bild erheblich differenziert: Auch die Bewohner dieser Gebiete passten sich gut an die ihnen dargebotenen Umstände und Möglichkeiten an. Die im Norden anschließenden Räume zeigten dagegen ein grundlegend anderes Gesicht: wenig urbanisiert und regiert von regionalen Dynasten. Das galt besonders für die ausgedehnte Landschaft Epirus im Nordwesten, an deren Küste und auf vorgelagerten Inseln (von Korinth aus) sogar Apoikien niedergesetzt wurden, so Ende des 8. Jahrhunderts auf Korkyra (Korfu). Ambrakia, gut ein Jahrhundert später gegründet, stellte ebenso wie die Inselpolis Leukas in der Schlacht von Salamis (480) Kontingente „aus den äußersten Regionen" von Hellas (Hdt. 8,47). Für das insgesamt dünn besiedelte Binnenland bezeichnend ist der Befund in Dodona: Das berühmte Orakel im Heiligtum des Zeus war älter als das Delphische, doch Gebäude aus Stein wurden dort erst nach 400 errichtet; bis dahin hatte es lediglich einen Kultplatz in freier Natur gegeben. Dagegen vollzogen Thessalien und Makedonien im 4. Jahrhundert eine nachholende Modernisierung und konnten so kurzzeitig (Thessalien) oder gar langfristig (Makedonien) zu Großmächten aufsteigen.

Peloponnes

Auch auf der Peloponnes ist, was die politische Formierung angeht, grob gesehen ein Ost-West-Gefälle erkennbar: Während sich im Osten (Sparta, Argos, Korinth) frühzeitig Polisstrukturen und ein zentralisierter politischer Wille ausbildeten, fanden die übrigen Regionen andere, lockerere Formen der politischen Artikulation: Achaia und Arkadien bildeten *éthnê*, während in Elis das panhellenische Heiligtum von Olympia den Fixpunkt darstellte. Ein Sonderfall war Messenien: Die Landschaft im Südosten wurde früh von Sparta unterworfen und gelangte erst im 4. Jahrhundert zu einer eigenen Staatlichkeit.

Seinen Rang in der griechischen Staatenwelt und als Erinnerungsort verdankt Delphi nicht der unbedeutenden gleichnamigen Polis, sondern dem weithin berühmten, am Südhang des Parnassos in der Landschaft Phokis gelegenen Heiligtum des Apollon Pythios nebst Orakel. Wie dieses Orakel im Detail ‚funktionierte', bleibt erstaunlich unklar; sicher ist nur, dass es ziemlich schwierig und aufwendig war, hier überhaupt eine Auskunft zu erhalten. Verbreitet, aber wohl falsch ist das Bild einer Priesterin, der Pythia, die durch Gase aus einem Erdspalt in Trance versetzt worden sei und deren Sprüche die Apollonpriester in brauchbare Auskünfte verwandelten. Wichtiger als die seriös nicht mehr zu ermittelnde Praxis erscheint ohnehin die Frage, warum das Orakel immer wieder konsultiert wurde. Antike Divination beruhte auf dem Glauben, eine Kommunikation mit dem Göttlichen sei grundsätzlich möglich und gelinge vielfach auch. In diesem Sinne war das Delphische Orakel nur eines von vielen in der griechischen Welt. Delphi erwies sich jedoch als besonders erfolgreich, weil hier kaum je simple Vorhersagen der Zukunft erbeten und erteilt wurden. Das Hauptgebiet der Orakel, so bemerkte schon J. Burckhardt [1.2.1: Griechische Kulturgeschichte 2, 309], war nicht die Weissagung, „sondern der *Bescheid* im weitern Umfange des Wortes". In der Tat trugen die Abgesandten einer Polis meist konkrete Optionen für strittige Vorhaben vor. Eine verrätselte, der Deutung bedürftige Auskunft als Gehäuse eines besonderen Wissens nötigte die Fragenden dann, die Sache daheim erneut zu beraten und zu einer besser begründeten Entscheidung zu kommen, die durch die ‚richtige' Deutung des Orakelspruches zusätzliche Autorität gewann. Die Konsultation entlastete vom Zeitdruck, die Antwort steigerte im günstigen Fall die Qualität der Deliberation und stärkte den schließlich erreichten Konsens über die Entscheidung, wie sich etwa an den Anfragen der Athener im Jahr 480 ablesen lässt. Weil das Orakel nicht mit riskanten Wahrsagesprüchen handelte, sondern eher ein Mechanismus war, sich auf schwierige Gemengelagen einen Reim zu machen, konnte es kaum je völlig irren. Nicht zufällig forderte der bekannteste mit Delphi verbundene Satz den Besucher auf, sich selbst zu erkennen, und handelten die Mythen um den Delphischen Apollon vom Kampf für Ordnung und Klarheit.

Delphi

Apollon-Orakel

Die Anfänge waren unspektakulär (erste Weihungen von Dreifüßen und Statuetten datieren ins frühe 8. Jahrhundert). Weil das

Das Heiligtum, das Orakel und die Griechen

Heiligtum nicht als Produkt einer einzelnen, ihre Identität ausbildenden Polisgemeinschaft fungierte, gewann es durch die dadurch implizierte politische Ungebundenheit schrittweise an Attraktivität für ganz Griechenland und wurde im Laufe der Zeit zu einem der wichtigsten panhellenischen Heiligtümer. Hier fanden zunächst überregionale Austausch- und Handelsverbindungen zwischen Korinth und Thessalien einen Knotenpunkt. Später befragten auch Emissäre griechischer Apoikien sowie kleinasiatischer Potentaten das Orakel – in den Quellen ausdrücklich genannt werden die Lyderkönige Gyges, Alyattes und Kroisos – und beschenkten es mit kostbaren Weihgaben. Baulich machte das Heiligtum ab Mitte des 6. Jahrhundert einen großen Sprung nach vorn, nachdem ein erster Apollon-Tempel niedergebrannt war. Die bei der Priesterschaft allmählich angesammelte Expertise für Fragen von Staatsbildung und generell Gemeinschaftshandeln erwies sich als wertvolles soziales Kapital, und als Reichtum und Kompetenz Delphis ein bestimmtes Niveau erreicht hatten, strahlten Ruf und Glanz der Orakelstätte weit in die Welt hinaus. Fundierende Akte wurden in der Überlieferung mit ihr verbunden, sowohl Anweisungen für die Gründung von zahlreichen Apoikien als auch ein ‚Grundgesetz' wie die „Große Rhetra" in Sparta (s. u. 3.4), die als Orakelspruch an den sagenhaften Gesetzgeber Lykurg tradiert ist. Auch bei wichtigen Ereignissen, etwa dem Sturz der Tyrannis in Athen Ende des 6. Jahrhunderts, soll das Orakel durch Sprüche für die Spartaner eine maßgebliche Rolle gespielt haben. Das ist zwar in jedem Einzelfall historisch zweifelhaft, doch diese prominenten Erzählungen (die wohl in den meisten Fällen in dem jeweils betroffenen Ort, nicht in Delphi selbst generiert und bewahrt wurden) dokumentieren die der Orakelstätte zugeschriebene Bedeutung. Ebenso taten dies die dort angesiedelten Weisheitslehren.

Nachdem das Heiligtum – auch als Heimstatt weiterer Gottheiten, allen voran Athena – einmal eine ‚kritische Masse' erreicht hatte, beeilten sich zahlreiche Poleis, dort mit Weihungen oder gar prachtvoll gestalteten Schatzhäusern präsent zu sein. Ein weiterer Anziehungspunkt waren die alle vier Jahre stattfindenden Pythischen Spiele mit ihren Wettkämpfen (Dichtung und Musik,

Delphi als ‚Nabel' der griechischen Welt

Leichtathletik, Wagenrennen), die an Prestige den Olympischen kaum nachstanden. Nach den Perserkriegen wurde Delphi zusätzlich Ort der Erinnerung an den Sieg der hellenischen Koalition:

Hier errichtete der Hellenenbund die sogenannte Schlangensäule, auf deren Schaft die Teilnehmer an der Koalition aufgezählt sind. Das Siegesdenkmal wurde in der Spätantike nach Konstantinopel verbracht und ist teilweise erhalten geblieben [1.10.3: ML Nr. 27]. Im 5. Jahrhundert waren Heiligtum und Orakel auf dem Zenit von Ansehen und Reichtum. Sie konnten auch ein im Wortsinn spektakulärer Ort sein: Der ‚Tyrann' Jason von Pherai, seines Zeichens Vorsteher des Thessalischen Bundes und Befehlshaber einer ansehnlichen Militärmacht, nutzte Delphi zur Demonstration seiner Ambitionen (zugeschrieben wurden ihm Pläne für einen Flottenbau, die Hegemonie über Griechenland sowie einen panhellenischen Zug gegen die Perser): Für die Pythischen Spiele des Jahres 370 bereitete er einen großen Auftritt mit mehr als tausend Opferrindern und zehntausend weiteren Tieren vor. „Dieser Mann nun", so Xenophon (Hell. 6,4,31), „der zu solcher Größe gelangt war, der sich mit so vielen derartig beachtlichen Plänen trug, wurde, als er nach einer Musterung und Parade der Reiterei der Pheraier sich bereits gesetzt hatte und jedem Bescheid erteilte, der mit einem Anliegen zu ihm trat, von sieben jungen Männern, welche sich ihm mit Gesten näherten, als hätten sie einen Streit untereinander, niedergehauen und getötet."

Jason von Pherai in Delphi ermordet

Zwei einschneidende Ereignisse im 4. Jahrhundert leiteten den Abstieg vom Olymp ein: 373 zerstörte ein Erdbeben u. a. den Apollon-Tempel, und wenig später büßte das Heiligtum im Dritten Heiligen Krieg (s. gleich) einen Teil seiner Reichtümer ein. Doch ließ sich ein Tempel neu errichten, und auch in römischer Zeit wurde das Orakel gern konsultiert, obwohl die Anreise beschwerlich blieb.

Nach dem Höhepunkt

Die Reichweite des Heiligtums war sicher auch Ergebnis seiner politischen ‚Verfasstheit' in Gestalt einer ausgedehnten Amphiktyonie (s. allgemein o. 2.5.3). Zunächst wohl um das Demeter-Heiligtum von Anthela (bei den Thermopylen) zentriert, nahm diese spätestens zu Beginn des 6. Jahrhunderts auch die rasch expandierende Kultstätte des Delphischen Apollon unter ihre Fittiche. Die zwölf Mitglieder waren allesamt als *éthnê* definiert, darunter die Thessaler, Phoker, Boioter und Lokrer. Während Athen offenbar einen der beiden Sitze der Ioner dauerhaft einnehmen konnte, gelang das den Spartanern in Falle der zwei den Dorern zustehenden Stimmen wohl nicht. Da die beiden Heiligtümer zu keiner einzelnen Polis und keinem ‚Stammverband' gehörten, ver-

Delphische Amphiktyonie

sah die Amphiktyonie die anfallenden administrativen Aufgaben: Sie organisierte die Kultfeste und Märkte, setzte Bauprojekte in Gang, sicherte die Anreise der Festgesandtschaften, Wettkämpfer und Kaufleute, schützte das Vermögen der Heiligtümer und verteidigte sie gegen Übergriffe, notfalls durch Erklärung eines „Heiligen Krieges" (nicht zu verwechseln mit der nachantiken, vom inbrünstigen Monotheismus geprägten Bedeutung des Wortes). Sie beschloss „Heilige Gesetze", verhängte Bußen und schlichtete Streitigkeiten. Jedes Mitglied entsandte zwei *hieromnêmones* („Männer, die um die Kultangelegenheiten wissen") als stimmberechtigte Delegierte in die zweimal pro Jahr tagende Versammlung, außerdem weitere Funktionäre.

Während ihre Wirkung als ‚Clearing-Stelle' in der sich formierenden nord- und mittelgriechischen Staatenwelt der Frühzeit nur vermutet werden kann, entwickelte die Delphische Amphiktyonie trotz ihrer Ausdehnung und prominenten Mitglieder in historischer Zeit kein eigenes politisches Gewicht, etwa im Sinne einer in ganz Griechenland anerkannten Schiedsstelle für außenpolitische Streitigkeiten. Vielmehr wurden in ihr selbst Konflikte ausgetragen. Im 7. und 6. Jahrhundert dominierten zunächst die Thessaler, bis ihr Einfluss durch den erbitterten Widerstand vor allem

Konflikte

der Boioter und Phoker zurückgedrängt wurde. Im 5. und 4. Jahrhundert hieß es zweimal: die Phoker gegen (fast) alle anderen. Als besonders einschneidend und folgenreich erwies sich der Dritte Heilige Krieg (356–346): In seinem Verlauf ‚liehen' sich die Phoker teilweise die Edelmetallschätze des Heiligtums, um ihre Söldner zu bezahlen. Allerdings war dieser Eskalation eine *stásis* vorausgegangen, die 363 ausgebrochen war und in Zusammenhang mit einem antiphokischen beziehungsweise prothebanischen Kurswechsel der Amphiktyonie stand. Die Rückeroberung mit Hilfe Philipps II. hatte ihren Preis: Der Makedonenkönig erzwang für sich einen Doppelsitz im reorganisierten Amphikyonenrat. Dieser Akt unterstrich die neu errungene Hegemonie Makedoniens in Mittelgriechenland, die dann 338 durch die Schlacht von Chaironeia und die Gründung des Korinthischen Bundes manifest wurde – Versuche der Boioter und Thessalier (Jason von Pherai, s. o.), die Amphiktyonie für ihre eigene Hegemonialpolitik einzuspannen, waren zuvor gescheitert. Auch in der Geschichte Delphis sind also die Blockaden und verpassten Chancen der zwischenstaatlichen Politik bei den Griechen deutlich zu erkennen.

3.4 Sparta und sein peloponnesisches Machtsystem

Sparta spielte in der griechischen Welt über 150 Jahre lang, vom ausgehenden 6. Jahrhundert bis zur Schlacht von Mantineia 362, eine führende Rolle. Im großen Perserkrieg stand die Polis am Eurotas in der südöstlichen Peloponnes an der Spitze des Hellenenbundes, und 404 zogen spartanische Truppen unter Flötenspiel in das besiegte Athen ein. Wie konnte dies einer Macht ohne Mauern, ohne maritime Dynamik, dafür mit zunehmendem Mangel an Vollbürgern gelingen? Man hat das Erstaunliche, ja Widersinnige, das in Spartas Großmachtstatus lag, nicht immer hinreichend gewürdigt, doch eine Ahnung davon war stets vorhanden. Sie ist ein Grund dafür, warum die Mythisierung der Lakedaimonier, wie Sparta als Akteur in den antiken Texten meist genannt wird, schon sehr früh einsetzte: Die Spartaner umgaben sich mit einer besonderen Aura, ließen wenig von den inneren Verhältnissen nach außen dringen, standen im Ruf, eine besonders stabile Ordnung zu haben, und fanden (auch) dafür Bewunderer und Lobredner jenseits der eigenen Grenzen, während sie selbst bald gewollt verstummten: Es gab keine Prosaliteratur in Sparta; Poesie (mit Ausnahme einiger Dichtungen Alkmans), Musik und Tanz hatten die klare Zielvorgabe, nach innen zu stabilisieren und anzufeuern. Spätestens ab dem 5. Jahrhundert, in manchen Bereichen auch schon früher, erschien Sparta auf zentralen Feldern als einzigartig; zu nennen sind Militär, Ehe, Familie und Stellung der Frauen, ferner die öffentliche Erziehung und bestimmte soziale Vergemeinschaftungsformen, außerdem Siedlung und Wirtschaft sowie selbstverständlich die politische Verfassung mit dem Doppelkönigtum, dem Rat der Alten und den Ephoren (s. u.). Zumal über Plutarchs philosophierende Deutung spartanischer Lebensformen und Erziehung gelangte ab dem 18. Jahrhundert das Bild eines singulären Gemeinwesens in die Vorstellungswelt Europas. Sparta als ganzheitlicher Ordnungsentwurf (‚Kosmos‘) wurde verdammt oder hymnisch gepriesen, schien jedenfalls mit seiner antiken wie neuzeitlichen Stilisierung verschmolzen zu sein. Kritische Historiker konzentrieren sich daher in ihren notwendig ernüchternden Bemühungen auf die Frage, inwieweit und wie lange Sparta an den wesentlichen historischen Entwicklungen in der Archaik teilhatte, ferner, ob, wann, in welchem Maße und warum ein ‚Sonderweg‘ einsetzte, schließlich, wie unter der Oberfläche einer un-

Das Spartaproblem

erschütterlichen Stabilität – oder Erstarrung – doch Wandel stattfand, der nicht reflexhaft als Dekadenz abzutun, vielmehr zu erklären ist.

Die Kriege, Bündnisse und Interventionen Spartas seit Mitte des 6. Jahrhunderts sind wegen des erwähnten militärischen und machtpolitischen Rangs dieser Polis weitgehend identisch mit der ‚großen' Geschichte und werden daher unten in Kap. 4 und 5 behandelt. An dieser Stelle stehen die inneren Entwicklungen und Verhältnisse im Mittelpunkt.

Das Quellenproblem

Zu Sparta existiert ein auf den ersten Blick nicht kleiner Bestand an Quellen (bei allen Lücken im Detail). Doch rasch zeigt sich das erwähnte Problem der Mythisierung und Stilisierung. So erlauben die in längeren Stücken überlieferten Dichtungen des Tyrtaios (7. Jahrhundert) Einblicke in das frühe Sparta, aber sie transportieren zugleich bereits ein bestimmtes Geschichts- und Selbstbild in appellativer Absicht. In Herodots wertvollen Erzählungen erscheinen die Spartaner bisweilen exotisiert, als ‚fremde Griechen'. Auch der sich so rational gebende Thukydides trug nicht unwesentlich zum „mirage spartiate" [F. Ollier] bei, indem er auf eine Geheimhaltung über die staatlichen Angelegenheiten abhob (5,68,2). Bei ihm bleibt angesichts der vielen Fehler der spartanischen Kriegführung und Politik überdies unklar, wie sie den Peloponnesischen Krieg dennoch gewinnen konnten.

Die erste erhaltene Schrift nur über Sparta schrieb Xenophon („Lakedaimoníôn Politeía") wohl in den 370er-Jahren, kenntnisreich und mit großer Sympathie. Die knappen, aber gehaltvollen Ausführungen des Aristoteles in der „Politik" sind bemerkenswert kritisch, doch sie wurden niedergeschrieben, als Sparta bereits seinen Großmachtstatus verloren hatte. Und als Plutarch in der römischen Kaiserzeit seine einschlägigen Schriften verfasste – v. a. die Vita des legendenumrankten Gesetzgebers Lykurg sowie einige Sprüchesammlungen –, war Sparta längst Ziel touristischer Reisen und Projektionsfläche moralphilosophischer Lehren geworden, nachdem das, was man noch zu wissen meinte, durch die Filter hellenistischer Neukonstruktionen der spartanischen Geschichte gegangen war. Pausanias schließlich verarbeitete für seine Rundgänge durch die festländischen Städte, Heiligtümer und Erinnerungsorte zwar auch zahlreiche historische Nachrichten zur frühen Zeit, doch deren Herkunft und Glaubwürdigkeit sind meist strittig. Überdies gibt es kaum spartanische Inschriften aus vorhellenistischer Zeit, die das konstruierte Bild zu überprüfen erlaubten. Die normative Perspektive der literarischen Quellen bestimmte auch die neuzeitliche Rezeption seit der Aufklärung, als die Frage, wie Gesellschaft und Staat verfasst sein sollten, häufig am Fall des spartanischen ‚Kosmos' diskutiert wurde. Die scheinbar äußerste Konsequenz in der Gestaltung ihrer Lebensverhältnisse und Normen trug den Spartanern immer wieder und besonders im 20. Jahrhundert extreme, ahistorische Etikettierungen ein: vom kriegerischen, opferwilligen und rassisch wertvollen Menschentum als Vorbild nationalsozialistischer Exzesse bis zum Bild eines frühzeitig erstarrten „totalitären Staats" [V. Ehrenberg].

Formierung Spartas

Nach dem Ende der *Dark Ages* bewohnten die Spartaner, die einen dorischen Dialekt sprachen und sich selbst als Zuwanderer sahen (Mythos von der „Rückkehr der Herakliden", s. o. 2.1; vgl. Tyrtaios F 1a Gentili-Prato), im fruchtbaren Lakonien fünf größere Siedlungen: Mesoa, Pitane, Limnai, Kynosoura und Amyklai. In diese frühe Zeit zurück reicht das eigentümliche Doppelkönigtum aus den jeweils lebenslang amtierenden Häuptern zweier Familien, der Agiaden und der Eurypontiden. Möglicherweise konnten sich in einer Phase von Zuwanderungen und Eroberung (10. Jahrhundert) zwei Clans besonders hervortun, frühzeitig eine Menge gutes Land für sich gewinnen und eine führende Stellung erlangen. Die Besonderheit läge dann darin, dass es ihnen gelang, diesen Vorrang in eine dauerhafte Institution zu verwandeln, was charismatische Anführer in den weitaus meisten Regionen des übrigen Griechenland während der *Dark Ages* nicht vermochten. Warum die Eliten Spartas Wettbewerb und Kooperation nicht in ein städtisches Zentrum zu verlegen begannen, wie das sonst vielerorts geschah, ist schwer zu ergründen; eine räumliche Zentralisierung mag angesichts der Unterdrückung eines großen Teils der Bevölkerung in Südlakonien nicht nahegelegen haben. Diese sogenannten Heloten bebauten als – nach antiker Ansicht kriegerisch unterworfene – Unfreie das Land der Spartaner. Eine erste Weiche für einen besonderen Weg scheint im 7. Jahrhundert gestellt worden zu sein. Zwar gab es zuvor auch in Sparta eine Aristokratie mit den typischen Lebensstilmerkmalen dieser Gruppe, ebenso Spannungen zwischen ihr und Angehörigen der sozial niedriger stehenden freien Bevölkerung (*dâmos*). Wohl kurz nach 700 eskalierten jedoch Beutezüge von aristokratischen Gefolgschaftsgruppen im benachbarten Messenien westlich des Taygetos-Gebirges zu einem Konflikt, der die gesamte Gemeinde erfasste (sog. Erster Messenischer Krieg). Die Messenier wurden offenbar niedergerungen, wobei unklar ist, welche Folgen dieser Sieg konkret hatte. In Sparta jedenfalls gingen die Konflikte weiter und wurden zunächst in einer für diese Zeit durchaus typischen Weise gehandhabt: Ein Teil der ‚Dissidenten' verließ die Gemeinde und gründete in Unteritalien die Apoikie Taras (Tarent, ca. 660/650), während die Dagebliebenen die Verhältnisse durch Institutionalisierung zu stabilisieren suchten. In diesen Kontext gehört die berühmte „Große Rhetra" (Plut. Lyk. 6,2 und 6,8), angeblich ein delphischer Orakelspruch an den Gesetzgeber Lykurg. Sie ordnete an, zwei neue Heiligtümer zu errichten (offenbar im Sinne einer religiösen Integration), ferner die Bürgerschaft in Phylen und Oben (*ôbaí*) neu zu ordnen, einen Ältestenrat (Gerusie) einschließlich der beiden Könige einzurichten und von Zeit zu Zeit eine Volksversammlung (Apella) abzuhalten, in der die Gerusie Anträge einbringen und abstimmen lassen sollte.

Zweiter Messenischer Krieg

Der Versuch, den *dâmos* politisch einzubinden, löste jedoch das Problem der offenbar sehr ungleichen Verteilung des Bodens nicht. In der ohnehin labilen Situation legte der Zweite Messenische Krieg die Konflikte offen und beschleunigte zugleich Veränderungen. Dabei ist unklar, ob die Messenier das Ergebnis des ersten Waffengangs rückgängig zu machen suchten oder die Spartaner nunmehr ihre Probleme durch eine dauerhafte Besetzung zu lösen anstrebten. Jedenfalls siegten die Spartaner nach langem Kampf (ca. 640/630–610/600) und teilten ganz Messenien in Grundstücke (*klâroi*, „Landlose") auf, die unter die Sieger verteilt und von den besiegten Messeniern als Heloten bewirtschaftet wurden. Deren Leben war hart: „Wie Esel unter großen Lasten gedrückt", so dichtete Tyrtaios bereits über die lakonischen Heloten (F 5 Gentili-Prato), „liefern sie ihren Herren, hartem Zwang gehorchend, die Hälfte sämtlicher Früchte des Landes ab." Obwohl Vermögensunterschiede gewiss fortbestanden, ermöglichte es das Klarossystem nach der Eroberung Messeniens, dass sich die Spartaner nunmehr als eine egalitäre Kriegerelite, die „Gleichen" (*homoíoi*), verstanden und ihr Leben so führten. Auf Erwerb zielende Betätigungen waren ihnen verboten. Die maßgebliche soziale Einheit bildete nicht der Oíkos, sondern eine ‚Wohngemeinschaft' mit gemeinsamen Mahlzeiten (Syssitien), zu denen jedes Mitglied aus den Erträgen seines Klaros einen Beitrag zu leisten hatte. Die

Herren mussten auf der Basis der Helotie nicht arbeiten; sie konnten sich ganz dem militärischen Training widmen und pflegten ein konsequent kriegerisches Ethos. Die spartanische Hoplitenphalanx wurde dadurch zu einem gefürchteten Instrument und gewann im Laufe der Zeit den Ruf, unbesiegbar zu sein. Umgekehrt bestimmte die dauerhafte Unterwerfung Messeniens hinfort auch die Politik Spartas maßgeblich mit; diese galt – von Einzelaktionen weiter ausgreifender Aristokraten und dynamischen Zwischenspurts wie unter König Kleomenes I. Ende des 6. Jahrhunderts einmal abgesehen – als eher vorsichtig. Zugleich überlagerte der kollektive Zwang, stets auf einen Helotenaufstand vorbereitet sein zu müssen, die (im Kern keineswegs ausgeräumten) Spannungen zwischen Adel und *dâmos* sowie innerhalb der Elite. In diesen Kontext gehört auch, dass die Aristokratie zumindest teilweise ihr Konsumverhalten änderte: Im 7. Jahrhundert waren unter den Weihungen in die Heiligtümer noch Importgüter, und der Chorlyriker Alkman sprach von Gold, Elfenbein, Purpur, Safran, einem lydischen Turban für junge Mädchen sowie zyprischem Parfum. Seit dem 6. Jahrhundert scheinen die Importgüter teils durch hochwertige Eigenproduktionen ersetzt worden zu sein – offenbar strebte man also weiter nach sichtbarer Distinktion. Doch nach 525 wurde keine figürlich aufwendig bemalte Keramik mehr hergestellt, das Tafelgeschirr wurde ‚gleicher'. Daraus hat man eine wachsende Austerität (Strenge und Selbstdisziplinierung) erschließen wollen – Anzeichen dafür, dass nun auch die Aristokratie sich ‚eingereiht' und auf ein gemeinsames Ziel ausgerichtet habe.

Austerität?

Die Bevölkerung

‚Sparta' stellte sich im 5. und 4. Jahrhundert als ein komplexes Konglomerat dar. An der Spitze standen die mit einem Klaros guten Landes ausgestatteten Vollbürger, die Spartiaten; sie allein hatten an der politischen Entscheidung Anteil. Ihre Zahl lässt sich aus den überlieferten Heereszahlen grob abschätzen: Lag sie 480 noch bei vielleicht 9 000, sank sie danach kontinuierlich, einmal auch dramatisch: durch ein verheerendes Erdbeben ca. 465, das prompt einen großen Aufstand in Messenien auslöste oder einen bereits ausgebrochenen verschärfte („Dritter Messenischer Krieg"). So kämpften in der Schlacht von Leuktra 371 nur noch 700 Spartiaten mit. Spartas „Armut an Bürgern" (*oliganthropía*; eigentlich: „an Menschen") war notorisch; sie resultierte aus Kriegsverlusten und der erwähnten Erdbebenkatastrophe, aber auch aus der Entwicklung der Vermögensverhältnisse und biopolitischen (Fehl-)Steuerungen; so belohnte das Erbrecht eine Ein-Kind-Strategie, nicht aber Kinderreichtum. Nicht zufällig tauchen in den Quellen neben den ‚echten' Spartiaten auch Gruppen von Minderberechtigten auf: ehemalige, durch Verarmung aus der Gleichrangigkeit gefallene Vollbürger, daneben Außenseiter aus Verbindungen eines Spartiaten mit einer Helotin sowie eingebürgerte Heloten. Im Peloponnesischen Krieg wurden überdies in Notfällen Truppen auch aus als zuverlässig betrachteten Heloten rekrutiert sowie Söldner angeworben (Thuk. 4,80,5). Solche Ausfransungen an den Rändern der Vollbürgerschaft und des Militärapparates wurden offenbar von der politischen Führung als Bedrohungen wahrgenommen; die Chancen, die in ihnen lagen, erkannte man nicht – jedenfalls fehlten in späterer Zeit Versuche, die Reihen der Spartiaten im Konsens und auf Dauer aus den Reihen der minderberechtigten Bürger aufzufüllen. Möglicherweise war die erfolgreiche Neufundierung der Bürgerschaft durch eine Phylenreform in Sparta einfach zu früh erfolgt und blockierte eben die dadurch erreichte Konsolidierung erneute Reformen. Das Zusammenschmelzen der spartiatischen Kernbürgerschaft erscheint noch erstaunlicher, wenn man Aristoteles abnimmt, das Land – wohl Lakonien und Messenien zusammen – hätte 1500 Reiter und 30 000 Hopliten ernähren können (Pol. 2,9 1270a29–31).

Periöken

Nicht nur wegen ihrer geringen Zahl, sondern auch aufgrund ihrer einseitigen Ausrichtung auf das Militärische waren die Spartiaten ferner auf die Periöken (*Períoikoi*, „Umwohner") angewiesen. Diese lebten in mehr als zwanzig Poleis Lakoniens sowie Messeniens und pflegten neben der Landwirtschaft v. a. verschiedene Handwerke und den Handel. Die Periöken waren zahlreicher als die Spartiaten; ethnisch und sprachlich nicht von diesen zu unterscheiden leisteten sie als Lakedaimonier zusammen mit dem Kern der Vollbürgerschaft Kriegsdienst in der Phalanx, seit einer Heeresreform (ca. 450) sogar in denselben Einheiten. Sie durchliefen aber nicht die besondere spartanische Erziehung (*agogê*), lebten in normalen Oíkoi, nahmen nicht an den Gemeinschaftsmahlzeiten teil und durften weder wählen noch politische Ämter bekleiden. Ihre lokalen Angelegenheiten regelten sie weitgehend autonom, so dass man den lakedaimonischen Staat als eine Art besonders feste hegemoniale Bundesorganisation, freilich ohne gemeinsame Gremien, auffassen kann. Von Bedeutung waren sie auch für die (nicht ganz fehlende) maritime Politik: Gytheion, der einzige nennenswerte Hafen Lakoniens, war eine Periökensiedlung, ebenso Tainaron am südlichsten Punkt der Peloponnes (das Kap beherbergte ein bedeutendes Poseidon-Heiligtum und war ab Mitte des 4. Jahrhunderts der wichtigste Sammelplatz Griechenlands für arbeitsuchende Söldner). Im Peloponnesischen Krieg kommandierte mindestens einmal ein Perioke einen spartanischen Flottenverband. Periökenaufstände oder der Ruf nach gleichen Rechten sind nicht bekannt, nur die in Messenien gelegenen Periökenstädte schlossen sich in den 360er-Jahren dem dort neu gegründeten Staat an.

Heloten

Die Heloten (s. o.) unterschieden sich von Kaufsklaven darin, dass sie keinem einzelnen Eigentümer gehörten und nur vom spartanischen Staat freigelassen werden konnten; überdies lebten sie mit ihren Familien in eigenen kleinen Siedlungen. Ihre Zahl scheint die der Spartiaten um das Drei- bis Fünffache übertroffen zu haben; die Diskrepanz dürfte durch die erwähnte Schrumpfung der Kernbürgerschaft über die Zeit noch größer geworden zu sein. Zerstreutes Siedeln, unterschiedliche Präferenzen sowie Sorge um die Familien erschwerten es den Heloten jedoch, eine einheitliche Front gegen die Spartaner zu bilden. Zudem waren sie durch die jährliche rituelle Kriegserklärung gegen sie und gelegentliche spartanische Terrorakte (z. B. Thuk. 4,80,3 f.) eingeschüchtert. Daneben gab es auch eine erstaunliche, durch Tradition verinnerlichte Grundloyalität: Noch nach Leuktra weigerten sich Heloten, sich gegen ihre Herren zu wenden. Andererseits zwangen Aufstände, wenn sie denn ausbrachen wie 490, ca. 465 und 422/21, die Spartaner immer wieder in die Defensive und zu konzentrierter Anstrengung.

Frauen

Die Stellung der Frau in Sparta sorgt regelmäßig für Diskussionen, doch gerade in diesem Punkt hat der Sparta-Mythos schon früh auf die Quellenautoren eingewirkt. Notizen über die angebliche Freizügigkeit der Spartanerinnen sind wohl auf Missverständnisse einiger Merkmale der kommunitären Lebensweise der Vollbürger zurückzuführen. Allerdings genossen die Frauen hier im Vergleich zu den Verhältnissen in anderen Poleis wohl tatsächlich besondere Erb- und Vermögensrechte. Aristoteles führte sogar die schwindende Bürgerzahl u. a. auf allzu große Besitzrechte der Frauen zurück (Pol. 2,9 1269b12–1270a31).

Männer und Männlichkeit

Zu den ebenfalls stark übertriebenen, aber nicht völlig an den Haaren herbeigezogenen Eigenheiten Spartas gehörte die Lebensweise der Männer. Bereits in den Dichtungen des Tyrtaios und dann in Versen aus der Perserkriegszeit findet sich das Ideal der unbedingten Unterordnung des einzelnen unter das Poliskollektiv, ergänzt um das heroische Opfer auf dem Schlachtfeld (obwohl spartanische Einheiten später bisweilen kapitulierten und ein strategischer Rückzug legitim war). Solche Vorstellungen hatten ihren Sitz in einer Lebenswelt, die im Laufe des 6. Jahrhunderts grundlegend umgestaltet worden war. Dazu gehörten die Trennung der Jungen vom Elternhaus und deren gemeinschaftliche, nach Altersklassen gegliederte *agôgê*, ferner die Umwandlung des facettenreichen aristokratischen Symposion in die strikt normierten Gemeinschaftsmahlzeiten aller männlichen Vollbürger (s. o.) sowie zeitweilig die Verbindung einer Frau mit mehreren Männern (Polyandrie, mit dem Ergebnis ‚vaterloser' Kinder); wahrscheinlich schaffte man sogar für eine gewisse Zeit die Ehe ab. In der Praxis war das Leben in Sparta jedoch sehr wahrscheinlich viel ‚normaler', mindestens vielfältiger, wie auch an manchen Widersprüchen erkennbar ist. So soll es dort nur Geld aus Eisen gegeben haben, um die Bürger nach außen abzuschotten und gegen Geldgier zu immunisieren; gleichzeitig sind die antiken Quellen voll von Hinweisen auf Spartaner, die sich bestechen ließen oder im Ausland ein Luxusleben führten. Jedenfalls bemühten sich die Spartaner seit dem 5. Jahrhundert zunehmend selbst, durch Geheimhaltung, Übersteigerung und Mystifikation sowie einen eigentümlichen Habitus, etwa die ‚lakonische' Sprechweise, ein besonderes Selbstbild zu propagieren. Insgesamt war das ‚System Sparta' selbst im 6. Jahrhundert wohl „noch nicht durch die Disziplin bestimmt, der die Spartaner später unterworfen wurden, als ihre Zahl zurückging und eine Destabilisierung der Polisordnung befürchtet wurde" [K. W. Welwei, 1.6.1: DNP 11, 2001, 791]. In diesem Sinne hat man die Verschärfung der *homoíoi*-Ideologie auch als Reaktion auf die Aufwertung der Periöken erklärt: Als diese Mitte des 5. Jahrhunderts militärisch beinahe gleichberechtigt in die Phalanx eintraten (s. o.), suchten die Spartiaten auf andere Weise exklusiver zu erscheinen. Nicht wenige markant überlieferte Praktiken müssen nach neueren Forschungen jedoch als unhistorisch, zumindest stark verallgemeinert gelten, etwa die vermeintlichen Fremdenvertreibungen, die angeblich übliche Ausset-

Mythos und Wirklichkeit

zung schwacher Neugeborener oder die als Krypteia („geheimes Sparta“) bezeichneten Raub- und Terrorzüge spartanischer Jugendlicher gegen Heloten. Zweifellos gepflegt wurden hingegen sexuelle Beziehungen zwischen älteren und heranwachsenden Spartiaten im Kontext der *agôgê*.

Spartas politische Institutionen

Die Spartaner haben, wie sich aus der erwähnten „Großen Rhetra“ ergibt, frühzeitig formale politische Institutionen ins Leben gerufen, die bereits bei Zeitgenossen große Aufmerksamkeit fanden, schienen doch Stasis und Tyrannis am Eurotas keinen Platz zu haben. Die Versammlung der Spartiaten (Apella) stimmte über wichtige Gegenstände wie Krieg und Frieden ab; sie wählte zudem jedes Jahr fünf Ephoren („Wächter“). Trotz aller Formalisierung war der politische Entscheidungsprozess maßgeblich von der Aushandlung innerhalb der adligen Elite geprägt: Trat diese geschlossen auf, nickte die Apella den Konsens nur noch ab; war man sich dagegen nicht einig, konnte viel passieren. In mehr als einem Fall erscheint die spartanische Außenpolitik seltsam schwankend, was meist eben auf Dissense und Verschiebungen in den Machtkonstellationen innerhalb der Elite zurückzuführen war.

Doppelkönigtum und Gerusie

Die beiden Könige führten den Oberbefehl über das Heer und hatten gewisse juristische Aufgaben, doch bot das Amt auch Spielraum für echte politische Führung, wenn persönliche Ausstrahlung und eine günstige Konstellation zusammentrafen wie im Fall von Kleomenes I. (reg. ca. 520–490) oder Agesilaos II. (reg. 400–360/59). Anträge an die Apella wurden, wie in der „Großen Rhetra“ bestimmt, von der Gerusie formuliert; ihr gehörten neben den beiden Königen 28 Männer an, die mindestens 60 Jahre alt waren. In der spartanischen Gesellschaft genossen auch sonst die Älteren große Autorität; das war dadurch möglich, dass die Vollbürger nicht in einem bestimmten Lebensalter den Hof übergeben mussten, wodurch sie ihre ökonomische Leistungsfähigkeit verloren hätten (wie das etwa in Athen der Fall war). Die Gerusie war ferner für wichtige Strafprozesse zuständig. Als Gremium trat sie jedoch offenbar weniger in Erscheinung – es war die Autorität einzelner Geronten, die dem hier versammelten ‚Establishment‘ so großes Gewicht verlieh.

Ephorat

Die fünf Ephoren sind in der „Großen Rhetra“ nicht erwähnt; ihr Aufstieg als politisches Organ begann jedenfalls erst im 6. Jahrhundert. Wie die Bezeichnung nahelegt, sollten sie die politischen Abläufe kontrollieren und für die beständig bedroht geglaubte Ordnung Sorge tragen. Sie erklärten den Heloten jährlich den Krieg (s. o.) und nahmen den Königen Eide ab. Das Amt sollte offenbar den politischen Prozess durch Institutionalisierung konsolidieren – ein Trend, der sich in vielen Poleis zu dieser Zeit Bahn brach. Ab Mitte des 6. Jahrhunderts konnten die Ephoren, wenn sie mit der Gerusie einig waren, offenbar einem König den Willen des *dâmos* aufzwingen (Hdt. 5,39 f.). Zur Zeit der Perserkriege begleiteten Ephoren einen König auch in den Krieg (Hdt. 9,76) – ob regelmäßig, wissen wir nicht. Ihnen oblag ferner die Ausführung von Volksbeschlüssen, sie empfingen Gesandte und besaßen weitgehende Strafgewalt sowie das Recht, die Amtsführung anderer Funktionsträger zu überprüfen und Verfahren selbst gegen einen König einzuleiten (Hdt. 6,82). Durch die auf ein Jahr begrenzte Amtszeit ohne Wiederwahloption blieben den Ephoren längerfristige politische Gestaltungsmöglichkeiten jedoch verwehrt. Sie stellten auch kein ‚demokratisches' Moment im Ordnungsgefüge dar; vielmehr bot das Amt ehrgeizigen Spartanern, denen der Weg in die wohl nur aus den führenden Familien besetzte Gerusie versperrt war, eine Möglichkeit, Prominenz zu gewinnen und etwas zu bewegen, fallweise im Bündnis mit einem König und / oder gegen die Mehrheitsaristokratie. Das Ephorat verbreiterte also die politische Teilhabe innerhalb der Oberschicht und wirkte insofern stabilisierend; es bot aber in Einzelfällen auch die Möglichkeit, wichtige Entscheidungen im Konflikt gegen das ‚Establishment' durchzusetzen, wie der Kriegsbeschluss der Spartaner 432 nach der flammenden Rede des Ephors Sthenelaídas zeigt (Thuk. 1,86 f.).

(K)Eine politische Kultur?

Obwohl also auch in Sparta gewählt, abgestimmt und kontrolliert wurde, blieb die politische Kultur seltsam unpolitisch. Gefragt waren Gehorsam, Respekt vor den Älteren und wenige Worte, allenfalls kurze Sprüche. Ein politischer Diskurs konnte sich so im institutionellen wie im öffentlichen Leben gar nicht erst entwickeln; im Konfliktfall zählten, wie es scheint, Patronage, Vetternwirtschaft und Hausmachtbildungen wesentlich mehr. Spartas herausragende Politiker handelten bisweilen eher als untereinander konkurrierende Unternehmer denn als Beauftragte einer Polis mit einem etablierten Gesamtwillen – auch wenn natürlich alle ungefähr ähnliche Vorstellungen davon hatten, was Sparta guttat. Weil es in Sparta kaum Instrumente zur berechenbaren Etablierung eines Gesamtwillens gab, wich man grundsätzlichen Entscheidungen oft aus oder schwankte zwischen zwei Optionen, wenn beide ungefähr gleich stark vertreten wurden Am Ende blieb dann oft genug nur übrig, den Konsens zu beschwören und am Alten festzuhalten, was den Spartanern den Ruf eintrug, konservativ zu sein, und eine unverdiente Bewunderung für ihre Ordnung. Sparta bediente – weit über die Antike hinaus, bis in unsere Zeit hinein – eine auch unter Intellektuellen verbreitete Sehnsucht, den mühsamen politischen Prozess durch Erziehung und Autorität zu ersetzen, anstatt beide als notwendige Voraussetzungen für ein Gelingen des Politischen zu begreifen.

Sicherheit und Hegemonie: der ‚Peloponnesische Bund'

Besser als die Entwicklungsphasen des politischen Systems sind die Bemühungen um äußere Sicherheit greifbar. Während Sparta im 7. und frühen 6. Jahrhundert gegen Rivalen wie Argos oder Tegea noch manche Schlappe einstecken musste, besserten sich die Rahmenbedingungen, als man ab Mitte des 6. Jahrhunderts mit einzelnen peloponnesischen Poleis – den Anfang machten wohl die kurz zuvor unterlegenen Tegeaten – unbefristete Bündnisverträge abschloss. In der Anfangsphase ging es primär darum, Heloten mögliche Hilfe von außen oder Asyl abzuschneiden und Argos zu isolieren. Formal verpflichteten sich die Vertragsparteien, „dieselben Freunde und Feinde" wie Sparta zu haben und „zu folgen, wohin auch immer die Lakedaimonier führen" (Hegemonieklausel). Die Initiative lag bei den Spartanern, und die Bündner unternahmen von sich aus keinen Feldzug ohne Zustimmung des Hegemon. Andererseits galt, dass Sparta wie auch die anderen Mitglieder an eine Mehrheitsentscheidung gebunden war, falls nicht religiöse Hindernisse im Raum standen. Der Bund sicherte Sparta große Wehrkraft und durch den Beitritt Korinths (um 550) ein beträchtliches maritimes Potential; das Bündnis entwickelte auch (begrenzt) formale Verfahren weiter. Allerdings konnte die Vormacht ihre Verbündeten nicht immer auf Linie halten, wie sich etwa bei der letzten Intervention in Athen Ende des 6. Jahrhunderts zeigte (u. 4.2) – und 432 wurden die Spartaner mehr durch die Korinther in den Krieg gegen Athen hineingezogen, als dass sie diesen einmütig selbst gesucht hätten (u. 4.6). Als die Spartaner Athen und dem Seebund gegenüberstanden, zeigte sich rasch, dass der ‚Peloponnesische Bund' (die Bezeichnung ist modern) zwar seinen defensiven Zweck, Spartas Sicherheit und Vorherrschaft auf der Peloponnes zu gewährleisten, gut erfüllte, er aber für eine ausgreifende Kriegführung weniger geeignet war; so gab es weder regelmäßige Tribute der Bündner noch eine Verwaltung. Um Abhilfe zu schaffen, mussten die Spartaner selbst für sich kreativer werden. In der kurzzeitigen imperialen Politik nach 404 spielte der Bund nur insofern eine Rolle, als weitere Mitglieder (etwa Athen) in ihn hineingezwungen wurden, was Ressourcen jedoch eher band als vermehrte. Nach dem Peloponnesischen Krieg pflegten die Sieger auch gegenüber Verbündeten eine unverhohlene Machtpolitik (402–400 Krieg gegen Elis; 385 zwangsweise Auflösung von Mantineia in einzelne Dörfer; Eingriffe in Phleious). Doch für die Rolle als einzige griechische Großmacht mangelte es den Spartanern nicht nur an Kräften, sondern auch an Knowhow und Phantasie. Sie kannten – abgesehen von wendigen Einzelnen – die Welt, die sie beherrschen wollten, zu wenig, ihre eigenen Institutionen waren kaum exportierbar, es fehlte an einer hinreichend breiten Elite, mit der sich ein Reich regieren ließ, und Kolonien oder loyale überseeische Verbündete gab es auch keine. Spartas Hegemonialstellung währte daher nur so lange wie der Erfolg auf dem Schlachtfeld: 365 zerfiel der Bund, als Korinth und andere Mitglieder einen Vertrag mit Theben schlossen, dem Sparta selbst nicht beitrat.

Bilanz

Mit Blick auf die Tektonik ihrer Geschichte im Kontext der griechischen Gesamtentwicklung kann man abstrahierend sagen, dass die Spartaner gleich zweimal einen Schritt gewagt haben, der ihnen jeweils einen ‚Modernitätsvorsprung‘ einbrachte (auch wenn die zugrundeliegenden Probleme selbst verursacht waren): Da war zum einen die frühe Konsolidierung der sozialen, militärischen und politischen Ordnung im Zuge der Expansion nach Messenien im 7. Jahrhundert, zum anderen die Errichtung des peloponnesischen Bündnissystems als außenpolitisches Sicherheits- und Machtinstrument im 6. Jahrhundert. Zu den Paradoxien der spartanischen Geschichte gehört jedoch, dass diese frühen Erfolge (zusammen mit anderen Faktoren) die Optionen spartanischer Politik zugleich stark verringerten. Als die Einschränkungen dann unter dem Druck der Verhältnisse im Laufe des Peloponnesischen Krieges abgestreift wurden (räumlich ausgreifende, zugleich vielfach improvisierende Kriegführung, Aufstieg von erfolgreichen ‚Außenseitern‘ wie Brasidas oder Lysander, Finanzierung einer Flotte durch die Perser u. a.), gewann Sparta zwar wieder an Handlungsspielräumen; jedoch erodierte dadurch die tradierte

Basis noch schneller und mündete die imperiale Überdehnung schließlich in den Zusammenbruch. Danach war Sparta nur noch eine Polis unter vielen. Doch die Lykurglegende des befreienden, alles in Ordnung bringenden Reformaktes – von den schlechtesten Gesetzen aller Hellenen zur guten Ordnung: Hdt. 1,65,2 – lebte nicht nur literarisch weiter, sie scheint auch in den einigermaßen radikalen Sozialreformen der Könige Agis (IV.) und Kleomenes (III.) in den 240er- und 230-Jahren einen späten Wiedergänger gefunden zu haben – aber auch diese endeten in der Niederlage auf dem Schlachtfeld (222).

3.5 Korinth

Eine Stadt der Händler und Handwerker

Korinth galt in der Archaik als reichste Polis der griechischen Halbinsel, pulsierendes Zentrum eines erfolgreichen Töpferhandwerkes sowie Heimat innovativer Baumeister und Techniker; nicht von ungefähr bemerkt Herodot (2,167), dort würden die Handwerker am wenigsten verachtet. Sie trugen wesentlich dazu bei, dass ihre Stadt zu den ersten Poleis zählte, die sich gegen Ende des 6. Jahrhunderts mehrere Einheiten des modernsten Kriegsschifftyps, des Dreiruderers (Triëre), leisten konnten – der Überlieferung nach soll dieser sogar von einem korinthischen Ingenieur entwickelt worden sein. Korinther waren aber auch als Händler und Apoikistenführer in beinahe allen Teilen des Mittelmeerraums unterwegs, vor allem im Westen; auf der Route dorthin und an den Küsten des nördlichen Teils der Straße von Otranto wurden bedeutende Siedlungen angelegt. Und auch zu Lande bildete die Polis mit einem großen Territorium von 900 km^2, günstig gelegen auf der Landbrücke (Isthmos) zwischen der Peloponnes und Attika und bekrönt von einem fast 600 Meter hohen Bergplateau (Akrokorinth), einen Machtfaktor, den die beiden Hegemonialmächte Sparta und Athen nie ignorieren durften.

Günstige Lage

Korinth verdankte seinen Wohlstand einer fruchtbaren Küstenebene, die Wein-, Oliven- und Getreideanbau erlaubte. Reiche Baumbestände auf den nahen Hügelketten förderten den Schiffbau und wiesen den Korinthern zusammen mit der verkehrsgünstigen Lage ihrer Polis an zwei wichtigen Meeresräumen den Weg aufs Meer. Jedes Schiff, das Waren aus dem mediterranen Westen auf die griechische Halbinsel bringen und die Umrundung der südlichen Peloponnes (insbesondere des gefürchteten Kap Malea) scheute, musste den korinthischen Hafen Lechaion am Westende des Korinthischen Golfes anlaufen sowie hohe Zoll- und Liegegebühren entrichten. Umgekehrt kamen Händler aus dem Ägäisraum mit Zielen im Westen kaum am zweiten korinthischen Hafen Kenchrai am Saronischen Golf vorbei. Der zwischen beiden Anlaufpunkten angelegte Díolkos, eine aus hartem Kalkstein gepflasterte, mit parallel laufenden Rillen (‚Schienen') versehene sowie seitlich durch Mauern geschützte „Schleifbahn", erlaubte den schnellen Überlandtransport von Waren und schweren Lasten (z. B. Marmorblöcken) sowie kompletter Schiffsteile auf einem wahrscheinlich mit Seilen gezogenem „Wagen" (*olkós*). Die Transportgebühren bildeten eine weitere wichtige Einnahmequelle.

Diolkos

Die Bakchiaden

Regiert wurde die Stadt seit ca. 700 von dem Adelsclan der Bakchiaden, die angeblich 200 Familien umfassten, nur untereinander heiraten und ihre Linie auf Herakles als gemeinsamen Urahn zurückführten. Sie besetzten offenbar jährlich das Oberamt, stellten wahrscheinlich auch den Feldherrn und kontrollierten alle wichtigen politischen Posten. Diese Form der kollektiven Stadtherrschaft einer so große Familien-Gruppe war ein Unikum in der griechischen Welt, allenfalls vergleichbar mit der Herrschaft der reichsten Familien in Massilia (u. 3.8), die ihre Abstammung zwar nicht auf einen mythischen Helden, aber zumindest teilweise auf den Oikisten zurückführten. Auch sie leiteten eine handelspolitisch günstig gelegene Polis, deren Ruf als Heimat kundiger Seefahrer und Techniker in die Welt ausstrahlte. Allerdings verfügte Korinth anders als Massilia von Anfang an über reiches Ackerland, ohne das der Bevölkerungszuwachs in der Archaik gar nicht möglich gewesen wäre. Die Bakchiaden waren die größten Grundbesitzer. Ihr ererbter und durch Handelsaktivitäten vermehrter Reichtum begründete ihren politischen Führungsanspruch. Er erlaubte ihnen den Besitz einer beträchtlichen Zahl moderner Handels- und Kriegsschiffe sowie Investitionen in die Hafenanlagen. Beides trug wesentlich zum Aufschwung des Handwerkes bei, sicherte den Wohlstand der Stadt und war ähnlich wie in Massilia die Voraussetzung für die Anlage erfolgreicher Apoikien, die wie Korkyra und Syrakus wichtige Elemente der sich bis nach Etrurien erstreckenden Handelskontakte bildeten. Korinth wurde so zu einem kosmopolitischen Zentrum der griechi-

Handel und reiches Ackerland

schen Welt, nicht zuletzt ablesbar an der Berühmtheit des heimischen Prostitutionswesens.

Ähnlich wie in Massilia dürften die gegen Ende des 7. Jahrhunderts einsetzenden inneren Veränderungen zwar anfangs einschneidend gewesen sein, doch an der aristokratisch-oligarchischen Grundstruktur der Polis wenig geändert haben. Wahrscheinlich konnte die Getreideversorgung der Stadt in dieser Zeit nicht mehr mit dem Bevölkerungsanstieg mithalten, zumal einige Großgrundbesitzer zur Erhöhung ihrer Absatzchancen sich vom Getreideanbau auf die Anpflanzung von Ölbäumen umstellten. Gleichzeitig musste die bis dahin sehr erfolgreiche Töpferindustrie auf athenische Konkurrenz reagieren. Als schließlich die für den Westhandel so wichtige Apoikie Kerkyra immer selbstbewusster wurde und sich auch von militärischen Kampagnen der Bakchiaden nicht beeindrucken ließ, nutzte ein von außerhalb engagierter Söldnerführer namens Kypselos die Chance, über den Posten des städtischen Feldherrn und mithilfe seiner Hoplitentruppe die Bakchiaden zu entmachten und sich selbst zum Tyrannen aufzuschwingen. An sich war dies kein ungewöhnlicher Vorgang. Letztlich wurde lediglich ein allzu ausgedehnter Familienclan, der erheblich an Ansehen verloren hatte, durch einen neuen ersetzt, der die Bakchiaden in die Verbannung zwang und deren Posten durch eigene Familienmitglieder und Vertraute besetzte.

Tyrannis des Kypselos und Periandros

Was auffällig ist und ebenfalls mehr für Kontinuitäten als für markante Brüche spricht, ist die Tatsache, dass Kypselos und seine Nachfolger nicht nur an die alte Handels- und Kolonisationspolitik anknüpften, sondern ihr durch gezielte Investitionen in das städtische Töpferviertel, wahrscheinlich auch den Hafenausbau sowie die Errichtung des Diolkos der Wirtschaft neue Impulse verliehen und so das schwankende Staatsschiff wieder auf Kurs brachten. Ein Indiz für den Aufschwung und das Selbstbewusstsein der neuen Herren ist auch die Einrichtung der panhellenischen Isthmischen Spiele. Mehrere unter Kypselos und seinem Sohn Periandros gegründete Apoikien an der westgriechisch-illyrischen Küste (Leukas, Anaktorion, Ambrakia, Apollonia, Epidamnos) sowie Potidaia in der Nordägäis, ferner Bündnisse mit Athen, Psammetichos von Ägypten, den Tyrannen von Milet sowie dem Lyderkönig Alyattes flankierten den Aufschwung des Überseehandels und sicherten der Stadt den immer wichtiger werdenden Getreide- und Holzimport. Da die Tyrannen den Ausbau der Flotte

Apoikien und Bündnisse

vorantrieben und die meisten Apoikien durch Verwandte regieren ließen, konnten sie eine transregionale Hegemonialpolitik betreiben, die allerdings stets die Stadt durch die Erschließung auswärtiger Ressourcen in der Adria und Nordägäis zu sichern suchte und wohl kaum ein auf aggressive Expansion gerichtetes ‚Reich' anstrebte.

Eine gefestigte Oligarchie

Den korinthischen Eliten gelang es nach dem Sturz der Tyrannis offenbar, ihre Rivalitäten einzuhegen (s. o. 2.3.2), nicht zuletzt durch eine Phylenreform. Das recht komplexe System mit acht personalen Phylen und weiteren Gliederungseinheiten der Bürgerschaft diente wohl dem Ziel, lokale Klientelbildungen zumindest einzudämmen. Auf den Phylen ruhte der achtzigköpfige Rat, der die dominierende politische Instanz bildete. In Gestalt der acht Probouloi hatte dieser Rat ein machtvolles Organ an seiner Spitze, das an sich eine Oligarchie signalisierte, die jedoch durch den Auswahlmodus gleichsam kaschiert wurde. Auch in Korinth hing das Gelingen des politischen Systems daran, partikulare Interessen zu überwinden und einen gemeinsamen Willen hervorzubringen. Eine stabilisierende und befriedende Gliederung der Bürgerschaft war, so zeigt sich auch in diesem Fall, für oligarchische wie für demokratische Poleis wichtig.

Außenpolitische Herausforderungen

In der Zeit nach der Tyrannis musste Korinth ebenso stets auf zwei Bedrohungen reagieren: zunächst gegenüber dem über den Isthmos nach Attika expandierenden Sparta und dann gegenüber Athen selbst, das seit den 450er-Jahren seine Hegemonie auch westlich auf die griechische Halbinsel auszudehnen suchte. Die günstige verkehrspolitische und geopolitisch zentrale Lage der Stadt, die sich nicht zuletzt darin zeigt, dass sie immer wieder als Ort wichtiger panhellenischer Zusammenkünfte fungierte, wurde so mit Beginn der Klassischen Zeit zu einem machtpolitischen Nachteil. Eingezwängt zwischen den großen Hegemonialsymmachien suchten die Korinther Handlungsspielräume zu gewinnen, indem man sich jeweils auf die Seite derer schlug, die weniger expansiv und bedrohlich agierten. Das waren in der meisten Zeit des 5. Jahrhunderts Sparta und dessen Peloponnesischer Bund, während die aggressive Kriegs- und Flottenpolitik Athens zumindest mittelbar Korinths Sicherheitsinteressen und Handelswege gefährdete. Es kommt somit nicht von ungefähr, dass sich der Peloponnesische Krieg just dort entzündete, wo Korinths und Athens handels- und machtpolitische Interessen aufeinanderstießen. Korinth unterstützte weiterhin seine ehemalige Apoikie Syrakus im Kampf gegen die athenische Expeditionsarmee (auch durch technische Hilfe) und pochte unmittelbar nach der endgültigen Niederlage Athens auf die Zerstörung der Stadt. Als dann aber die Spartaner ihrerseits zu Beginn des 4. Jahrhunderts in Griechenland selbst und im ehemaligen Seebundgebiet der Athener immer aggressiver auftraten, fand sich Korinth beinahe natürlich im Lager des ehemaligen Gegners. Abgesehen von einem kurzen demokratischen Umsturz in den turbulenten Jahren des Korinthischen Krieges bewahrte die Stadt trotz aller außenpolitischen und militärischen Herausforderungen und Wechselfälle ihre oligarchische Ordnung. Hundert Jahre Krieg hatten jedoch an den einst so üppigen Ressourcen erheblich gezehrt. Die zentrale Lage Korinths, lange Garant des Wohlstandes, war in dieser Zeit zu ihrer Achillesferse geworden, weil man von mindestens zwei Seiten, nämlich Athen und Sparta, potentiell bedroht war. Erst als diese beiden Poleis selbst in eine existenzielle machtpolitische Krise gerieten und Korinth Anschluss an das aufstrebende Theben fand, konnte sich die Stadt offenbar wirtschaftlich erholen. Jetzt eröffneten sich kurzzeitig auch wieder neue Handlungsspielräume dort, wo schon immer die eigentlichen Interessen der Stadt lagen: im Westen. Zu welchen politischen und organisatorischen Leistungen die Korinther immer noch fähig waren, zeigte sich, als sie in der Mitte des 4. Jahrhunderts auf ein Hilfegesuch von Syrakus mit finanzieller und maritimer Unterstützung Kerkyras und anderer Apoikien den erfahrenen Politiker Timoleon in die alte Tochterstadt entsandten, um die dortigen Wirren zu beenden und den für seine Heimatstadt so wichtigen Fernhandel wiederzubeleben. Von und über Korinth lief in der Folgezeit ein gewaltiger Strom von Neusiedlern nach Sizilien, unter denen sich viele Mitbürger fanden. Diese stupende und offenbar mit großer Energie und Umsicht durchgeführte Westausrichtung der Außenpolitik bewahrte die Stadt gewissermaßen davor, aktiv am Kampf gegen Philipp von Makedonien teilzunehmen. Erst als dieser über Epirus Ambrakia und Kerkyra bedrohte, wandte sich Korinth an Athen um Hilfe, und Demosthenes gelang es, die Stadt und ihre Kolonien mit anderen Poleis zu einer antimakedonischen Allianz zusammenzuführen. Der Sieg Philipps bei Chaironeia 338 ging dann jedoch recht glimpflich für Korinth aus; der Makedonenkönig bestimmte die Stadt sogar offiziell zum Sitz der Versammlung des gegen Persien gerichteten Bundes.

Neue Aktivitäten im Westen

3.6 Theben und das übrige Boiotien

Theben Dominierende Kraft in Boiotien war in historischer Zeit Theben. Die Stadt gehörte zu den *big players* in Hellas; sie zwang Sparta in die Knie, und Alexander hielt sie für wichtig genug, um sie als einzige griechische Polis zu zerstören (335). Dennoch nannte P. Cartledge sie kürzlich plakativ „The Forgotten City of Ancient Greece", was nur zum Teil zutrifft. Bereits seit der frühen Bronzezeit besiedelt war das Areal um die spätere Kadmeia, eine markante, etwa 750 auf 400 Meter große, ovale Erhebung, später die Akropolis Thebens. Herrschaftsdichte und Außenkontakte erreichten zwischen 1400 und 1200 ihren Höhepunkt, wie mehr als 400 Linear B-Täfelchen und babylonische Siegelzylinder sowie Importgüter aus Kreta und dem Ägäisraum nahelegen.

Theben hatte auch Teil am Wiederaufschwung im 8. Jahrhundert, als die später wichtigen Heiligtümer für Apollon Ismenios und für den angeblich hier geborenen Herakles gegründet wurden; im homerischen Schiffekatalog spielt Theben unter den boiotischen Orten aber noch keine besondere Rolle; diese werden dort Mythen jedoch bereits als eine (lose) Koalition angesprochen. Der umfangreiche um die Stadt zentrierte Mythenstoff fand in vier (verlorenen) Epen, dem „Thebanischen Kyklos", einen ersten Niederschlag, darunter die Ödipus-Geschichte, die „Sieben gegen Theben" und Antigone. In diesen Erzählungen dominierten Familiendramen, der Krieg sowie Verbindungen nach Vorderasien: Kadmos, Urgroßvater von Ödipus, soll auf der Suche nach seiner geraubten Schwester Europa aus Phönizien nach Boiotien gelangt sein, wo er das Delphische Orakel befragte und Kadmeia gründete, das spätere Theben. Dorthin brachte er nicht nur als Zivilisationsheros die Buchstabenschrift (*Phoiníkôn grámmata*: Hdt. 5,58) mit, dort tötete er auch eine berüchtigte Schlange und pflanzte deren Zähne in die Erde; aus dieser ‚Drachensaat' entsprangen mächtige Krieger, die einander sofort umzubringen begannen. Die fünf Überlebenden begründeten, so hieß es, die vornehmsten Familien in Theben. Außerdem soll Herakles seine Geburtsstadt vom Joch des Königs von Orchomenos befreit haben – vielleicht der Reflex einer Rivalität zwischen beiden Zentren in der Bronzezeit (oder im 6. Jahrhundert). In diesen Mythen steckt viel vom Stolz und Selbstverständnis der Thebaner, während die Bearbeitungen der Stoffe im Attischen Drama des 5. Jahrhunderts unfreundliche Fremdzuschreibungen wie Brudermord oder das Tyrannenthema (Ödipus; Kreon) enthalten – Athen und Theben waren nicht nur Nachbarn, sondern seit dem späten 6. Jahrhundert auch machtpolitische Gegner.

Naturraum und Geschichte

Obwohl die Küste Boiotiens zum Korinthischen wie zum Euboischen Golf gute Hafenplätze besaß (u. a. Aulis, Kreusis und Siphai), nahmen Theben und die anderen Boioter in der Archaik nicht nennenswert an maritimen Unternehmen teil. Zu nah lagen offenbar Korinth und das seit dem 6. Jahrhundert ebenfalls übers Meer blickende Athen sowie die auf diesem Feld seit jeher sehr aktiven Euboier. Erst in den 360er-Jahren wurde der Versuch unternommen, in den Kreis der Seemächte einzutreten, weil das zu dieser Zeit zur Kleiderordnung einer Großmacht gehörte. Doch nach ersten Unternehmungen stellte sich die finanzielle wie die strategische Lage als so ungünstig heraus, dass man die hochfliegenden Ziele fallenließ. Die Thebaner nutzten jedoch wie die übrigen Boioter ihre Aktiva: Der Naturraum – Boiotien war mit etwa 2 600 km^2 ungefähr so groß wie Attika – umfasste fruchtbare Ebenen, war reich an Wasser und bot im Gegensatz zu fast allen anderen griechischen Landschaften eine gute Grundlage für die Pferdezucht. Damit korrespondierend konnten sich vielerorts relativ stabile aristokratische Herrschaften durchsetzen; neben den großen Herren gab es aber auch gutsituierte Bauern, die als Hopliten dienten, sowie nicht wenige Kleinbauern, die auf dem guten Boden ebenfalls ihr Auskommen hatten. Offenbar gelang es in Theben für eine gewisse Zeit, durch eine Erbrechtsgesetzgebung die vielerorts anzutreffende Besitzkonzentration bei wenigen Reichen zu verhindern. In der Schlacht von Delion (424) bot Boiotien immerhin 1 000 Reiter, 7 000 Hopliten und über 10 000 Leichtbewaffnete auf. Die Topographie, die günstige Verkehrslage als Durchgangsregion auf der Nord-Süd-Route sowie die machtpolitischen Ambitionen Thebens waren sicherlich Gründe, warum auf diesem „Tanzboden des Krieges“ (Plut. Marc. 21,2) mehrere große Schlachten stattfanden (479 Plataiai, 457 und 426 Tanagra, 457 Oinophyta, 447 und 394 Koroneia, 424 Delion, 395 Haliartos, 371 Leuktra, 338 Chaironeia). Die Forschung hat zuletzt viel über die Binnenverhältnisse in Theben wie im Boiotischen Bund ans Licht gebracht, dennoch scheint es, als erschöpfe sich die Geschichte der Stadt fast vollständig in unermüdlichen hegemonialen Bestrebungen – und das, obwohl die Ausgangsbedingungen insgesamt ungünstiger waren als in Sparta, Athen oder Syrakus.

Als Landschaft bildete Boiotien einen teilweise abgeschirmten Raum, der zugleich durch den Kopaïs-See in zwei Teile geteilt und durch Gebirgszüge zusätzlich untergliedert war – gute Voraussetzungen für eine dezentrale, in eigenständige Gemeinden mündende Entwicklung. Theben stach nach Größe und Prestige aus den anderen boiotischen Städten hervor, doch es gab daneben durchaus auf Autonomie bedachte ‚mittlere' Akteure wie Orchomenos im Norden, einst ebenfalls ein mächtiges mykenisches Zentrum, oder Thespiai und Plataiai, die im Süden wegen ihrer räumlichen Nähe zum Vorort Gefahr liefen, von diesem überwältigt zu werden. Da andererseits Theben weder nennenswerte Rohstoffressourcen noch eine maritime Option oder eine unterworfene Bevölkerung besaß, mussten politisches Geschick und Schlachtenglück walten, um eine regionale Hegemonie zu erreichen. Von dieser Ausgangslage her betrachtet erstaunt es nicht, dass sich bereits im späten 6. Jahrhundert erste boiotische Städte zusammenschlossen. Eine Stoßrichtung wies nach Süden, doch als die Thebaner (wohl 519) die an der Grenze zu Attika gelegene Polis Plataiai in den Bund hineinzuzwingen suchten (Hdt. 6,108,5), brachten sie Athen gegen sich auf – für sehr lange Zeit, wie sich zeigen sollte. Die nachbarliche Feindschaft dürfte neben der geographischen Lage eines gegen eine so machtvolle Invasion nicht zu verteidigenden Gebiets der Grund gewesen sein, warum sich Theben Xerxes nicht in den Weg stellte, sogar 479 in der Schlacht von Plataiai auf persischer Seite kämpfte, während Thespiai und Plataiai in die Abwehrfront eintraten – die Boioter handelten also (wie Griechen insgesamt) nicht als Kollektiv. Während die verantwortlichen Thebaner vom Hellenenbund in Korinth hingerichtet wurden, verzichtete man auf die an sich vorgesehenen Strafzahlungen; allerdings blieb die Stadt außenpolitisch erst einmal isoliert. Gut zwanzig Jahre später jedoch schloss Theben im sogenannten Ersten Peloponnesischen Krieg ein Bündnis mit Sparta, um die zeitweise sehr erfolgreichen hegemonialen Bestrebungen Athens in Mittelgriechenland einzudämmen (u. 4.5).

... im 6. und 5. Jahrhundert

Wie sich bei einem ‚demokratischen' Zwischenspiel (457–447) zeigte, wurde auch in Theben die Stabilität der Ordnung durch außenpolitische Krisen und Wendungen erschüttert. Nach dem Sieg über ein athenisches Heer bei Koroneia (447) stellte die Stadt ihre führende Position in Boiotien auf eine neue Grundlage, indem der Boiotische Bund zu einem Bundesstaat mit einem elaborierten Institutionengefüge weiterentwickelt wurde (o. 2.5.3). Auch Thebens Bündnis mit den Spartanern im Peloponnesischen Krieg hatte die gleiche doppelte Stoßrichtung: Athen zu besiegen und die eigene Führungsposition im Bund zu befestigen. Nicht zufällig begann der Krieg noch vor der allgemeinen Kriegserklärung mit einem thebanischen Überfall auf das mit Athen verbündete Plataiai. Siege mündeten jeweils in einen Ausbau der Hegemonie über das Bündnis: Als die Thebaner 427 Plataiai erobert hatten, übernahmen sie die Stimmen der widerspenstigen Polis in den Bundesgremien; das gleiche geschah 424, als nach einem boiotischen Sieg über athenische Truppen bei Delion die Stadt Thespiai gezwungen wurde, ihre Befestigungsanlagen niederzureißen und ihre Bundesanteile abzugeben. 404 war Theben sogar Wortführer der Forderung an die Spartaner, Athen zu zerstören. Doch wenig später sah man angesichts der neuen Hegemonialpolitik Spartas offenbar den eigenen Handlungsspielraum gefährdet, weswegen Theben im Korinthischen Krieg an die Seite von Athen, Korinth und Argos trat.

... im 4. Jahrhundert

Wie das 5. Jahrhundert für die Kadmosstadt im Zeichen der Feindschaft zu Athen gestanden hatte, war es nunmehr der Würgegriff Spartas, dem man sich zu entziehen suchte. Nach wechselndem Kriegsglück musste sich Theben 386 dem Königsfrieden unterwerfen und nach dessen von Sparta durchgedrückten Bedingungen den Boiotischen Bund faktisch auflösen (s. u. 5.1). Als spartanische Truppen 382 vertragswidrig die Kadmeia besetzten, kooperierten sie in Theben mit einer pro-spartanischen, nunmehr offen oligarchischen *dynasteía*. Wie so oft wirkten auch in dieser Stasiskonstellation außen- und innenpolitische Momente ineinander: Ehemalige Verbannte und große Teile der Bürgerschaft stürzten mit athenischer Hilfe 379 die Oligarchie, zwangen die Spartaner zur Räumung der Kadmeia und führten eine offenbar breit akzeptierte Demokratie ein. Dieser innenpolitische Ruck stärkte wiederum die Basis für die hegemoniale Politik; es scheint, als habe der Umbruch Schwung in die thebanischen Bestrebungen gebracht. Gegen die Neuformierung des Boiotischen Bundes, in dem Theben nunmehr klar die Führung übernahm, konnten die militärisch und machtpolitisch zunehmend überforderten Spartaner nichts Durchschlagendes unternehmen. Die Thebaner hatten freilich Glück, dass in Gestalt von Epaminondas und Pelopidas zwei tatkräftige und tüchtige Anführer die Geschicke der Polis wie des Bundes lenkten. Mit dem epochalen Sieg über die spartanische Hoplitenphalanx bei Leuktra (371) erweiterte sich der Aktionsradius der thebanischen Politik bis auf die Peloponnes. Die neue Vormacht konnte überdies in Mittelgriechenland durch Bündnisse u. a. mit den Aitolern und Akarnanen, den Lokrern sowie den Euboiern, die zu diesem Zweck sogar den Attischen Seebund verließen, eine hegemoniale Stellung gewinnen. Die drei alten innerboiotischen Rivalen wurden binnen eines Jahrzehntes ausgeschaltet: Das zwischenzeitlich wiedererstandene Plataiai wurde 373 zerstört, das Gebiet annektiert, die Bevölkerung floh. Thespiai gliederte man ebenfalls als abhängige Gemeinde an Theben an. Auch mit Orchomenos rechnete man nun ab: Ein angeblich von exilierten Thebanern im Verein mit 300 orchomenischen Reitern geplanter oligarchischer Putsch in Theben diente als Anlass, die ehrwürdige Stadt am Kopaïs-See zu zerstören und die Bewohner in die Sklaverei zu verkaufen (Diod. 15,79,3–6, wohl 364/63). Boiotien gehorchte danach Thebens Befehl. Doch nach der wiederum siegreichen Schlacht von Mantineia (362), bei der fatalerweise Epaminondas den Tod fand (Pelopidas war bereits 364 ums Leben gekommen), zeigte sich, dass die weitgehend aus Binnenressourcen gespeiste Hegemonialpolitik zu sehr ‚auf Kante genäht' war, um größere Rückschläge verkraften zu können.

Der boiotische „Superstaat"

Prekäre Hegemonialpolitik

Das Beispiel Theben verweist ferner auf die in bestimmten Konstellationen wirksame Rolle der Einzelpersönlichkeit in der Geschichte: Nach dem Tod der beiden Architekten der Hegemonie erlahmte die politische Dynamik merklich. Diodor notierte über Epaminondas, „wenn dieser länger gelebt hätte, so würden die Thebaner die Hegemonie zu Lande und die Herrschaft zur See zugleich erlangt haben" (19,79,2). Schon im Dritten Heiligen Krieg (356–346) gegen die Phoker konnte die vormalige Großmacht tatsächlich keinen durchschlagenden Erfolg mehr erzielen. Dem Aufschwung der ressourcenreicheren Nachbarn im Norden – zunächst Thessalien, dann Makedonien – hatten die Thebaner nichts mehr entgegenzusetzen. Am Ende genügte eine einzige falsche Entscheidung: Nach einem Aufstand gegen Makedonien, dem Theben an der Seite Athens bereits 338 bei Chaironeia unterlegen war, ließ Alexander die Stadt zur Abschreckung zerstören – nur das Geburtshaus des Dichters Pindar, der damals schon über hundert Jahre tot war, soll ausdrücklich verschont worden sein. Die Machtverhältnisse waren auf den Kopf gestellt: Alexanders Vater hatte einst drei Jahre seiner Jugend als Geisel in Theben verbracht, als die Stadt im Zenit stand; dort „lernte er mehr über die Kriegskunst, das Leben in einer griechischen Polis und Beziehungen mit Persien als alle seine Vorgänger" [E. BADIAN, 1.6.1: DNP 9, 798].

Geeintes Boiotien?

Die originelle Konstruktion des Boiotischen Bundes, die uns für die Zeit um 395 aus einem fragmentarischen Geschichtswerk zufällig bekannt ist (s. o. 2.5.3), kann nicht darüber hinwegtäuschen, dass sich keineswegs alle Bewohner der Landschaft Boiotien zu jeder Zeit als Boioter verstanden. Die mentale Integration über die Genealogie des namengebenden Heros Boiotos, die Münzprägung mit dem gemeinsamen Schildsymbol oder den gemeinsamen Dialekt funktionierte nach außen besser als nach innen, denn das *koinón* ruhte nicht auf einem die Polisidentität überstrahlenden *éthnos*-Bewusstsein auf. Vielleicht wurde gerade deshalb relativ früh die politische Bundesorganisation mit ihrem ingeniösen Proportionalprinzip geschaffen. Doch auch sie änderte nichts an den Konfliktgründen: Orchomenos wollte unabhängig sein, Plataiai orientierte sich nach Athen, und Theben betrieb eine möglichst weitgehende Integration nur deshalb, um als Polis seine eigene Machtpolitik auch mittels der Ressourcen anderer zu verfolgen – wie die Vormacht einer hegemonialen Symmachie. Nach der Neuorganisation von 379/78 waren alle namentlich bekannten Boiotarchen Thebaner, und da die Bundesorgane in der Stadt des Kadmos zusammentraten, zudem die politische Agenda von thebanischen Politikern bestimmt wurde, spielte das Prinzip der proportionalen Repräsentation faktisch keine Rolle. Die Geschichte Thebens im boiotischen Kontext lässt insgesamt die kreativen Momente wie die Grenzen innenpolitischen Ausgleichs und zwischenstaatlicher Stabilisierung bei den Hellenen deutlich hervortreten.

3.7 Athen: maritime Großmacht und Demokratie

Über kein anderes Gemeinwesen in Griechenland wissen wir auch nur annähernd so viel wie über Athen. Den Namen der Stadt zu nennen ruft gleich vier Geschichten auf, die jeweils für sich darge-

Vier Dimensionen der Geschichte Athens

stellt werden können, zugleich miteinander verflochten waren. Da ist zum einen die zur See und auf überseeische Gebiete, kurzzeitig auch auf Mittelgriechenland ausgreifende Großmacht. Entsprechende Bestrebungen begannen bereits im 6. Jahrhundert, doch erst der wesentlich der athenischen Flotte zu verdankende Sieg über die Perser beschleunigte die expansive Dynamik und erlaubte den Athenern, ein einzigartiges Machtsystem in Gestalt des (Ersten) Attischen Seebundes (478–404) zu errichten. Indem sie sich voll und ganz mit ihrer Führungsrolle identifizierten, hielten sie auch im 4. Jahrhundert an dieser Politik fest. Die Großmacht Athen in ihren Verflechtungen ist Gegenstand der Kapitel 4 und 5 dieses Buches. Da war zweitens das politische System, das sich mit einer gewissen Folgerichtigkeit entwickelte und parallel zum Aufbau des Seebundes in die Athenische Demokratie mündete. Sie darf als einzigartig gelten, insofern sich diese Gestaltung des Politischen nur in Athen gleichsam in das Erbgut der Bürgerschaft einschrieb und zur angestammten, umfassenden Lebensform wurde (s. o. 2.5.2). Wie die Großmachtpolitik wurde auch sie im 4. Jahrhundert modifiziert weitergeführt. Das politische System steht im Mittelpunkt der folgenden Darstellung. Drittens zu nennen ist Athen als ‚Kulturstaat' seit dem späteren 6. Jahrhundert, als Heimat der Klassischen Tragödie und Komödie, als Magnet für Bildende Künstler und Architekten, Sophisten und Philosophen, nicht zuletzt als Schauplatz einer reichen Festkultur. Obwohl diese kulturellen Schöpfungen engstens mit der Demokratie und der Großmachtpolitik verknüpft waren, muss hierfür auf literatur-, kunst- oder philosophiegeschichtliche Darstellungen verwiesen werden. Auch vieles von dem, was wir über die Alltagskultur ‚der Griechen' und über die hauptsächlichen Felder der Lebensführung im 5. und 4. Jahrhundert wissen (Haus und Familie, Verhältnis der Geschlechter, Wirtschaft und Konsum, Religion usw.), gilt strenggenommen nur für Athen. Und schließlich, viertens, kennen wir auch die Geschichte der Stadt als eines belebten urbanen Ensembles aus Mauern, Tempeln, politischen Räumen, Straßen und Märkten recht gut, ferner inzwischen auch die Landschaft Attika, ihre Wege, Siedlungen, Heiligtümer, Bergwerke und Festungen. Die Entwicklungsschübe von Stadt und Region hingen bei mehreren Gelegenheiten direkt mit der äußeren und inneren Geschichte zusammen, weswegen sie im Folgenden hier und da zu erwähnen sind.

Ergänzend bedarf es thematischer Leitmotive, um den Stoff zu ordnen und die großen Linien aufzuzeigen. Da ist zum einen die Integration des ausgedehnten, überdies durch Berge in vier Regionen zergliederten attischen Gebietes (ca. 2 500 km^2) und der Stadt Athen zu einer politischen Einheit, die das Potential einer zahlreichen, aber naturräumlich nicht übermäßig gesegneten Bevölkerung zu nutzen ermöglichte. Ein zweites Leitthema bildete das Verhältnis zwischen der Bürgerschaft und den Einzelpersönlichkeiten, die der Überlieferung zufolge Athen in ihrer jeweiligen Zeit auf dem Weg zur Polis, zur Großmacht und zur Demokratie voranbrachten beziehungsweise danach lenkten. Die Reihe reichte vom dem mythischen Gründungsheros Theseus über die ‚Ordnungshelden' Drakon, Solon und Kleisthenes sowie parallel die Tyrannen aus dem Haus der Peisistratiden im 6. Jahrhundert, und mündete in die führenden Köpfe des 5. und 4. Jahrhunderts, von Themistokles, Kimon und Perikles bis hin zu Demosthenes sowie den ‚Finanzexperten' Eubulos und Lykurg. Geographisch waren – das ist die dritte Konstante – Athen und Attika in jeder Hinsicht offen und daher schon früh gehalten, sich als großer Akteur zu formieren: Es gab beachtliche und wehrhafte Nachbarn (Boiotien, Euboia, Aigina, Megara, mittelbar auch Sparta), mit denen teils sogar Territorialkonflikte ausgetragen wurden (um Plataiai mit Boiotien, um Salamis mit Aigina), außerdem maritime Fernoptionen (s. o.) nach Osten (Ägäis) und Norden (Thrakien, Schwarzmeerraum), später auch nach Süden (Ägypten) und Westen (Sizilien / Unteritalien).

... und drei Leitmotive

Die folgende Übersicht soll die Darstellung von der Bürde entlasten, die recht zahlreichen Daten und Zäsuren der Transformationsgeschichte der Reihe nach mitzuteilen; Angaben zur Ereignis- und Kriegsgeschichte (s. u. Kap. 4 und 5) sind auf das Nötige beschränkt.

7. Jahrhundert	Einrichtung von Polisämtern, u. a. drei Archonten; Areopag (Adelsrat)
ca. 630 (?)	Gescheiterter Versuch des Olympiasiegers Kylon, Tyrann zu werden
ca. 620 (?)	Gesetze Drakons; sicher überliefert sind allein Regelungen für Tötungsdelikte.
ca. 600	Kämpfe mit Aigina um Salamis; soziale und inneraristokratische Konflikte

ca. 570	Solon befriedet weitgehend die sozialen Konflikte und stärkt die Grundlagen des Gemeinwesens: Entlastung verschuldeter Bauern; Maßnahmen zur Sicherung der *oíkoi* und zur Förderung der Wirtschaft; Volksgericht mit umfassendem Klagerecht für Bürger. An die Bürgerschaft richtet er starke Appelle zu Einheit und Mäßigung.
ca. 561 und ca. 546–510	Tyrannis des Peisistratos († 528/27) und seiner Söhne Hipparchos (514 ermordet) und Hippias; dieser wird mit Hilfe einer spartanischen Intervention gestürzt.
510	Aristokratische Machtkonflikte flammen wieder auf; Hauptakteure sind Isagoras und Kleisthenes.
509–506	In Abwesenheit von Kleisthenes vertreibt der *dêmos* Isagoras und dessen spartanische Unterstützer. Kleisthenische Phylen- und Demenreform; Einrichtung des Rates der 500; Sieg des neu formierten Bürgerheeres über Boioter und Euboier
490	Abwehr des persischen Angriffs bei Marathon
480er-Jahre	Neuaustarierungen aristokratischer Führung: Der *ostrakismós* (Scherbengericht) kanalisiert den Wettbewerb und ermöglicht dem *dêmos* Kontrolle. Die Archonten werden aus einem Pool ausgelost und verlieren an Bedeutung, dafür treten die 10 jährlich gewählten Strategen als Befehlshaber der Streitkräfte in den Vordergrund. – Bau einer Kriegsflotte aus Triëren, zum Teil finanziert durch Silbervorkommen im Laureion (Südattika)
480/79	Athen wird im Zuge der persischen Invasion zweimal evakuiert und teilweise zerstört; durch die griechischen Siege bei Salamis und Plataiai müssen sich Flotte und Armee des Großkönigs jedoch zurückziehen.
ab 478/77	Gründung des Attischen Seebundes; erneute Befestigung Athens durch Mauern; erste offensive Operationen des Seebundes unter Athens Führung (Kimon). Die Demokratie wird durch hohe Entscheidungsfrequenz, Opferbereitschaft der Bürger und große äußere Erfolge zur selbstverständlichen Form des Politischen.
462/61	Nach kurzem, unklarem Konflikt festigt die Volksversammlung ihre Stellung als Mitte der athenischen Politik, u. a. durch die Kontrolle der Amtsträger. Zugleich setzt sich endgültig eine klar antispartanische Politik durch.
ab ca. 460	Athen und der Hafen Piräus werden durch die „Langen Mauern“ zu einem großen Festungskomplex. Zugleich weiterer Ausbau der Demokratie, u. a. durch Zahlung einer Aufwandsentschädigung an die Richter im Volksgericht
457–449	Hochphase athenischer Expansionspolitik in Mittelgriechenland und zur See

ab 445	Nach dem Scheitern der Ägyptenexpedition (454), einer status quo-Vereinbarung mit dem Perserreich (449/48?), dem Ende der Hegemonie in Mittelgriechenland (447/46) und dem 30-jährigen Frieden mit Sparta (446/45) beginnt eine Phase der Konsolidierung. – Organisatorische Neuformierung und Straffung des Seebundes; Beginn des monumentalen Ausbaus der Akropolis
431–404	Der Peloponnesische Krieg endet mit der Niederlage Athens gegen Sparta.
411/10	Kurzzeitige Umgestaltung der Verfassung in eine (gemäßigte) Oligarchie
404/03	Diktatur der „Dreißig“ mit spartanischer Unterstützung; Spaltung der Polis und Bürgerkrieg; unter spartanischer Vermittlung Teilung in einen demokratischen (Athen) und einen oligarchischen (Eleusis) Staat
401/400	Wiedervereinigung unter demokratischen Vorzeichen; Revision der Gesetze und politischen Verfahren (Trennung von Gesetzgebung und einfachen Beschlüssen; ‚Normenkontrollklage‘). Wenig später wird eine Aufwandsentschädigung auch für den Besuch der Volksversammlung eingeführt.
ab 395	Athen knüpft modifizierend an die Hegemonialpolitik vor 404 an.
378–355	Als Reaktion auf den „Königsfrieden“ (387/86) und die spartanische Machtpolitik gründet Athen einen neuen Seebund, der trotz zweitweise großer Erfolge nach einem Abfall wichtiger Mitglieder („Bundesgenossenkrieg“) wieder erlischt.
354–339	Unter Führung des Eubulos betreibt Athen eine realistische Machtpolitik und konsolidiert die Finanzen.
340–338	Die von Demosthenes inspirierte Politik gegen die Expansion Makedoniens scheitert 338 in der Schlacht von Chaironeia.
336–324	Unter Leitung des Lykurg steuert Athen erneut einen vorsichtigeren Kurs und konsolidiert ein weiteres Mal die Finanzen; Monumentalisierung der Demokratie, der Literatur (Kanonbildung) und der geschichtlichen Tradition
322	Der nach dem Tod Alexanders des Großen (323) unternommene Versuch, die makedonische Herrschaft abzuschütteln, scheitert durch die Niederlage im Lamischen Krieg. Unter makedonischem Druck wird die Demokratie abgeschafft.

Athen in Attika: Einheit und Lokalität

Wie der Mythos der Einigung Attikas, die Theseus in grauer Frühzeit von Athen aus durch einen Synoikismos bewerkstelligt habe, deutlich zeigt, galt die Einheit Attikas mit dem verdichteten Zentrum Athen keineswegs als naturwüchsig, vielmehr als eine politische Leistung. Zugleich kodierte diese Erzählung die Einheit als ererbte, für unaufgebbar angesehene Errungenschaft. In der Tat lagen alte Ortschaften Attikas wie Sounion im Süden, Rhamnous im Osten und Oropos im Norden 40 Kilometer oder noch weiter von Athen entfernt; dorthin zu gelangen, um Geschäften nachzugehen oder an der Volksversammlung teilzunehmen, bedeutete eine regelrechte Reise. In den *Dark Ages* und der früharchaischen Zeit stellte sich die Frage nach der Zugehörigkeit einer Siedlung in Attika zu einem Gesamtverband gewiss noch nicht. Doch fällt auf, dass auch in größeren, bevölkerungsreichen Orten, selbst wenn sie in einer eigenen Landschaftskammer lagen und namhafte regionale Heiligtümer beherbergten, an die eine Traditionsbildung hätte anknüpfen können, offenbar keine so ausgeprägten lokalen Identitäten entstanden, das sie später einer ‚Einigung' entgegengestanden hätten (vielleicht mit Ausnahme von Eleusis) – anders als etwa in Boiotien (s. o. 3.6). Lag das daran, dass Attika in mykenischer Zeit vielleicht nur ein bedeutendes Zentrum, eben Athen, hervorgebracht hatte? Als dann die örtlichen *basileís* im Laufe des 7. Jahrhunderts großenteils nach Athen zogen, um dort als Aristokraten Aufmerksamkeit zu gewinnen, Wettbewerb zu pflegen und um die Führung zu wetteifern, war ein erster Schritt getan, die Regionen ans Zentrum zu binden. Manche Hinweise deuten zwar darauf, dass einzelne prominente Herren durch Grundbesitz und Anhängerschaften einen gewissen regional definierbaren Rückhalt fanden; zu einer Fragmentierung Attikas reichte das jedoch nicht hin, zumal die Unterstützer in einer *stásis* keine feste Gruppe oder gar ‚Partei' bildeten und es generell keine bäuerlichen Klientelen gab. Vielmehr gelang es dem Tyrannen Peisistratos und seinen Söhnen, das Zentrum Athen durch Bauten und Infrastruktur – etwa eine Wasserversorgung – sowie eine ‚Religionspolitik' aufzuwerten und attraktiver zu machen. Zudem schickten sie Demenrichter in die Gemeinden, um Rechtsstreitigkeiten zu schlichten ([Aristot.] Ath. Pol. 16,5), und verdeutlichten so den wohl ganz überwiegend lokalistisch gestimmten Bewohnern des attischen Landes, dass aus Athen Sinnvolles kommen konnte.

Der entscheidende Durchbruch zur politischen wie alltagsweltlichen Integration Attikas mit der Stadt Athen als politischem Zentrum gelang jedoch erst Ende des 6. Jahrhunderts mit der Neu-

Demen … ordnung des Kleisthenes. Dieser gliederte zunächst ganz Attika sowie die Stadt mit der markanten Akropolis in mindestens 100 Demen, wobei jeder *dêmos* eine bereits vorhandene Siedlungsgemeinschaft (Stadtviertel, Dorf, Siedlungskammer) umfasste. (Die Forschung hat 139 Demen identifiziert.) Die neu definierten Demen stellten fortan mit ihrer Binnenorganisation so etwas wie Poleis im Kleinen dar: Sie bestimmten Vorsteher, fassten in Versammlungen Beschlüsse und hatten eine Kasse; v. a. jedoch wurden hier die Bürgerlisten geführt, und jeder Athener trug neben seinem Namen und dem seines Vaters noch das Demotikon. Der bekannte Stratege des 5. Jahrhunderts hieß also vollständig Perikles, Sohn des Xanthippos aus dem Demos Cholargos. Die Demen stellten wegen ihrer in der Regel überschaubaren Größe echte *face to face*-Gemeinschaften dar; das dürfte Vertrauen und Solidarität in der Regel gefördert haben. Was den genialen Kniff der Reform ausmachte: Jeder *dêmos* wurde nach seiner Lage entweder der Stadt Athen, dem Binnenland oder der Küste zugeordnet. Im nächsten Schritt fügte Kleisthenes Demen aus jeder dieser drei Ortslagen gleichgewichtig zu jeweils einer der insgesamt zehn neuen Phylen zusammen. Auf diese Weise erfuhren Bürger, die im Alltag bis dahin wenig miteinander zu tun hatten, fortan als Angehörige derselben Phyle gemeinsam eine neue Qualität von Zugehörigkeit und Gemeinschaft: Sie leisteten in phylenweise formierten Regimentern Militärdienst (das unter den Tyrannen weitgehend inaktive Bürgeraufgebot zu mobilisieren stellte ein Hauptziel der Reform dar!), sie feierten miteinander Feste und verehrten einen (fiktiven) Gründer, den sogenannten Phylenheros.

… und Phylen

Die Integration manifestierte sich politisch v. a. im neu geschaffenen Rat (*boulê*) mit seinen 500 für ein Jahr ausgelosten Mitgliedern. Eine Phyle stellte 50 Ratsherren, wobei darauf geachtet wurde, jeden zur Phyle gehörenden *dêmos* zu berücksichtigen und zugleich die sehr unterschiedlichen Bürgerzahlen in den Demen abzubilden. Daher stellte der kopfstärkste *dêmos* (Acharnai) 22 Ratsmitglieder, während die kleinsten Demen nur einen Bouleuten entsandten oder sich diesen gar mit einem weiteren *dêmos* teilen mussten. Da im Rat alle für die Bürgerschaft relevanten Informationen zusammenliefen und überdies die Volksversammlungen vorbereitet wurden, konnte sich jeder Athener, wo auch immer er wohnte und wie viel Zeit er persönlich für die Politik der Polis aufbringen konnte, über ‚seine(n)' Bouleuten vertreten und informiert sehen.

Rat der 500

Danach war der Zusammenhalt Athens und Attikas offenbar kein großes Thema mehr. Zwar scheint es im Peloponnesischen Krieg vereinzelt Unmut gegeben zu haben, dass die im Schutz der ‚Langen Mauern' lebenden Athener vor den spartanischen Invasionen sicher waren, während die Menschen auf dem Land entweder evakuiert wurden, also ihre Heimat aufgeben mussten (vgl. Thuk. 2,16,2), oder in Lebensgefahr schwebten. Doch die Polis unternahm Anstrengungen, auch das Territorium durch Festungsanlagen und Militär abzuschirmen, so gut es ging. Allenfalls finden sich in der zeitgenössischen Komödie Hinweise dafür, dass die ‚modernen' Städter die Landbewohner als in Lebensstil und Weltsicht verschieden wahrnahmen (und umgekehrt). Als das nach Athens Niederlage 404 mit Hilfe des spartanischen Siegers Lysander installierte Regime der ‚Dreißig' zunehmend in die Defensive geriet, bauten diese und ihre Anhänger Eleusis als Rückzugsort aus und errichteten dort nach dem Ende des Bürgerkriegs (403) für kurze Zeit einen vom wieder demokratischen Athen getrennten oligarchischen Sonderstaat (s. u.). Doch die Wahl des Ortes erklärt sich nicht aus einem eleusinischen Sonderbewusstsein oder gar einem alten, latenten Separatismus; vielmehr war die Stadt als Garnison stark befestigt und grenzte an die Peloponnes, von wo die Spartaner Söldner zur Unterstützung ihrer zeitweiligen Verbündeten schickten. Eine Krise der Union Athens und Attikas bedeutete die Episode, so traumatisch sie auch für die Zeitgenossen gewesen sein mochte, wohl nicht.

Sonderstaat in Eleusis: eine Episode

Formierungen und Konflikte

Viele der späteren Auseinandersetzungen und politischen Strukturen hatten ihre Wurzeln in früheren Verhältnissen. Im 7. und 6. Jahrhundert spielten sich in Athen Formierungsprozesse und Konflikte ab, wie es sie auch anderswo gab. Wie dort verbinden sie sich vielfach mit einzelnen Personen, an welche die durch Herodot fixierte mündliche Überlieferung erinnerte. Aus dieser Galerie sticht Solon (*Sólôn*) heraus, von dem zusätzlich markante politische Dichtungen überliefert sind. Den Übergang von vorstaatlichen, durch *basileís* geprägten Verhältnissen zu gesamtgemeindlichen Institutionen markiert die Berufung von einem, dann bald drei jährlichen „Leitern" (Archonten). Die mit dem Jahr 684/83 beginnende Liste des eponymen (= dem Jahr seinen Namen gebenden) Archon – die Amtszeit dauerte von Sommer bis Sommer – ist für die ältere Zeit fiktiv. Die ehemaligen Amtsträger, zu denen sich noch sechs Thesmotheten gesellten, bildeten einen nach seinem Versammlungsort am Abhang der Akropolis benannten Rat (Areopag). Für die Zeit um 600 deuten die Nachrichten auf wachsende innerathenische Konflikte. So soll der Olympiasieger Kylon versucht haben, eine Tyrannis zu errichten; er kam jedoch mit seinen Anhängern ums Leben. Nach Gewaltakten drohten Racheeskalationen und die Infektion der gesamten Polis. Dies suchte Drakon durch „Satzungen" einzudämmen, in denen u. a. zwischen vorsätzlicher und unvorsätzlicher Tötung unterschieden sowie die Reaktion der Geschädigten an ein geregeltes Verfahren vor Institutionen der Polis gebunden wurde. Drakon scheint insofern Erfolg gehabt zu haben, als in den Staseis der Folgezeit offenbar nur selten tödliche Gewalt eskalierte (s. u. S. 137 zu Isagoras) – der nächste politische Mord in Athen, von dem wir hören, ereignete sich erst 462/61, als Ephialtes ums Leben kam.

Solon

Hingegen verschärften sich offenbar die sozialen Spannungen, als viele Aristokraten, die im Statuswettbewerb zu bestehen suchten, größeren Druck auf die breite Masse der Bauern auszuüben begannen. Das verschärfte deren durch Erbteilungen und saisonale Ausfälle ohnehin prekäre Lage zusätzlich. Die genauen Mechanismen und das Ausmaß der Krise sind nicht klar; allerdings verwies Solon in seinen Gedichten darauf, dass Athener bereits das Land verlassen hätten oder in die Sklaverei verkauft worden seien (s. Fragment 36 West). Solon war nicht nur ein Patriot, wie sein Aufruf zum Kampf um Salamis zeigt (Fragmente 1–3 West), sondern er dachte die Polis als ein Ganzes, in dem es kein Glück im Winkel gab (Fragment 4 West). Seine Kritik richtete er besonders gegen die Gier und den Egoismus der Aristokraten. Diese wiederum scheinen eine schwere *stásis* oder gar eine Tyrannis befürchtet zu haben; jedenfalls wurde Solon zum Schiedsrichter und „Versöhner" mit umfassender Vollmacht bestellt. Er schaffte, so die Überlieferung, die Schuldversklavung sowie das Borgen gegen Verpfändung der eigenen Person ab und bestimmte somit die persönliche Freiheit zur Grundlage des Bürgerseins in Athen. Zur Befriedung war gewiss auch so etwas wie ein akuter ‚Schuldenschnitt' erforderlich. Klientele Abhängigkeiten stellten hinfort keine Option mehr dar. Doch um dauerhaft eine gute Ordnung (*eunomía*) zu etablieren, mussten die gesamtgemeindlichen Regelungen unübersehbar präsent sein. Solon machte die gültigen, teils auch im Detail weiterentwickelten und präzisierten Normen des Zusammenlebens bewusst, indem er sie als Gesetze schriftlich

Gesetzgebung

aufzeichnete und öffentlich bekanntmachte. Dieses – nur fragmentarisch und sekundär überlieferte – Konvolut stellte weder eine ‚Verfassung' noch einen systematischen Rechtskodex dar; versammelt waren, modern gesprochen, Regelungen aus dem Privat- und Strafrecht ebenso wie zu wirtschaftlichen und religiösen Fragen. Generell ging es nicht zuletzt darum, die Oíkoi und die wirtschaftliche Basis des Lebens der Bürger sowie deren Engagement zu stärken; in diesem Sinne erhielten alle Bürger ein Klagerecht, auch wenn ihnen selbst kein Unrecht geschehen war (sog. Popularklage). Die formale Einteilung der Bürger in Vermögensklassen, nach denen sich der militärische Beitrag bemaß (o. 2.3.1), sollte wohl die Bürger ‚sichtbarer' machen sowie die Ordnung als rational und gerecht erweisen. Aus zeitgenössischer Sicht stabilisierte Solon die Verhältnisse, von der späteren Entwicklung her gesehen erscheinen seine Worte und Maßnahmen als Elemente eines geschlossenen Gesamtbilds von Athen. Dabei war die neue Bürgerethik keine abstrakte Kopfgeburt; vielmehr verband er sie mit der traditionellen Religion der Polis: Die Stadtgöttin Athena sollte den Bürgern als die ideelle Mutter aller Athener ins Bewusstsein treten. Im kontinuierlichen Ausbau des Athena-Kultes mit dem Höhepunkt der Monumentalisierung der Akropolis ab Mitte des 5. Jahrhunderts liegt somit eine wesentliche, bei Solon beginnende Kontinuitätslinie der athenischen Geschichte. Was diesem vorschwebte, konnte sich freilich erst auf lange Sicht verwirklichen, denn „der zu politischem Bewußtsein gelangende Bürgerverband war ein Zukunftsbild, das von ihm entworfen war, aber keine Ordnung, nach der die bisher unmündigen Schichten zu leben vermochten" [1.2.1: A. Heuss, Hellas, 177].

Die Tyrannis der Peisistratiden

Während Solon selbst ausdrücklich kein *týrannos* sein wollte (Fragmente 32 und 33 West), gingen die inneraristokratischen Konflikte nach seinem Abtreten weiter. Am Ende setzte sich Peisistratos durch. Er scheint bei den Athenern nicht zuletzt durch seine Leistungen im Krieg gegen Megara populär gewesen zu sein und ließ aristokratischen Rivalen Luft zum Atmen. Zudem verschafften er und seine Söhne der Stadt als Zentrum mehr Gewicht; in diesem Sinne entstand eine Wasserleitung, wurde die Agora mit ersten Bauten ausgestattet, erhielt die Akropolis mit dem (480 zerstörten) Alten Athenatempel ein Wahrzeichen und wurde die Stadtgöttin durch das (neu begründete oder reformierte) Fest der Großen Panathenäen nachhaltig im Bewusstsein der Athener verankert. Gewiss war all dies Teil tyrannischer Repräsentation und ‚Sozialpolitik', doch zugleich gewann der von Solon weitgehend nur entworfene Bürgerstaat auf diese Weise sinnfällig Kontur. Die ersten athenischen Münzen wurden unter der Ägide der Peisistratiden geprägt. Darauf bedacht, ihre Machtstellung zu sichern und sich mit dem Prestigestreben anderer Aristokraten zu arrangieren, betrieben die Tyrannen ferner erstmals eine dynamische maritime Politik, in der sich auch die Bedürfnisse der Gemeinde als ganzer artikulierten. Ob es um den Besitz der Insel Salamis ging, die nunmehr endgültig dem Rivalen Megara entrissen wurde und im athenischen Bürgerverband einen Sonderstatus erhielt, um die Gründung von Sigeion an der Küste der Troas, wo ein Sohn des Peisistratos als Tyrann regierte, oder darum, eine athenische Einflusssphäre am Hellespont, an der thrakischen Küste und auf verschiedenen Inseln der nördlichen und zentralen Ägäis (Kykladen) abzustecken: Stets wirkte das von den Tyrannen Erreichte weit über 510 hinaus fort und lässt in der Rückschau bereits die spätere Machtpolitik unter demokratischen Vorzeichen erkennen (u. Kap. 4).

Kein *rollback*: die Revolution von 508

Die Tyrannis der Peisistratiden hatte den Athenern für länger als eine Generation demonstriert, dass Polisinstitutionen kontinuierlich und effizient arbeiten konnten und dass es möglich war, rivalisierende Aristokraten in das Gemeinwohl einzubinden, indem sie entweder reguläre Ämter bekleideten oder wie der Ältere Miltiades an fernen Küsten athenische Macht-, Versorgungs- und Wirtschaftsinteressen wahrnahmen (s. u. 4.2). Als nach der Vertreibung des Peisistratossohns Hippias (510) einige Aristokraten, allen voran ein gewisser Isagoras, das alte egoistische Machtspiel mit einer kleinen Stasisgruppe sowie auswärtiger (in diesem Fall spartanischer) Hilfe wiederaufnehmen wollten, gebot ihnen die Bürgerschaft in einem Akt revolutionärer Selbstermächtigung Einhalt: Die Spartaner und Isagoras mussten Athen verlassen, dessen Anhänger wurden getötet. Bereits beim Putsch Kylons mehr als hundert Jahre zuvor waren Athener vom Land zusammengekommen, um dem Spuk ein Ende zu bereiten, überließen die Sache dann aber den Behörden. 508 gab es weder zugängliche Behörden noch einen Anführer, denn Archon war Isagoras, und sein Rivale Kleisthenes befand sich nicht in Athen; auch vom Aufgebot der Bürgerhopliten ist nirgendwo die Rede. So führten die Athener unter Führung ihrer *boulê* das Angefangene konsequent zu Ende.

Der Bürgerstaat unter aristokratischer Führung

Kleisthenes – der als Person ganz schattenhaft bleibt – modernisierte durch die oben dargestellte Demen- und Phylenreform die politische Ordnung (wohl unter dem Schlagwort Isonomie) und entfesselte damit die Kräfte der Bürgerschaft nach außen (s. u. 4.2). Seine Ordnung schuf, so formulierte es K. Raaflaub, „die Voraussetzungen dafür, dass die Bürger in ihre politische Verantwortung hineinwuchsen, dass ein neuer und hochwertiger Bürgerbegriff entstand und dass die Athener in gegenseitiger Vertrautheit und Solidarität auch nach außen geschlossen auftreten und damit letztlich zur politisch und kulturell führenden Macht Griechenlands werden konnten“ [3.7: Kleisthenes, 52].

In den nächsten Jahrzehnten vertrauten sich die Athener zwar weiterhin der Führung tatkräftiger und sachkundiger Aristokraten an, doch diese konnten nicht länger Politik in eigener Sache machen, sondern hatten sich an den Interessen der Bürgerschaft zu orientieren, einen Gesamtwillen zu formulieren und dafür Zustimmung zu gewinnen. Gestalten wie Miltiades (der Jüngere) und Themistokles, dann Aristeides und Kimon, schließlich Perikles taten das in durchaus unterschiedlicher Weise, je nach Herkunft, Möglichkeiten und Temperament, doch die Generallinie blieb stets die gleiche: Es galt, die bürgerstaatliche Ordnung zu festigen und auszubauen, den Wohlstand durch wirtschaftliche Vernetzung zu mehren sowie nach außen alle sich bietenden Chancen zu ergreifen (u. 4.2–4). „Wer etwas anderes vorhatte, als wohin die Bürgerschaft gerade tendierte“, so pointiert Chr. Meier [3.7: Athen, 335], „ist auf längere Sicht regelmäßig gescheitert.“ Markanter Ausdruck dieser Konstellation war der angeblich von Kleisthenes eingeführte, erstmals 488/87 vollzogene Ostrakismos. Dabei entschied die Volksversammlung jedes Jahr zu einem festen Zeitpunkt, ob zwei Monate später ein solches „Scherbengericht“ stattfinden sollte. War das der Fall, schrieb jeder Stimmberechtigte den Namen des Mannes auf eine Tonscherbe, den er verbannt wissen wollte. Wurden mindestens 6 000 Stimmen insgesamt abgegeben, musste der Kandidat mit der höchsten Stimmenzahl für zehn Jahre die Stadt verlassen, durfte aber sein Vermögen behalten. Wir wissen von dreizehn Ostrakisierten, unter ihnen Xanthippos, der Vater des Perikles (484), Aristeides (482), Themistokles (ca. 470) und Kimon (461). Durch den *ostrakismós* wurden Konflikte zwischen den führenden Männern durch die Bürgerschaft entschieden. Bemerkungen auf eini-

Ostrakismos

gen der gefundenen *óstraka* deuten darauf hin, dass auch Privatleben und öffentlicher Habitus der stolzen Herren eine Rolle spielten. Wie das Ausscheiden des zuvor hochanerkannten Marathon-Siegers Miltiades (Geldstrafe wegen Betrugs am Volk, † wohl 489) sowie die Ostrakisierung seines Sohnes Kimon (461) zeigen, reagierte der Demos empfindlich, wenn einer seiner Ratgeber und Anführer erfolglos war oder – noch schlimmer – die Athener getäuscht zu haben schien. Selbst für Perikles, den „ersten Mann" der Demokratie (Thuk. 2,65,9), galt dieser ‚Deal' noch: Er vermochte die Athener immer wieder – angeblich fünfzehnmal hintereinander – davon zu überzeugen, ihn zu einem der zehn Strategen zu wählen, er führte die Stadt in den Peloponnesischen Krieg und er hielt im Winter 431/430 die Staatsrede auf die Gefallenen des ersten Kriegsjahres (vgl. Thuk. 2,34–46, der „Epitaphios", eine stark stilisierte Nachschöpfung des Geschichtsschreibers). Doch im Herbst 430 wurde Perikles wegen des enttäuschenden Kriegsverlaufs des Amtes enthoben und zu einer hohen Geldstrafe verurteilt (Thuk. 2,65,3); trotz einer Wiederwahl zum Strategen erlangte er keinen bestimmenden Einfluss mehr und starb 429 an der in Athen grassierenden Seuche. Während des Krieges steigerte sich das Misstrauen der Bürger gegenüber ihren Feldherren und fand seinen Höhepunkt in den Verurteilungen nach der Arginusenschlacht (406) – nach dem Sieg war es nicht möglich gewesen, die Schiffbrüchigen und Gefallenen zu bergen. Nicht zufällig gehörte die dauernde Kontrolle aller Funktionsträger, längst nicht nur der Aristokraten, zu den Kernelementen der Demokratie: die Eignungsprüfung vor Amtsantritt (*dokimasía*), die Option, während der Amtszeit wegen Amtsvergehen angeklagt zu werden (*eisangelía*), schließlich die Pflicht, rückblickend über die Amtsführung Rechenschaft abzulegen (*euthýnai*). Dies geschah nicht nur, weil man individuell misstrauisch war (das freilich auch), sondern weil das Amt als mögliche Verführung galt.

Prekäres Vertrauen

… auch in Perikles

Kontrolle

Durch die Gründung des Seebundes (478/77, u. Kap. 4.4) und dessen weit ausgreifende Unternehmungen wuchsen die Athener zügig in Routinen hinein, in hoher Frequenz vielfältige und wichtige Entscheidungen zu treffen, die Amtsträger zu instruieren und zu kontrollieren, ein Auge auf die ein- und ausgehenden Gelder sowie die öffentlichen Vermögenswerte zu haben. Nicht eine vorgängige Idee – Freiheit, Gleichheit oder Herrschaft der Mehrheit – stand Pate, sondern eine aus der beschleunigten Dynamik nach

Demokratie, erwachsen aus der Praxis

dem großen Perserkrieg erwachsene, neue Dimension kollektiven Handelns und kollektiver Verantwortung – wie sie indes von Solon vorgedacht und durch die kleisthenische Neuordnung institutionell ermöglicht worden waren. Auch die ärmeren Bürger (Theten) wirkten in großer Zahl mit und trugen Verantwortung für das Ganze. Was allen Griechen an den Athenern besonders auffiel, war deren politische Aktivität, die Ausdruck und Konsequenz der neuen Staatsform war. Die Vielgeschäftigkeit (*polypragmosýne*) eignete in diesem Ausmaß nur ihnen; Außenstehenden konnte es angesichts der Dynamik des öffentlichen Lebens sogar unheimlich werden. Die Handlungsdichte machte es denkbar und legte nahe, die an sich aristokratische Idee der (prinzipiellen) Gleichheit auf die gesamte Bürgerschaft zu übertragen. Aus dem Kreis der vielleicht 50 000 Bürger Mitte des 5. Jahrhunderts, von denen zudem jedes Jahr nicht wenige über längere Zeit bei der Flotte waren, wurden jeweils etwa 1 000 Ratsherren und Amtsträger gebraucht, weitere 6 000 Bürger versahen das Geschäft des Richtens, das je nach Gegenstand vor Gerichtshöfen vor 201, 501 oder mehr Geschworenen stattfand. Dazu kamen vierzig gesetzlich festgelegte Volksversammlungen im Jahr, nicht zu reden von den außerordentlichen, die sich mit aktuellen Themen beschäftigten; außerdem wirkten die Bürger an Festen, Prozessionen und bei Theateraufführungen mit. Die politischen und administrativen Tätigkeiten waren zudem so auf die Athener verteilt, dass der Idee nach alle alles machten und in der Praxis im Laufe ihres Lebens viele verschiedene Aufgaben versahen.

Breite Teilnahme

Bedenkt man ferner, dass fast alle Athener für ihren Unterhalt arbeiten mussten, wird die politische Geschäftigkeit noch bemerkenswerter: Jeder, so darf man ohne viel Übertreibung sagen, eilte täglich zu irgendeinem Ort, um dort zu befehlen, zu beraten, sich zu informieren, zu richten oder zu entscheiden. Damit aber jeder, selbst der Ärmste, teilnehmen konnte, gab es Diäten („Lebensunterhalt“), die den Verdienstausfall wenigstens knapp kompensierten, zunächst für die Ämter sowie die Mitwirkung im Rat und in den Gerichten, im 4. Jahrhundert dann auch für den Besuch der Volksversammlung. Ein Bürger konnte nicht nur politisch tätig sein, er sollte es auch, doch gab es selbstverständlich ‚stille‘ Athener: Wer in der Versammlung sprechen wolle, tue sich hervor, der andere, so lässt Euripides in den „Hiketiden“ (437 ff.) seinen zum Demokraten stilisierten Theseus sagen, schweige – in welcher

Stadt gebe es gleicheres Recht? Unabhängig von individueller Mitwirkung fiel jedoch jedem, der sich in Athen bewegte, die Intensität des Öffentlichen und Politischen an vielen Stellen auf, etwa im ‚Stadtgespräch' beim Barbier, in den zahlreichen auf Marmorstelen öffentlich dokumentierten Volksbeschlüssen oder bei spektakulären Inszenierungen, wenn etwa die Tribute der Verbündeten jedes Jahr im Theater an den Dionysien zusammengetragen und ausgestellt wurden.

Intensität des Politischen

Alle Entscheidungen wurden in der Volksversammlung (*ekklêsía*) gefasst; dort durfte jeder Bürger reden, Anträge stellen und abstimmen. In der Regel fanden sich mehrere Tausend Athener zusammen, aber auch wer nicht teilnahm, konnte sich durch Ratsmitglieder seines Dêmos informieren. Der Versammlung stand es frei zu beschließen, was sie wollte; dabei ging es meist um Routineangelegenheiten, bisweilen aber auch um lebenswichtige Dinge wie Kriegsunternehmungen. Der Rat (*boûlê*) bereitete die Volksversammlung vor, indem er Beschlussanträge vorberiet und vorformulierte (*proboûleuma*); jeder Bürger durfte nur zweimal in seinem Leben in den Rat gelost werden. Beschlussvorlagen konnten auf Antrag in der Versammlung abgeändert oder ergänzt werden. Für jeweils den zehnten Teil eines im Sommer beginnenden Amtsjahres führte eine Phyle als Ausschuss die laufenden Geschäfte (Prytanie); die Prytanen saßen in einem Amtsgebäude an der Agora und empfingen z. B. auswärtige Gesandtschaften; hier flossen alle Informationen über auswärtige Angelegenheiten zusammen und wurden in den Willensbildungsprozess eingespeist. Der Leiter der Volksversammlung wurde ebenfalls aus den Prytanen ausgelost. In der Regel verliefen Volksversammlungen diszipliniert und zügig. Der Rat sowie die ebenfalls durch Los besetzten Gerichte (s. o.) können als Ausschüsse des gesamten Volkes betrachtet werden. Ausführende Organe des Volkswillens waren die Amtsträger (*archaí*). Sie wurden grundsätzlich nur für ein Jahr bestimmt, meist durch das Los; nur die Feldherren (*strategoí*), bei denen individuelle Kompetenz und Vertrauen wichtig waren, sowie einige mit ihrem Vermögen haftende Kassenverwalter kamen durch Wahlen in ihre Funktionen.

„Rat und Volk haben beschlossen"

Die Grundprinzipien (vgl. Kap. 2.5.2) treten klar hervor: Die Athener hatten eine direkte Demokratie, in der die Bürger unmittelbar und in eigener Person alle politischen Entscheidungen trafen und auch alle öffentlichen Aufgaben wahrnahmen. Es gab

Grundprinzipien

dort, wie Ed. Meyer (abschätzig, aber korrekt) bemerkte [1.2.1: Geschichte des Altertums IV 1, 545], „keine Regierung, kein Ministerium, keine Autorität als die Volksversammlung. Jeder Athener hat das Recht, ihr seine Ansicht vorzutragen und zu versuchen, ob seine Ratschläge Gehör finden; aus den Vorschlägen wählt das Volk kraft der ihm innewohnenden Weisheit aus, was ihm am zweckdienlichsten erscheint." Im Vordergrund stand der Gedanke der Gleichheit. Sie wurde u. a. durch die Losung zu vielen Funktionen erstrebt: Abhängigkeiten im vorpolitischen Raum, Absprachen und Bestechung sollten die Zusammensetzung der Gremien sowie jede Entscheidung nicht beeinflussen. Der Schwächung der Exekutive diente auch die „Vermassung der Funktionen" [3.7: Bleicken, Athenische Demokratie, 308]; wer als einzelner nicht ‚funktionierte' (durch Unfähigkeit oder Korruption), konnte unter so vielen Kollegen und im Gestrüpp wechselseitiger Kontrollen keinen großen Schaden anrichten.

Unentbehrliche Demagogen

Während die Amtsträger also großteils eine eher nachgeordnete Rolle spielten, galt für die sogenannten Demagogen das Gegenteil. Das Wort wird heute meist mit negativ besetzten Schlagwörtern wie Populist oder Hassredner identifiziert, doch ohne die Redner und Antragsteller, die kein Amt innehatten und keiner formalen Rechenschaftspflicht unterlagen, hätte die Demokratie nicht funktionieren können: Sie ‚brachten die Dinge auf den Punkt' und diffus-komplexe Sachverhalte in eine solche Form, dass sie diskutiert und durch Abstimmung entschieden werden konnten. Moses Finley hat gegen antike und moderne Abqualifizierungen herausgestellt, dass die Leistungen der Demokratie in der Innen- wie der Außenpolitik, aber auch das insgesamt moderate Klima der politischen Auseinandersetzungen nicht zuletzt ihrem Wirken zuzuschreiben waren [3.7: Athenian Demagogues].

Sonderstellung – Erbe – Kosten

Die athenische Form der Entscheidung und Machtausübung durch das ganze Volk war etwas Besonderes, unter den Bedingungen einer vormodernen Gesellschaft die ganz unwahrscheinliche Ausnahme gegenüber dem ‚Normalfall' eines göttlich legitimierten Herrschers oder der Regierung durch eine kleine Gruppe. Die Athener konnten freilich nur politisches Subjekt werden, wenn sie das Problem der Willensbildung sinnvoll und erfolgversprechend lösten. Hier lag der Sinn der Öffentlichkeit des Politischen: Die überzeugende Rede im Rat und in der Versammlung bildete den Kern eines konkreten, erlebbaren Geschehens, in dem sich ein politischer Gesamtwille herauskristallisierte und idealerweise jeder Beteiligte seine individuellen Interessen hinter sich ließ, um nur dem Gemeinwohl zu folgen. Ihr Pathos drückte die Demokratie nicht in theoretischen Schriften aus, sondern in den Tausenden Volksbeschlüssen, die immer mit dem Satz „Rat und Volk haben beschlossen" begannen und dann penibel alle beteiligten Funktionäre sowie den Antragsteller auflisteten – zahlreiche dieser *psêphísmata* haben sich in Stein gemeißelt erhalten. J. Bleicken hat treffend von einer „Verselbständigung eines öffentlichen Bereichs" gesprochen [3.7: Athenische Demokratie, 358], die zunehmend auch das Stadtbild prägte: Es „vergewisserte sich die Demokratie durch ihre Großbauten, sei es nun in der Zeit des Perikles, sei es in der des Lykurgos, ihrer selbst, sowohl ihres Ansehens unter den Griechen als auch ihrer politischen Ordnung" [360]. Der Parthenon auf der Akropolis, das Dionysos-Theater, das lykurgische Stadion oder die ausgedehnten Hafen- und Werftanlagen im Piräus, in und an denen unentwegt gearbeitet wurde, „enthalten auch nicht mehr die geringste Spur eines privaten Willens" [ebd.].

Öffentlichkeit und wohlgeordnete Rede als Maßgaben politischer Herrschaft blieben auch über das Ende der Athenischen Demokratie hinaus die ganze Antike hindurch zumindest der Idee nach in Geltung. Doch in einer Hinsicht stand Athen einzig da: In einem auch später kaum mehr erreichten Ausmaß gingen fast alle Athener in ihrem Bürger-Sein auf und brachten sich mit ihren Erfahrungen, ihrem Wissen und ihrer lebensklugen Urteilsfähigkeit ein. Diese Identität überstrahlte alle anderen Zugehörigkeiten, auch das Familienleben, weswegen der Umgang eines athenischen Mannes mit seiner Ehefrau aus heutiger Sicht distanziert und zweckhaft wirkt.

Athen unter Stress

Der Peloponnesische Krieg (u. Kap. 4.6) und seine Nachwehen setzten Athen unter starken Stress. Nicht zufällig fallen alle spektakulären Ereignisse, Beschlüsse und Machinationen, die bereits zeitgenössisch und dann im Rückblick gegen die demokratische Ordnung in Stellung gebracht wurden, in diese Zeit: das mit knapper Not abgewendete Blutgericht über den abtrünnigen Verbündeten Mytilene (427), Aufstieg und Fall des schillernden Alkibiades, die brutale Machtexekution gegen die neutrale Insel Melos (416), der gescheiterte Sizilienfeldzug (415–413), das Todesurteil gegen die Feldherren nach der Arginusenschlacht (406) und die Hinrichtung des Philosophen Sokrates (399). Jedoch stellen sich die Dinge bei näherem Hinsehen in jedem Fall komplexer dar. Unbestreitbar wandelte sich die innere Gegnerschaft: Lange Zeit waren einzelne Aristokraten mit der jeweiligen (Außen-)Politik Athens nicht einverstanden und hegten vielleicht auch eine generelle Reserve gegenüber der Herrschaft des Volkes. Seit 431 fand jedoch offenbar eine Radikalisierung statt. Es bildeten sich private Zirkel von Männern, die nunmehr einen Systemwechsel hin zu einer Oligarchie betrieben. Wie ein einschlägiges, wohl in den 420er-Jahren verfasstes Pamphlet, die anonyme, fälschlich Xenophon zugeschriebene „Athênaíôn Politeía" (nicht zu verwechseln mit der oben erwähnten Schrift aus der Schule des Aristoteles), deutlich zeigt, sahen diese Gegner jedoch ein, dass die Demokratie starken Rückhalt hatte, zumal unter den ärmeren Bürgern, den Theten. (Verschwiegen wird jedoch, dass auch die wohlhabendere Mittelschicht sowie die Reichen und ebenso die Metöken in großer Zahl systemkonform agierten, da die weiträumige maritime Politik Athens auch ihnen viele Gelegenheiten bot, Ansehen und Vermögen zu mehren.) Wer das System stürzen wollte, musste also auf Rückschläge in der Kriegführung warten und konspirativ vorgehen, die entschiedenen Demokraten aus der politischen Arena herausdrängen, die übrige Bevölkerung verunsichern und täuschen.

Die Feinde der Demokratie

411: Umsturz der Demokratie in Athen

Die erste Gelegenheit bot die katastrophale Niederlage in Sizilien (413). Alkibiades, Aristokrat, Olympiasieger, Feldherr und seit etwa 420 die schillerndste Führungsgestalt in Athen, hatte die Expedition anfangs betrieben, war aber vor einem drohenden Prozess wegen Religionsfrevels nach Sparta geflohen und hatte dort mittelbar zum Scheitern des Unternehmens beigetragen. Als er jedoch mit der spartanischen Flotte in den ionischen Gewässern operierte, nahm er Kontakt zu den athenischen Flottenbefehlshabern in Samos auf und stellte in Aussicht, den persischen Großkönig zu einem Vertrag mit Athen zu überreden – allerdings müsse dafür die Demokratie abgeschafft werden. Bei seinen oligarchisch gesinnten Gesprächspartnern fand das Angebot Zustimmung. Deren Unmut richtete sich gegen die angebliche Dominanz der Neureichen in der Ekklesia sowie gegen die Alimentierung der Massen in den Gerichten: Das Volk werde – so der Vorwurf – belohnt und mit Macht ausgestattet, während sie selbst durch Steuern und Liturgien (Finanzierung von Schiffsausstattungen, Tragödienaufführungen und anderen Projekten durch reiche Bürger) immer höhere Lasten tragen müssten, ohne politischen Einfluss zu gewinnen. Im Mai 411 schlugen die Verschwörer los. Unter massivem Terror gegen Andersdenkende wählte die Volksversammlung zunächst eine Kommission, die Vorschläge ausarbeiten sollte, wie die Stadt am besten zu regieren sei. Peisandros, einer der mit Alkibiades konspirierenden Flottenbefehlshaber, und seine Mitgesandten stellten den Antrag, Diäten und Richtersold abzuschaffen und die Volksversammlung auf 5 000 Mitglieder zu beschränken. Diese sollte überdies nur auf Beschluss eines neuen Rats der 400 einberufen werden. Die Ratsmitglieder hatten unumschränkte Vollmachten – man spricht deshalb von der Diktatur der 400: Sie allein konnten die Listen der Kandidaten erstellen, die in die 5 000 aufgenommen werden sollten, und sie führten die Regierungsgeschäfte. Unter den 400 fanden sich alle Verschwörer mit ihren Freunden. Ihnen gelang es mit Terror und Gewalt, das Ruder zu übernehmen. Dass der Verfassungsumsturz dennoch scheiterte, lag nicht zuletzt an dem Widerstand der Flottenmannschaften vor Samos. Ihr Eintreten für die Demokratie und gegen ihre Befehlshaber beweist die enge Verbindung der Theten mit der demokratischen Ordnung – sie hatten bei einem Verfassungswechsel am meisten zu verlieren. Die Oligarchen verspielten zudem Sympathien durch außenpolitische Misserfolge (Abfall Euboias; Verlust von Byzanz). Die Rückkehr zur Demokratie erfolgte schrittweise: Zunächst ging die Regierungsgewalt von den abgesetzten 400 auf die 5 000 über, die nach der sogenannten Verfassung des Theramenes turnusmäßig die Regierungsgeschäfte führten. Acht Monate später, im Juli 410, übernahmen die alten demokratischen Institutionen wieder vollständig die Geschäfte.

404/03: das Regime der „Dreißig"

Paradoxerweise wird die Verwurzelung der Demokratie beim zweiten oligarchischen Umsturz 404/03 noch deutlicher: Trotz der demütigenden Niederlage Athens brauchten die Oligarchen die Hilfe ihres spartanischen Patrons Lysander – und nackte Gewalt. Zudem waren viele überzeugte Anhänger der seit drei Generationen etablierten politischen Ordnung gar nicht in der Stadt, das galt vor allem für die Flottenbesatzungen. Die verbliebenen, durch die Kriegsniederlage bis ins Mark erschütterten Demokraten wurden überspielt, indem die schwer greifbaren sogenannten Hetairien – kleine private Zusammenschlüsse von Oligarchen, verstärkt durch rachelüsterne Rückkehrer aus dem Exil und gewaltbereite junge Männer – wie schon bei der ersten Verfassungsänderung im Jahr 411 eine Stimmung der Unsicherheit und Einschüchterung verbreiteten. Die Volksversammlung wurde bald gar nicht mehr einberufen, ein neu zusammengesetzter Rat diente als Feigenblatt für die faktische Diktatur der Dreißig. Dieses in sich ohnehin heterogene Regime um Kritias, einen Onkel Platons, und Theramenes radikalisierte sich schnell, teils aus einer inneren revolutionären Dynamik heraus, in der Radikale meist in der Vorhand gegenüber Gemäßigten sind, teils unter dem Druck der Verhältnisse: Um eine spartanische Besatzungstruppe zu bezahlen, musste Geld aufgebracht werden, was nur möglich war, indem man gutsituierte Bürger sowie Metöken in Prozessen verfolgte, enteignete, verbannte, in großer Zahl auch ermorden ließ. Wer konnte, brachte sich durch Flucht in Sicherheit. Damit waren die Fronten klar, es bestand eine klassische Stasis: In Athen herrschten die Dreißig und ihre Anhänger sowie viele Mitläufer, unterstützt von einer spartanischen Truppe, und verschärften ihren Terror durch Massenhinrichtungen; jenseits von Attika, in Theben und weiteren Städten sowie auf Samos rüsteten die Demokraten, ebenfalls mit Unterstützung auswärtiger Mächte, zur Rückeroberung. 403 kam es zu Kämpfen, bei denen auch Kritias sein Leben verlor, sowie zu einer militärischen Pattsituation. Diese führte nach einem politischen Umschwung in Sparta zu einem Waffenstillstand zwischen den Bürgerkriegsparteien, den die Spartaner vermittelten: Alles Vergangene sollte vergeben und vergessen sein, niemand wegen einer Handlung zur Rechenschaft gezogen werden können, die er während oder vor der Revolution begangen hatte. Ausgenommen war nur der harte Kern von Oligarchen, denen aber die Option offenstehen sollte, vor Gericht Rechenschaft abzulegen. Die Anhänger der Oligarchie bildeten eine Sondergemeinde in Eleusis und sollten dort unbehelligt bleiben, im übrigen Athen und Attika wurde die Demokratie wiederhergestellt. 401 trat das eleusinische ‚Klein-Athen' unter Zusicherungen und Eiden dem demokratischen ‚Groß-Athen' bei, die staatliche Einheit war zurückgewonnen.

Die politische, juristische und mentale ‚Bewältigung' dieser Katastrophe sollte die Athener noch mindestens eine Generation lang beschäftigen, trotz der aus der Vereinbarung von 403 übernommenen Amnestie und des wegweisenden Amnesiegebots. Ein markanter, nur im politischen Kontext angemessen zu verstehender Höhepunkt der ‚Vergangenheitsbewältigung' war der Prozess

Athen nach der *terreur*

gegen Sokrates, der in den Augen der Athener den Oligarchen und der *jeunesse dorée* allzu nahegestanden hatte. Die wirtschaftlichen Folgen des Krieges, die Verwüstungen der Felder sowie der Verlust von Sklaven und Ackergeräten wurden hingegen erstaunlich rasch überwunden. Zur Stabilisierung trug der allgemeine Konsens über die Ziele der Außenpolitik bei; rasch beschritten die Athener wieder die eingefahrenen Pfade und suchten jede Chance zu nutzen, um die alten Handlungsspielräume wiederzugewinnen – der „ghost of empire" (E. Badian) wollte nicht weichen (s. u. Kap. 5).

Modifikationen

Die Grundstrukturen und -prinzipien der Demokratie blieben die gleichen wie vor der Niederlage 404. Verregelungen und Aufgabenteilungen sollten die Politik jedoch verstetigen und berechenbarer machen. Zugleich bemühte man sich, wieder möglichst viele Bürger am politischen Leben teilhaben zu lassen; dafür wurde nun für die Teilnahme an der Volksversammlung eine Entschädigung gezahlt und der Versammlungsplatz, die Pnyx, ausgebaut. Auf während des Krieges identifizierte Fehlentwicklungen und Schwachstellen reagierten die Athener, indem sie nachjustierten; so gab es nun für einfache, situationsgebundene Beschlüsse (*psêphísmata*) und dauerhaft wirksame Gesetze (*nómoi*) zwei verschiedene Verfahren. Neue Gesetze wurden durch eine vom Rat ernannte Kommission von Nomotheten vorgeschlagen, dann vom Rat und einem zweiten Kollegium von Nomotheten angenommen oder abgelehnt. Auch Gesetzesänderungen bedurften der Zustimmung einer solchen Kommission. Schon während der letzten Jahre des Peloponnesischen Krieges hatte man das Gestrüpp von teils einander widersprechenden Gesetzen gelichtet und eine Neufassung der weiterhin gültigen Bestimmungen erstellt. Eine bereits ältere „Klage wegen missbräuchlicher Gesetzgebung" (*graphê paranómôn*), die gegen jeden erhoben werden konnte, der in der Volksversammlung einen Antrag vorgetragen hatte, der gegen Verfahrensvorschriften oder ein gültiges Gesetz verstieß, wurden parallel zum erwähnten Gesetzgebungsverfahren neu aufgesetzt. Wenigstens in der Theorie besaßen die Athener damit so etwas wie ein Normenkontrollverfahren, das einfache Beschlüsse an den höherrangigen Gesetzen maß. Ohne Juristen und wegen der beibehaltenen Mündlichkeit erreichte die Gesetzgebungs- und Gerichtspraxis zwar nie den Zustand einer guten Systematik und Konsistenz, doch die Fähigkeit der Bürgerschaft, im Lichte schlechter Erfahrungen an den eigenen Spielregeln zu arbeiten, ist bemerkenswert.

Redner, Generäle, Finanzexperten

Die auf dem politischen Feld im engeren Sinn aktiven „Redner“ (*rhêtores*) wie Demosthenes und Aischines kommandierten – anders noch Perikles, Kleon oder Alkibiades – keine Truppen mehr; das ergab sich nicht zuletzt aus der Professionalisierung auf dem militärischen Feld (o. 2.6). Und schließlich: Da Athen auch weiterhin eine ehrgeizige Außenpolitik verfolgte, aber die Tribute aus dem Seebund fehlten, war das Finanzwesen, genauer: das Generieren von Einnahmen nunmehr zu einer noch schwierigeren Aufgabe geworden. Auch auf diesem Gebiet etablierten sich daher Politiker mit besonderen Befähigungen und Kenntnissen; sie gewannen so großen Einfluss auf die Gesamtpolitik, dass man von einer Ära des Eubulos (354–338) beziehungsweise des Lykurg (336–322) sprechen kann. „Ihre mehrjährige Amtszeit, große Fachkompetenz und die Wahl“, so fasst J. Engels zusammen [1.6.1: DNP 4, 1998, 212], „gaben ihnen eine starke Position unter den demokratischen Ämtern, ohne deren fundamentale Prinzipien zu verletzen, weil alle mit Finanzen befaßten Magistrate scharfen Kontrollmechanismen unterworfen waren und die Volksversammlung die politische Entscheidungsgewalt behielt.“ Man kann insgesamt festhalten, dass Athen durchaus wohlgeordnet und selbstbewusst in den Kampf gegen Philipp, Alexander und dessen Statthalter (Kap. 5.4 f.) eintrat. Von einem ‚Niedergang‘ der Demokratie im 4. Jahrhundert kann jedenfalls keine Rede sein. Erst nach der definitiven Niederlage gegen Makedonien im Lamischen Krieg wechselte die Verfassung zusammen mit der rasch wechselnden äußeren Situation: Oligarchie unter Phokion – demokratisches *revival* 318/17 – erneute Oligarchie unter Demetrios von Phaleron, 317–307 – seit 307 Restauration einer Demokratie unter der Ägide des makedonischen Kriegsherren Demetrios Poliorketes.

3.8 Massilia

Eine Polis am Rande der griechischen Welt

Massilia – das spätere Marseille – ist eine der berühmtesten und erfolgreichsten Apoikien der griechischen Antike. Ihre Geschichte scheint jedoch bis weit in die Klassische Zeit abgekoppelt von den großen Entwicklungen der übrigen griechischen Siedlungsgebiete im Ägäisraum und der Magna Graecia (zu dieser Bezeichnung s. u. 3.9). Es gibt kaum ereignisgeschichtliche Berührungspunkte und Konvergenzen; Verbindungen einzelner Massilioten bewegen sich ausschließlich über den Seehandel und reichen nur ganz vereinzelt und spät (4. Jahrhundert) bis zur griechischen Halbinsel (Athen). Das Wenige, was wir über die inneren Zustände der Stadt wissen, deutet darauf hin, dass die politische und gesellschaftliche Ordnung weder Krisen noch gravierende strukturelle Reformen erlebte. Massilia bietet so das seltene und historisch hochinteressante Bild einer Hafenpolis, die ‚selbstgenügsam' am Rande der griechischen Welt nicht nur ihr eigenes Erfolgsmodell, sondern auch ihr spezifisches Betätigungsfeld gefunden hatte. Dieses war anders als das der meisten Poleis nicht primär über und auf den Mittelmeerraum, sondern auf den Atlantik und die europäischen Binnenräume gerichtet. Die großen Themen der massiliotischen Geschichte bilden so nicht innenpolitische Konkurrenzkämpfe und Kriege gegen konkurrierende Poleis; sie sind vielmehr bestimmt – hierin strukturell vergleichbar den Poleis des nördlichen Schwarzen Meeres – durch Kontakte mit Ligurern und Kelten sowie durch die Erschließung und Sicherung maritimer Handelsrouten in den Atlantik, beides meist, aber nicht nur in Konkurrenz zu Etruskern und Karthagern.

Die Gründe für diesen außergewöhnlichen Weg der Stadt, aus der die größten Entdecker der Antike stammten, liegen in einer Kombination spezifisch historischer Konstellationen und ökologisch-geographischer sowie geostrategischer Umstände, die seit dem 7. Jahrhundert bestimmend waren und im Wesentlichen bis zum Ende der Klassischen Zeit und weit darüber hinaus (bis zum Aufkommen Roms als Vormacht des westlichen Mittelmeerraums) konstant blieben. Die Ursprünge Massilias gehen zurück auf protokolonisatorische Erkundungsfahrten junger Männer aus der kleinasiatischen Hafenstadt Phokaia, die um 600 an einem bereits als Handelsplatz genutzten Ort rund 43 km östlich der Rhônemündung landeten und sich mit Erlaubnis eines einheimischen Fürsten dauerhaft niederließen. Im Gegenzug boten sie offenbar Söldnerdienste gegen innerkeltische Konkurrenten an und schützten die Küsten vor ligurischen Piraten und Plünderern. Dementsprechend bestimmten zu Beginn nicht etwa – wie in Sizilien und Unteritalien – die Aussicht auf fruchtbares Ackerland, sondern ein spezifischer Bedarf einheimischer Eliten an militärischer Unter-

Ursprünge und ökologische Rahmenbedingungen

stützung, hieraus erwachsene Verdienstmöglichkeiten sowie die geostrategische Lage, insbesondere ein exzellenter natürlicher, gegen den heftigen Mistral völlig geschützter Hafen, die Wahl des Siedlungsortes. Erst als man sich in den Kämpfen gegen keltische und ligurische Stämme bewährt und einheimische Frauen geheiratet hatte sowie rund drei Generationen später unerwartet massiven Zuzug aus der von den Persern bedrohten Heimatstadt Phokaia erhielt, erweiterten sich das Siedlungsgebiet und hiermit auch die ökonomischen Grundlagen der Polis, deren Bodenbesitz nur den Wein- und Olivenanbau, aber keine breite agrarische Nutzung erlaubte (eine auffällige Parallele zu Aigina im Saronischen Golf).

Kontakte mit keltischen Stämmen

Um den Mangel auszugleichen, war man auf Getreidelieferungen keltischer Stämme angewiesen, deren Eliten im Gegenzug von den selbstproduzierenden oder als Zwischenhändler fungierenden Kolonisten mit aristokratischen Luxuswaren wie Wein und Symposiongeschirr versorgt wurden. Erst *nach* der Landung der Neusiedler in der Mitte des 6. Jahrhunderts begannen die Massilier, größere Teile des umliegenden Tales von Huveaune (vielleicht auch auf Kosten einheimischer Gruppen) zu okkupieren und sich konsequenter und intensiver als zuvor entlang der Küste nach Spanien und die Rhône stromaufwärts in den transregionalen Handel einzuschalten sowie die etruskische Konkurrenz zurückzudrängen. In diese Zeit fallen der Vertrieb eigenen Weines, die Produktion von Amphoren und wahrscheinlich auch die erstmalige Prägung von Münzen. Um die Vertriebs- und Handelswege zu sichern, wurden im Tal der Huveaune und entlang der Rhône befestigte Stützpunkte (*phroúria*) sowie an der Küste in Richtung auf die Meerenge von Gibraltar Subkolonien angelegt.

Handelsrouten in den atlantischen Raum und ...

Gegen Ende des 6. Jahrhunderts öffneten Erkundungsfahrten massiliotischer Kapitäne den Seeweg an die Bretagne und die zinnreiche britannische Südküste sowie zu den vermeintlichen Goldvorkommen des Senegal in Westafrika – ein Großraum, der zusammen mit den mediterranen Gewässern vor der spanischen Küste eigentlich von Karthago als exklusive Einflusssphäre beansprucht wurde. Dementsprechend muss es seit dem 6. Jahrhunderts immer wieder zu größeren und kleineren Seegefechten mit der karthagischen Flotte, vielleicht auch mit den Etruskern gekommen sein.

Seegefechte gegen Karthago

Sie wurden aufs Ganze gesehen von den Massilioten, vielleicht mit Unterstützung keltischer Kämpfer und diplomatischer Anbindung an das junge Rom, erfolgreich gestaltet – aus der Seeschlacht von Alalia

(s. S. 160) hielt sich Massilia interessanterweise heraus – und festigten den Ruf der Stadt als stärkste Seemacht des Westens neben Karthago. Das anlässlich der Seesiege errichtete Massilier-Schatzhaus in Delphi gehört zu den prächtigsten; tatsächlich wurde die Stadt – soweit wir wissen – in Klassischer Zeit auch zu Lande niemals erobert.

Offensichtlich waren diese Erfolge in einer fremden und unsicheren Umgebung nur möglich mit einer stabilen inneren Ordnung, welche es erleichterte, die militärischen und ökonomischen Kräfte zu koordinieren und zu konzentrieren sowie die akkumulierte Erfahrung im Handel und im Umgang mit ethnisch heterogenen Partnern beziehungsweise potentiellen Gegnern einzusetzen. Nur so konnten die Bürger Massilias ihre über die tagespolitischen Belange hinausgehenden außen- und handelspolitischen Ziele verfolgen sowie den hiermit verbundenen Dauereinsatz einer respektheischenden Kriegs- und Handelsflotte gewährleisten. Die Lage in einer Diaspora und das Festhalten an bewährten Erfolgsprinzipen der Frühzeit erklären wohl auch, weshalb fremden und späteren (römischen) Beobachtern das Leben und die Sitten der Massilioten so seltsam archaisch-konservativ anmuteten und weshalb ferner recht früh eine oligarchisch-timokratische Verfassung nicht nur etabliert, sondern auch mit nur leichten institutionellen Modifikationen (im Zuge der Integration der Neusiedler in der Mitte des 6. Jahrhunderts) verstetigt wurde.

Oligarchische Verfassung

Die Verfassung wurde wegen ihrer Stabilität, gleichsam als fernwestliches Pendant zu Sparta, gerühmt und von Aristoteles in seine (verlorene) Sammlung der Polisverfassungen aufgenommen. Demnach wurde die Stadt von einer Art „Kaufmanns-Oligarchie" der reichsten Familien regiert, inklusive derjenigen, die sich auf den legendären Gründer (Protis) berief. Sie stellten die Mehrheit eines 600-köpfigen „Rates" (*synhédrion*), eine angesichts der Gesamtbevölkerungszahl von rund 5000 Bürgern erstaunlich hohe Zahl, aus dem ein geschäftsführender Ausschuss von fünfzehn Herren gebildet wurde. Wenn auch historisch schief, so doch bezeichnend verglich Cicero diesen Ausschuss, in dem drei Vorsitzende die umfangreichsten Befugnisse besaßen, mit den Dreißig von Athen. Die außen- und handelspolitische Dauerwachsamkeit einer Stadt am Rande der Welt fernab der isonomen Entwicklungen im Ägäisraum erforderte offenbar eine straffe und in ihren Kompetenzen unangefochtene Führung, die über reiches Er-

Erfahrungswissen als Überlebensgarant

fahrungswissen verfügte, das im Rat der 600 zirkulieren und in praktische Planungen umgesetzt werden konnte. Auf diese Weise sicherten sich die führenden Kreise nicht nur den Zuspruch der übrigen Bürger, sondern auch den Respekt einer traditionell von aristokratischen Ordnungen geprägten Umgebung. Nicht von ungefähr scheint das Vorbild des massiliotischen Rates bis in den gallischen Raum ausgestrahlt zu haben: Caesar erwähnt 600 Senatoren unter den Nerviern. Und dass die Griechen und wir heute so wenig über die Interna der Stadt wissen, liegt wohl auch daran, dass ihre Herren ihre Kenntnisse über Fernrouten, Handelsprodukte und auswärtige Partner wie einen Schatz geheim hielten. Denn hiervon hingen ihr Wohlergehen und das Überlebern der gesamten Bürgerschaft ab.

3.9 Syrakus

Eine landkonzentrierte Apoikie im mediterranen Zentrum

Syrakus bildet in mehrfacher Hinsicht das Gegenmodell zu Massilia. Während die phokaische Apokie auf die Randzone der griechischen Welt konzentriert blieb, avancierte jene rasch zur bedeutendsten Polis im Zentrum des Mittelmeerraums, und ihre Geschichte blieb stets eng verbunden nicht nur mit den übrigen Apoikien der Magna Graecia, sondern auch mit der ägäischen Poliswelt. Entsprechend groß waren die strukturellen Unterschiede. Nachdem Siedler aus dem damals bereits wohlhabenden Korinth Mitte des 8. Jahrhunderts die Stadt auf einer einheimischen Vorgängersiedlung gegründet hatten, richtete sich das Interesse der Neuankömmlinge nicht primär auf den Überseehandel, sondern auf die Erschließung und Kontrolle fruchtbarer Agrargebiete. Anders als die massiliotischen Eliten bezog die frühe Siedler-Aristokratie ihr Selbstbewusstsein und ihren Status nicht aus Handelsgewinnen oder Söldnerdiensten für Einheimische, sondern sie okkupierte die fruchtbarsten Agrargebiete und wurde zu einer Gruppe von Großgrundbesitzern; das drückte sich auch in ihrer Selbstbezeichnung als *gamóroi* aus (o. 2.2). Ebenfalls anders als im Falle von Massilia basierte der sich rasch ausdehnende Agrarbesitz auch nicht auf der Kooperation mit den Einheimischen; vielmehr wurden diese unterworfen und in den Stand von Hörigen (*kyllýrioi*) herabgedrückt, die offenbar ähnlich wie die spartanischen Heloten die von den neuen Herren okkupierten Besitzungen zu bewirtschaften hatten. Ganz in diesem Sinne – ein dritter wesentlicher Unterschied (nicht nur) zu Massilia – dienten sowohl die sehr früh einsetzende Expansion ins Inland und ihre Sicherung durch wehrhafte Stützpunkte (Akrai, um 660; Kasmenai, um 610) als auch die zeitverzögert einsetzende Subkolonisation nicht in erster Linie handelspolitischen Zwecken, sondern der Ausweitung territorialer Ansprüche in agrarisch günstig gelegenen Küstengebiete (Kamarina um 599/9, Morgantina, um 566). Der Ruf von Syrakus als bedeutendste Polis des westlichen Mittelmeerraums beruhte nicht auf kühnen Erfolgen ihrer Fernhändler und Entdecker, die Seerouten und Kontakte zu fremden Ethnien erschlossen; er gründete auf dem territorialen Machtstreben und militärischen Erfolgen einer Stadt, die sich als einzige Apokie mit den Hegemonialmächten der griechischen Halbinsel messen konnte und diese zeitweise sogar übertraf. Nicht von ungefähr spielten sich die Auseinandersetzungen mit Karthago in der Regel zu Lande oder – wie gegen Ende des 5. Jahrhunderts gegen Athen – sogar unmittelbar vor den Toren der Stadt, aber nicht in entfernten Gewässern ab.

Keine Handelserfolge, sondern territoriales Machtstreben

Der Preis für die äußeren Erfolge war freilich hoch. Syrakus war anders als Massilia berühmt-berüchtigt für die inneren Spannungen, die um die Mitte des 7. Jahrhunderts einsetzten (Verbannung der Adelsgruppe der Myletidai; Konflikt mit Kamarina). In der 2. Hälfte des 6. Jahrhunderts führten sie zunächst – unter tatkräftiger Mithilfe des Tyrannen von Gela – zur Entmachtung der *gamóroi* und mündeten nach einer kurzen Phase einer isonomen Ordnung (sogenannte „erste Demokratie") in die Etablierung der mächtigen Tyrannis des Gelon und seines Nachfolgers und Bruders Hieron. Sie begründeten das Bild von Syrakus als wohlhabende Machtmetropole des Westens und haben den rasanten außen- und machtpolitischen Erfolg ihrer Stadt zu Beginn der Klassischen Zeit wesentlich ermöglicht. Die beiden Tyrannen aus der Familie der Deinomeniden konnten nicht nur in der Zeit, als der Hellenenbund die persische Invasion zurückschlug, spektakuläre militärische Erfolge gegen ein karthagisches Heer und die Etrusker feiern. Sie machten Syrakus durch den Aufbau einer Triërenflotte sowie professionelle und spezialisierte Landtruppen auch zur stärksten Militärmacht des Westens, die so selbstbewusst war, dass sie für ihr Angebot, die festländischen Griechen gegen die Perser zu unterstützen, gleich den Oberbefehl verlangte.

Innere Spannungen und ‚Verfassungswechsel'

Macht- und Herrschaftspolitik unter den Deinomeniden

Die Herren von Syrakus entwickelten im Zuge dieser Kämpfe und danach eine neue Form der territorialen Herrschaft, die eine Alterative zu den formal auf Bündnissen und der Autonomie der Partner aufgebauten Symmachialhegemonien der Athener und Spartaner bildete, indem sie die Bevölkerung ganzer Städte umsiedelten und/oder in ihre Residenz verpflanzten, ferner aufgegebene, weitgehend entvölkerte oder zerstörte Orte mit eigenen Söldnern besiedelten und neue ‚Kolonien' mit eindeutig strategisch-herrschaftspolitischen Zielen im Landesinneren anlegten. Aufbau und Unterhalt der Kriegsflotte sowie die durch Kriegsgewinne möglichen Investitionen in die städtische Infrastruktur zogen Techniker und Baumeister an und belebten das innerstädtische Handwerk. Syrakus wurde mit prächtigen Tempelbauten geschmückt, das städtische Siedlungsgenbiet offenbar planmäßig erweitert. Gleichzeitig gaben sich die Tyrannen das Image weltoffener Förderer hellenischer Kunst, indem sie ihre Residenz zum Musenhof und Anziehungspunkt zahlreicher Dichter und Gelehrter machten.

Syrakus als Residenz und Musenhof

Die Forschung ringt bis heute nach Erklärungen für diese in vielem Aspekten exzeptionelle Entwicklung. Insbesondere fragt man nach dem Konnex zwischen den *inneren* Verhältnissen, die auch in der Folgezeit immer wieder den Wechsel zwischen oligarchisch-aristokratischer und isonom-demokratischer Ordnung sowie tyrannischer Herrschaft ermöglichten, und der schubartigen, aber insgesamt kontinuierlichen *äußeren* Expansion und Machtentfaltung. An sich waren der Machtverlust einer Clique von Großgrundbesitzern und deren Ablösung durch konkurrierende Kräfte sowie die Tyrannis einer Familie nichts Ungewöhnliches (ähnliche Entwicklungen kannte bezeichnenderweise Korinth, woher die ambitionierten Erstsiedler kamen), genauso wenig wie eine Phase, in der die oligarchische Grundordnung isonome Züge annahm. Ungewöhnlich ist allerdings, dass sich die innere Lage auch in der Folgezeit niemals über längere Zeit beruhigte und in eine Richtung hin verfestigte, sondern immer wieder rasche und gleichsam eruptive Veränderungen erlebte. Das machte die Stadt schon in der Antike zum beliebten Studienobjekt theoretischer Verfassungslehren und lief meist auf die Etablierung mächtiger Einzelherrschaften hinaus. Lange Zeit hat man diese Entwicklung mit der besonderen Konfliktsituation gegenüber Karthago erklärt, die eine Sammlung der militärischen Kräfte und eine Konzentrie-

Äußere Machteinfaltung und politische Ordnung

rung der politischen Macht in einer Hand beziehungsweise einer Herrscherfamilie erfordert habe. Diese Perspektive überzeugt heute nicht mehr generell, da sich das Aggressionspotential eher aus der sizilischen Poliswelt und ihren Tyrannenherrschaften selbst entwickelte und die Karthager in diese mehr hineingezogen wurden, als dass sie unabhängig davon gezielt eigene expansive Interessen verfolgt hätten. Man tut also gut daran, den Blick stärker auf die sizilischen Verhältnisse zu richten und deren Besonderheiten als Antriebsfaktoren der syrakusanischen Geschichte zu würdigen. Tatsächlich unterschied sich Sizilien von den übrigen Polisgebieten nicht nur durch seine zentrale Lage im Mittelmeerraum, sondern besonders durch seine außergewöhnliche agrarische Produktivität, die bereits in der Archaik Exporte in die Ägäis erlaubte und – das war für innere Geschichte wohl noch wichtiger – nie Probleme hatte, größere Menschenmengen und Immigrantenwellen zu versorgen. Erfahrungsgemäß führten nun aber reicher Bodenbesitz in den Händen einer (wie in Syrakus) kolonialen Elite häufiger zu inneren Spannungen und Begehrlichkeiten, als wenn die Chora einer Stadt (wie Massilia oder Aigina) agrarisch begrenzt war und dieses Defizit durch solidarische Anstrengungen und Konzentrierung der Kräfte etwa auf den Handel ausgeglichen werden musste. Gleichzeitig – und das machte die Situation in Syrakus so brisant – zog die Insel aufgrund ihres Reichtums und der sich stets bietenden Profilierungsmöglichkeiten im Kampf unter den Poleis sowie mit den Einheimischen und den Karthagern Abenteuer, Exilierte und politische *selfmademen* magnetisch an. Sie sahen in der leicht zu erreichenden Insel – wer wollte schon ins ferne Massilia? – ein ideales Sprungbrett für den eigenen Aufstieg und die Verwirklichung von Machtphantasien, die ihnen zu Hause, aus welchen Gründen auch immer, verwehrt blieben. Diesem Muster folgte im Prinzip bereits die Kolonisten-Generation der *gamóroi*, aber sie galt auch in der Folgezeit für zahlreiche Aufsteiger und Söldner, denen sich auf der Insel und unter skrupellosen Anführern nicht nur reiche Löhne und Angriffsziele, sondern auch sichere agrarische Ansiedlungsmöglichkeiten boten. Da anderseits die in Sizilien und ihren Poleis aktiven Feldherrn gerne auf diese nie versiegende Quelle an einsatzbereiten Kämpfern zurückgriffen, um eigene Machtposition innerhalb der Polis durchzusetzen oder zu erweitern, konnte sich, anders als in den meisten Poleis des Ägäisraumes, in den sizilischen

Sizilien als Getreideproduzent

Magnet und Spielwiese für Aufsteiger und Söldner

Politisch schwacher Demos

Apoikien und insbesondere in Syrakus kein selbstbewusster und die Ordnung langfristig tragender städtischer Dêmos in Form einer auch militärisch aktiven Hoplitenschicht etablieren. Wesentlich dazu beigetragen haben die Umsiedlungsaktionen der Tyrannen und deren Folgen. Anders als in den Poleis der Ägäis wachten nicht der Dêmos und seine Institutionen über das Bürgerrecht, sondern es waren Tyrannen und einzelne Politiker, die es nach machtpolitischem Kalkül z.T. massenweise (10 000!) meist an ihre Söldner oder Zuzügler vergaben. Es gab zwar immer wieder Phasen, in denen Tyrannen gestürzt und die oligarchisch-aristokratische Grundordnung formell isonom-demokratischen Formen Platz machte. Doch gespalten in Altbürger mit besonderen Ansprüchen, zwangsweise Umgesiedelte sowie mit dem Bürgerrecht beschenkte auswärtige Söldner, konnte die Bürgerschaft niemals zu einer gewissen Homogenität gelangen und sich als eigenständiger politischer Faktor etablieren. Sie blieb letztlich eine politisch bevormundete Verfügungsmasse in den Händen der um die Macht streitenden Adelscliquen oder der sich zu Tyrannen aufschwingenden Feldherren, die sich – wenn sie wollten – ihre Stellung absegnen ließen, aber dem Dêmos ansonsten keine weiterreichenden Handlungs- und Entscheidungsspielräume zugestanden.

... aber kontinuierliche Machtentfaltung

Hierzu passt ein weiteres, angesichts der labilen inneren Situation paradox erscheinendes Phänomen, nämlich die weitgehende Kontinuität der außenpolitischen Expansionsbemühungen über alle innenpolitischen Kämpfe und Richtungswechsel hinweg. Schon die *gamóroi* hatten durch die Anlage von Stützpunkten und Kolonien ihren Einflussbereich an der Küste und im Agrargebiet der Stadt auszudehnen gesucht. Die Deinomeniden knüpften an diese Bestrebungen nahtlos an, als sie ihre Herrschaft militärisch und durch gezielte Umsiedlungspolitik auf den Westteil der Insel und mit Hilfe der neuerbauten Flotte sogar über Sizilien hinaus auszudehnen bemüht waren. Die der älteren Tyrannis folgende (zweite) ‚Demokratie' der Stadt führte im 5. Jahrhundert Flottenunternehmungen bis nach Elba und Etrurien und hielt auch innerhalb Siziliens am rücksichtslosen Expansionskurs der Tyrannen (u. a. gegen Agrigent) fest. Das gab den Athenern 415 eine Handhabe, zugunsten der bedrängten Poleis im Osten (Leontinoi) und Norden (Segesta) einzugreifen.

Das Reich des Dionysios

Den Höhepunkt der äußeren Machtentfaltung bildete die im Zuge erneuter Kämpfe gegen karthagische Truppen gebildete Tyrannis des Dionysios (reg. 405–367). Er konnte seine Herrschaft zeitweise über fast die ganze Insel sowie bis nach Italien und weit in die Adria – nicht zufällig ein altes korinthisches Interessengebiet – hinein ausdehnen. Wie weit sein Arm und seine Ressourcen reichten, zeigt die Tatsache, dass seine Kriegsschiffe in der Endphase des Peloponnesischen Krieges und danach erfolgreich in den kleinasiatischen Gewässern operierten. Doch stets und auch diesmal folgte auf die Phase der größten Machtausdehnung ein relativer Kollaps, der über mehrere Zwischenschritte mit einem Verfassungswechsel verbunden war: Die Herrschaft der Tyrannen konnte nicht perpetuiert, Feldherrn konnten nicht integriert, die Söldner nicht mehr bezahlt sowie die sich durch die Überdehnung der äußeren Machtentfaltung ergebenen inneren Spannungen und wirtschaftlichen Verwerfungen nicht mehr überdeckt werden. Die neue Ordnung musste so jedes Mal zunächst mit der innen- und militärpolitischen Hinterlassenschaft der Tyrannen fertig werden, insbesondere die verhärteten Fronten zwischen entmachteten Altbürgern, zwangsweise angesiedelten Zuzüglern und mit dem Bürgerrecht beschenkten Söldnern irgendwie auflösen und diese zu integrieren suchen. Dies führte in der Regel zu weiteren Spannungen und hatte im schlimmsten Fall erneut äußere Eingriffe zur Folge. Nach Ende der jüngeren Tyrannis des Dionysios und seines unglücklich agierenden Nachfolgers Dion kam diese ‚Hilfe' bezeichnenderweise aus Korinth. Die Stadt schickte 344 mit dem bereits älteren Aristokraten Timoleon einen Mann, von dem man hoffen mochte, dass er den Teufelskreis innerer Spannungen und irregulärer Machtentfaltung durchbrechen konnte, dabei aber die verfahrene Situation in Sizilien nicht erneut zur Aufrichtung einer Alleinherrschaft nutzen würde. Deshalb wurde ihm auch nur eine kleine Truppe von zehn Schiffen und 700 Söldnern mitgegeben. Immerhin konnte er nach längeren und verwickelten Kämpfen (auch gegen Karthago) die Lage beruhigen und eine vielleicht nach dem Vorbild von Korinth gestaltete Ordnung etablieren, die man als aristokratisch geprägte Mischverfassung bezeichnen könnte.

Timoleon

Doch auch er handelte letztlich unter den Zwängen, welche die syrakusanische Politik seit Ende der Archaik bestimmt hatten: So ließ er im Kampf gegen renitente Tyrannen die gesamte Einwohnerschaft Leontinois nach Syrakus übersiedeln und rief aus

Korinth, Italien und ganz Hellas Kolonisten, Emigranten und Verbannte auf, nach Sizilien zu ziehen und die verwaisten Ackerflächen und Wohngebiete neu zu bestellen und zu besiedeln. Angeblich folgten 10 000 Männer seinem Ruf. Ihnen gelang tatsächlich – auch das ist eine der erstaunlichen Qualitäten der Insel – in kürzester Zeit, die daniederliegende Agrarwirtschaft wieder aufzubauen und anzukurbeln; Syrakus wurde Mitte des 4. Jahrhunderts erneut zu einem Hauptexporteur von Getreide in die Ägäis und nach Athen. Auf der anderen Seite bestätigt auch dieser Vorgang nur eine alte Regel: Syrakus und Sizilien waren und blieben gerade wegen der Mischung aus stupender wirtschaftlicher Potenz und Genesungskraft auf der einen und politischer Labilität auf der anderen Seite das bevorzugte Spielfeld all derjenigen, die in kurzer Zeit reich und mächtig werden wollten und dies in anderen Teilen der griechischen Welt nicht konnten. Mit Agathokles wartete bereits der nächste Kandidat, der die Chancen skrupellos zu nutzen suchte.

4 Die Griechen machen große Politik (550–400)

4.1 Die Griechen im Mittelmeerraum

Aufbrüche

Seit der Mitte des 6. Jahrhunderts wehte ein frischer Wind durch die antike Mittelmeerwelt. Viele griechische Siedlungen des Westens hatten sich zu achtunggebietenden Poleis entwickelt, die an Reichtum und Bevölkerungszahl die Städte der Ägäishalbinsel übertrafen. In Sizilien schoben sie ihre Einflusssphäre ins Landesinnere vor und stießen dort Urbanisierungsprozesse an. In Italien expandierte die etruskische Städtekultur bis nach Mittelitalien und streckte ihre Fühler nach Korsika aus. Das an einem Knotenpunkt wichtiger Handelsrouten gelegene Karthago stieg neben Syrakus zur führenden Hafenstadt des westlichen Mittelmeerraums auf. Gleichermaßen erlebten Kyrene sowie die Poleis an der kleinasiatischen Küste und auf den Inseln einen weiteren Aufschwung. Milet und Chios gehörten zu den größten Städten der griechischen Welt.

Handel generiert Reichtum

Die urbane Blüte manifestierte sich im Ausbau steinerner Tempel, öffentlicher Gebäude und Hafenanlagen, ferner in der Erweiterung militärischer Machtmittel – die reichsten Küstenpoleis begannen gegen Ende des 6. Jahrhunderts Flotten des modernen Dreiruderers (Triëre) auf Kiel zu legen –, besonders aber in der Intensivierung transregionaler Handelsbeziehungen, die den gesamten Mittelmeerraum und seine Randgebiete miteinander verbanden. Nicht nur in den griechischen Städten etablierte sich eine über Grundbesitz und eigene Schiffe verfügende Händlerschicht. Fernhändler gehörten zu den reichsten Männern der Zeit. Sie profitierten von der verbesserten Schiffstechnik, der Diversifizierung der Kundenbedürfnisse und der Monetarisierung des Handels. Ihre Gewinne sensibilisierten Städte und Gemeinden für die Bereicherungsmöglichkeiten, die sich aus der finanziellen Abschöpfung des Seehandelsverkehrs durch Zölle, Abgaben oder Kaperei sowie dem Zugriff auf naturale Ressourcen ergaben. Starke Impulse gingen dabei nach wie vor von der ungleichen Verteilung wertvoller Mineralien aus. Der rohstoffarme Nahe Osten, Ägypten und andere Gebiete des östlichen Mittelmeerraums benötigten Edelmetalle aus dem Westen, insbesondere Kupfer und Eisenprodukte aus Norditalien und Sardinien, Silber aus Südspanien (Tartessos) sowie Zinn von den britischen Inseln und den transalpinen Gebieten. Spätestens im frühen 6. Jahrhundert kamen Getreidelieferungen aus den sizilischen und süditalischen Apoikien hinzu, welche die Entwicklung der griechischen Halbinsel beförderten. Im Gegenzug lieferte der griechische Ägäisraum Natural- und Fertigprodukte, besonders Olivenöl, Wein, Keramik und Luxuswaren sowie die Kampfkraft ihrer Männer, die als Kaperer und Söldner in den Dienst fremder Gemeinden und Potentaten traten.

Güterverkehr

Mit dem Aufschwung der Städte und den steigenden Verdienstmöglichkeiten wuchs auch die Konkurrenz um die Kontrolle der Verbindungswege und den Zugriff auf die Ursprungs- und Abbaugebiete wertvoller Rohstoffe. Und je mehr sich Handelsnetze und ökonomische Abhängigkeiten verdichteten, desto anfälliger wurden sie gegenüber Akteuren, die sich nicht an die Regeln hielten. Zu den Störenfrieden zählten etruskische Verbände sowie die im westlichen Mittelmeerraum nicht nur als Kolonisten, sondern seit Jahrhunderten als Piraten und Söldner aktiven Phokaier. Ihre Attacken verstärkten sich, als sie um 545 Zuzug von Mitbürgern erhielten, die auf der Flucht vor der persischen Expansion im Westen eine neue Existenz suchten: „Sie raubten und plünderten alle ihre Nachbarn aus“ – so resümierte Herodot (1,166,1). Hauptziel war die hochfrequentierte Seehandelsroute von Karthago

Störenfriede

über Sardinien und Korsika nach Etrurien. Die Betroffenen begannen, ihre Handelsverbindungen militärisch zu schützen und ganze Meeresräume dem Zugriff konkurrierender Mächte zu entziehen. Karthago schloss zu diesem Zweck Verträge mit den etruskischen Städten und Rom. 535 fügten die Verbündeten den Phokaiern in einer Seeschlacht an der Ostküste Korsikas so große Verluste zu, dass diese nach Süditalien übersiedeln mussten. Korsika wurde dem etruskischen und Sardinien dem karthagischen Einflussbereich zugeschlagen.

Die Seeschlacht von Alalia war Höhepunkt einer Kette von Konflikten, die sich aus der Konkurrenz wirtschaftlich und militärisch potenter Stadtstaaten um den Zugriff auf Rohstoffe und die Kontrolle von Handelsverbindungen ergaben.

Ein Klima der Konfrontation

Der lange gepflegte Geist der Kooperation wich einer Atmosphäre misstrauischer Konfrontation, die durch polisinterne Konflikte (*stâseis*) und den Ehrgeiz der Adligen zusätzlich befeuert wurde. Häufig riefen die Kontrahenten um auswärtige Hilfe, die Sieger nutzten die labile Lage zum Machtzuwachs, Unterlegene suchten Aufstiegsmöglichkeiten in der Fremde. Die Poleis bildeten eine Quelle dauernder Unruhe, die ihre Energien auf die eine oder andere Weise nach außen lenkten, fremde Mächte zum Eingreifen einluden, aber auch Auseinandersetzungen zwischen den Griechen heraufbeschworen – am meisten Aufsehen erregte die Zerstörung von Sybaris durch Kroton (510). Eine ähnliche Steigerung des Konfliktpotentials erlebte der Osten. Auch hier stand der ökonomische Aufschwung der Poleis häufig auf wackligen innenpolitischen Fundamenten. Und auch hier kam es etwa in der gleichen Zeit, als die bedeutendsten Stadtstaaten des Westens ihre Interessensphären zu markieren begannen und durch Subkolonisation (das heißt die von Apoikien ausgehende Gründung neuer Poleis) zu sichern suchten, zu einschneidenden Machtverschiebungen. Diese verliefen jedoch auf lange vorgeprägten Bahnen und hatten andere strukturelle Auswirkungen: Im westlichen Mittelmeerraum konnten die Griechen seit der frühen Archaik in eine sich langsam entwickelnde, aristokratische Siedlungs- und Stadtkultur einfädeln, die zwar die Ausbildung quasimonarchischer Regierungsformen (Tyrannen, etruskische Stadtkönige) nicht ausschloss, aber keine expansiven Großreiche hervorbrachte; das gilt auch für Karthago, dessen Einflussgebiet außerhalb Nordafrikas im Wesentlichen in einem Konglomerat phönikischer Inselkoloni-

Machtverschiebungen im Westen

en bestand und über persönliche Verbindungen mit vergleichsweise geringen militärischen Mitteln zusammengehalten wurde. Der östliche Mittelmeerraum lag dagegen spätestens seit dem Aufstieg des Neuassyrischen Reiches (8. Jahrhundert) im Einzugsbereich monarchischer Großreiche, die mit viel größeren Armeen operierten und einer langen Tradition weiträumiger Herrschaftsbildung verpflichtet waren. Auch die ostmediterranen Küsten und das kupferreiche Zypern bildeten Objekte ihrer expansiven Machtpolitik. Etwa in der gleichen Zeit, als die Phokaier im Westen mit dem Widerstand der Etrusker und Karthager zu kämpfen hatten, suchten die lydischen Könige ihre Macht an die reiche und für den Handel wichtige Ägäisküste auszudehnen und vom Wohlstand der Hafenpoleis zu profitieren.

... und im Osten

Aufstieg des Perserreichs

Wenige Jahrzehnte später mussten sich die Lyder ihrerseits den Persern beugen, einem Angreifer aus dem Osten, den bis dahin kaum jemand auf der Rechnung hatte. Ausgangspunkt war eine Machtverschiebung im Gebiet des heutigen Iran, welche die politischen Koordinaten des Nahen Ostens grundlegend verändern sollte. Gegen Ende der 550er-Jahre hatte Kyros II. aus dem Haus der Teispiden, die als „Könige von Anschan“ in der Landschaft Parda (Persis) residierten, den Anführer der Meder Astyages besiegen, dessen Hauptstadt Ekbatana erobern und große Teile des medischen Gebietes unter Kontrolle bringen können. Ausgestattet mit den militärischen und materiellen Ressourcen seiner Heimat setzte er zu einem Eroberungszug an, dem zunächst das Reich von Urartu (im östlichen Anatolien) sowie Mitte der 540er-Jahre das Lyderreich zum Opfer fielen; im Zuge dieser Kämpfe emigrierten die Einwohner von Phokaia in ihre westlichen Apoikien. Ein Aufstand der Lyder endete mit der endgültigen Unterwerfung Westkleinasiens und der Eingliederung sämtlicher griechischer Küstenstädte. 539 ergab sich Babylon den Persern. Ein Jahr später wurde die bedeutende Hafenstadt Tyros erobert. Deren Handelspartner wandten sich fortan häufiger an Karthago, um die begehrten Rohstoffe aus dem Westen zu bekommen, was das Einflussgebiet der tyrischen Kolonie wesentlich erweitert haben dürfte. Im Osten setzte nach Kyros' Tod sein Sohn Kambyses den Eroberungszug an den Küsten des Mittelmeeres fort. In den Jahren 526 und 525 fügte er Zypern und Ägypten dem persischen Hoheitsgebiet hinzu, zwang Kyrene in die Abhängigkeit und dehnte wahrscheinlich den persischen Einfluss zeitweise bis in das nördliche Arabien und den Sudan aus. Die Teispiden hatten ein Reich erobert, das von der Ägäis und Ägypten bis nach Zentralasien reichte und mit der Einverleibung Zyperns und der phönikischen Städte auch zur dominierenden Seemacht des östlichen Mittelmeerraums geworden war.

Gefahren drohten der neuen Weltmacht fast nur aus ihrem Inneren. Sie erwuchsen aus Aufständen von Reichsteilen, die wie Ägypten und Babylonien auf eine stolze Tradition eigener Herrschaftsbildung zurückblicken konnten, ferner konkurrierenden Thronansprüchen und schließlich aus der Tatsache, dass die Eroberungen wenig Zeit der inneren Konsolidierung gelassen hatten. Die Gefahrenpotentiale verdichteten sich nach der Eroberung Ägyptens. Während Kambyses noch dabei war, das Land zu befrieden, kam es in den persischen Zentrallanden zu Thronstreitigkeiten und Usurpationsversuchen. Der unerwartete Tod des Kambyses auf dem Rückmarsch in die Persis 522 riss das Reich in einen Bürgerkrieg, den einige Reichsteile wie Medien und Babylon dazu nutzten, sich von der persischen Herrschaft zu befreien. Eine wesentliche Ursache des Unmuts dürfte in den finanziellen und militärischen Belastungen zu suchen sein, die der Feldzug des Kambyses sowie der für altorientalische Imperien ungewöhnliche Flottenbau verursacht hatte. Ferner hatten es die Teispiden versäumt, die auf Stammesstrukturen basierenden Reichseliten hinreichend in ihre imperialen Ziele einzubinden. Die innere Formierung hatte mit der Expansion nicht Schritt halten können.

Dareios konsolidiert das Reich

Nach zahllosen Kämpfen konnte sich Dareios aus dem Hause der Achaimeniden durchsetzen und das Reich aus seiner bis dahin gefährlichsten Krise befreien. Um erneute Spannungen mit der Stammesaristokratie im Keime zu ersticken und die unter den Kriegslasten stöhnende Bevölkerung mit seiner Herrschaft auszusöhnen, förderte er einen loyalen „persisch" dominierten Reichsadel, teilte das Reich in Teilgebiete unter vom König eingesetzten „Statthaltern" (Satrapen) ein und bemühte sich, die Einnahmen zu verbessern. Gleichzeitig suchte er den Handel durch den Ausbau des Straßenwesens, die Anlage von Raststätten und Wachposten zu fördern. Die Einführung einer neuen Goldmünze mit dem Portrait des Dareios (Dareikos) dürfte nicht nur der herrschaftlichen Selbstdarstellung, sondern auch der Stabilisierung von Einnahmen und Wirtschaft gedient haben. Jenseits der organisatorischen Maßnahmen brauchte Dareios Legitimationsformeln, um seine mit Gewalt gewonnene Herrschaft zu rechtfertigen und dauerhaft zu sichern. Er fand sie zunächst darin, dass er seine Gegner im Kampf um den Thron als illegitime Usurpatoren („Lügenkönige“) brandmarkte und im Gegenzug den Familienstammbaum seiner Familie mit der Linie der Teispiden (des Kyros) genealogisch zu verbinden suchte. Um die Bande sichtbar zu machen, heiratete er zwei Töchter des Kyros (Atossa und Artystone). Die Anbindung an die Könige der Teispiden bedeutete aber auch, dass er sich an deren Erfolgen messen lassen musste. Deshalb führte Dareios die Expansion des Kambyses und Kyros fort und dehnte sie über die von ihnen erreichten „Weltgrenzen“ nach Osten (Industal) und Nordwesten aus. 513/12 überquerte eine Expeditionsarmee den Hellespont und stieß über die Donau gegen die Skythen vor, vielleicht um die nordwestlichen Küsten des Schwarzen Meeres zu sichern. Auch wenn dieser Feldzug keine klaren Ergebnisse brachte, konnte der König Thrakien und Makedonien (als „Vasallenstaat“) an die persische Herrschaft anbinden. Das Persische Reich war damit zu einem nicht mehr zu ignorierenden Faktor der griechischen Politik geworden.

Karthagos Expansion

Etwa in der gleichen Zeit erweiterte Karthago sein Einflussgebiet im westlichen Nordafrika und im Tyrrhenischen Meer. Sehr wahrscheinlich beanspruchte die Stadt ein Hoheitsgebiet, das von Tunis bis zur Straße von Gibraltar reichte, Sardinien sowie den westlichen Teil Siziliens umfasste und die dazwischen liegenden Meeresräume miteinbezog. Allerdings unterschieden sich die Kontrollmöglichkeiten beträchtlich von denen der persischen Herrschaft im Osten. Während die Perser die Reichsbewohner durch Dienstleistungen und Tributforderungen abschöpften, begnügten sich die Karthager damit, in Nordafrika und Sardinien sowie wohl auch von den tyrischen Kolonien und Subkolonien allenfalls einen mäßigen Tribut einzufordern, der im wesentlich aus Naturalprodukten (Getreide) bestand; nur im Kriegsfalle erwartete man Truppen und weitere materielle Unterstützung. Insgesamt war jedoch der Umfang der militärischen Kräfte viel geringer als die persischen Aufgebote; von einer direkten Herrschaft konnte zumal auf den Tyrrhenischen Inseln nicht die Rede sein. Es waren Netzwerke persönlicher Beziehungen zwischen den Eliten sowie Handelsverbindungen, die das karthagische Einflussgebiet zusammenhielten. Diese unterschiedliche Intensität von Expansion und Herrschaft bestimmte auch das Verhältnis zu den Griechen und die militärischen Konflikte, die sich seit Ende des 6. Jahrhunderts in Ost und West anbahnten.

4.2 Sparta und Athen gegen Ende des 6. Jahrhunderts

Auf der griechischen Halbinsel hatte sich Sparta (s. o. 3.4) in etwa zeitgleich mit dem persischen Aufstieg unter Kyros als Führungsmacht (Hegemon) auf der Peloponnes etabliert und sein Einflussgebiet durch ein Vertragswerk (Peloponnesischer Bund) gesichert, das die Mitglieder zur außenpolitischen Loyalität und Militärhilfe im Kriegsfalle verpflichte, darüber hinaus aber keine materiellen Verpflichtungen vorsah. Als militärisch stärkste Polis in Griechenland mit einer hocheffektiven Hoplitenarmee war die Polis am Eurotas natürlicher Ansprechpartner für Hilfegesuche fremder Mächte gegen die persische Expansion, die wie die Lyder, Ägypter oder die Skythen keine eigenen Hopliten besaßen. Die Spartaner agierten jedoch stets zurückhaltend, da man die Perser nicht provozieren wollte und die eigenen Hopliten im Lande gegen die unterdrückten Heloten und alte Konkurrenten (Argos) benötigte. Militärische Expeditionen über See wurden nach Art aristokratischer Kommandounternehmen durchgeführt, mit kleinen Verbänden, bei denen sich persönliche Interessen und Verpflichtungen sowie offizielle Billigung in einer schwer erkennbaren Mischung miteinander verbanden. 525 landete eine mit korinthischen Schiffen verstärkte spartanische Flottille in Samos, um dortige Aristokraten gegen den Tyrannen Polykrates zu unterstützen. Rund zehn Jahre später zog der aus der Königsfolge ausgeschlossene Dorieus mit einer Truppe Gleichgesinnter von Nordafrika nach Sizilien, auf der Suche nach neuen Existenz- und Aufstiegsmöglichkeiten.

Spartas Außenpolitik

Auch wenn all diese Unternehmungen letztlich erfolglos blieben, so hatten sie in der Summe und zusammen mit vergleichbaren Aktionen anderer Poleis einen ähnlichen Effekt wie im Westen: Die Betroffenen begannen die eigenen Interessensphären zu sichern und vertraglich zu definieren: Die Karthager legten gegenüber Kyrene ihr Hoheitsgebiet fest, Polykrates erweiterte im Schatten der persischen Expansion sein maritimes Aktionsfeld, und die Perser selbst scheinen ihre Expansionspläne in den letzten Dezennien des 6. Jahrhunderts stärker als zuvor auf die Etablierung der Ägäis als ein geschütztes *mare Persicum* ausgerichtet zu haben.

Fixierung von Interessensphären

Die Spartaner konzentrierten sich derweil auf den Ausbau ihrer Hegemonie in Griechenland. Ihr Blick richtete sich unter König Kleomenes über den Isthmos von Korinth nach Attika, und wieder gab dabei eine Mischung aus aristokratischem und sicherheitspolitischem Machtkalkül den Ausschlag. Der in Athen residierende Tyrann Peisistratos pflegte wahrscheinlich Gastfreundschaften mit führenden Familien aus Argos, dem härtesten Gegner Spartas auf der Peloponnes. Die Stadt selbst hatte unter den Tyrannen einen bemerkenswerten ökonomischen Aufschwung erlebt, dabei mit eigener Keramik korinthische und phokaische Waren als Hauptexportartikel in das Gebiet der griechischen Apoikien und in den etruskischen Siedlungsraum verdrängt. In den 540er-Jahren streckten die Peisistratiden ihre Fühler in die nordöstliche Ägäis aus und eroberten das für den Schiffsverkehr durch den Hellespont wichtige Sigeion. Auf der gegenüberliegenden Seite, der thrakischen Chersonnes, schuf sich der Athener Miltiades (der Ältere) mit Zustimmung des Tyrannen ein Herrschaftsgebiet. In den letzten Dezennien des 6. Jahrhunderts oder etwas später bemächtigte sich der Jüngere Miltiades der vor dem Hellespont liegenden Inseln Lemnos und Imbros und übergab sie seiner Heimatstadt. Die Athener hatten damit in persisches Interessengebiet direkt eingegriffen sowie zentrale, für die Getreideversorgung und Metall- bzw. Rohstoffgewinnung wertvolle Positionen als Außenposten gewonnen. Wieder hatte sich eine Polis als Störenfried in einem ökonomisch und strategisch sensiblen Raum erwiesen, doch diesmal kamen wie im Falle der sizilischen Tyrannen Akte territorialer Besitzergreifung hinzu. Diese Entwicklung dürfte für die Spartaner ein zusätzlicher Grund gewesen sein zu intervenieren, bevor Athens Aufstieg nicht mehr zu kontrollieren war. 510 vertrieb Kleomenes mit Militärgewalt Hippias, den Sohn des Peisistratos. In den darauf ausbrechenden innerathenischen Machtkämpfen unterstützte der König den Athener Isagoras, der ihm der geeignete Vertreter spartanischer Interessen zu sein schien. Allerdings musste Kleomenes erneut in Athen einrücken, um die Gegner des Isagoras mit ihrem Wortführer Kleisthenes aus Attika zu vertreiben. Doch diesmal war die Athener Bürgerschaft nicht mehr bereit, sich von außen und mit militärischer Gewalt den Willen aufzwingen zu lassen und die adlige Restaurationspolitik des spartanischen Günstlings mitzutragen. So wurden in einer spektakulären Demonstration des Athener Bürgerwillens Isagoras und

Spartas Politik in Hellas

Athens expansive Politik

Sparta interveniert in Athen

seine Anhänger sowie die spartanische Truppe zunächst auf der Akropolis eingeschlossen und dann zum Abzug gezwungen (o. S. 137).

Isonomie in Athen

Die Bürger hatten sich nicht nur gegen jede äußere Einmischung, sondern auch für einen in Zukunft entscheidenden innenpolitischen Weg entschieden. Er führte weg von einer an Sparta orientierten Dominanz von Aristokraten hin zu einer Verfassung, die den Bürgern breitere Rechte und institutionell abgesicherte Partizipationsmöglichkeiten an der Politik verschaffte. Für die Gesamtheit dieser Ordnung dürfte sich das ursprünglich aristokratische Schlagwort Isonomie eingebürgert haben. Wegbereiter wurde Kleisthenes, der im innenpolitischen Kampf gegen Isagoras mit Unterstützung der Bürgerschaft triumphiert hatte. Kernstück seiner Neuordnung war die Umformierung der Bürgerschaft und des Bürgergebietes in Phylen und Demen (o. 3.7). Kleisthenes hatte damit nicht nur die Voraussetzungen für eine stärkere Beteiligung der Bürgerschaft an der Politik geschaffen, sondern auch die Rekrutierung des Bürgeraufgebotes verbessert und die unter den Tyrannen stagnierende militärische Schlagkraft Athens erheblich gesteigert – eine weitblickende Maßnahme, denn es war abzusehen, dass der Spartanerkönig die erlittene Schmach nicht auf sich sitzen lassen würde. Dramatisch wurde die Lage, als die Boioter und die Stadt Chalkis auf Euboia zusammen mit den Spartanern ihre Truppen mobilmachten, um von Norden das durch die inneren Kämpfe vermeintlich geschwächte Athen anzugreifen; auch die Inselpolis Aigina stand bereit, um den alten Rivalen um die Macht im Saronischen Golf in die Knie zu zwingen.

Athens neue Schlagkraft

Die Lage muss von den Athenern als so bedrohlich eingeschätzt worden sein, dass sie Zuflucht zu einer Macht suchten, die allein imstande schien, das Blatt noch zu wenden: 507 reiste eine athenische Gesandtschaft nach Sardes und bat den persischen Satrapen beziehungsweise seinen König um ein Bündnis. Die Perser verstanden das Ansinnen im Sinne ihrer Reichsideologie als Unterwerfungsangebot, die Volksversammlung in Athen wollte hingegen nach der Rückkehr der Gesandten von einer solchen Unterwerfung nichts wissen, zumal sich die militärische Lage in der Zwischenzeit erheblich verbessert hatte: Kleomenes konnte seinen Mitkönig Damaratos und die Bundesgenossen nicht mehr vom Angriffsziel Athen überzeugen, das Heer löste sich auf. Wenig später

Athen als Stadt des Großkönigs?

besiegte die athenische Bürgerarmee die Boioter und Chalkidier. Im Schwunge des Erfolges dehnte man die Grenze zu Boiotien hin aus und errichtete Siedlungen athenischer Bürger (Kleruchien, o. 2.4) auf dem Gebiet von Chalkis sowie den Inseln Salamis vor der Küste Attikas und auf Lemnos und Imbros. Athen hatte sich zur führenden Macht Mittelgriechenlands mit einem großen Polisgebiet emporgeschwungen.

4.3 Große und kleine Kriege in Ost und West (499–478)

Gegen Ende des 6. Jahrhunderts hatten sich somit in strategisch und wirtschaftlich wichtigen Teilgebieten des Mittelmeers mehrere Konfrontationsräume gebildet, die in die griechischen Siedlungsgebiete hineinragten und aus diesen starke Impulse erhielten. Im Westen waren das Tyrrhenische Meer und seine Inseln zu Räumen künftiger Interessenkonflikte zwischen Griechen, Etruskern und Karthagern geworden, im Osten traf die Expansion der Perser auf die Ausweitung des athenischen Einflusses in die Nordägäis und den Hellespont. Die wechselseitigen Dynamiken wurden nicht nur von handelspolitischen Interessen begleitet, sondern auch getragen vom politisch-ideologischen Selbstverständnis der Akteure. Die Perserkönige Dareios und Xerxes mussten ihrer Stellung als (neue) Regenten eines Weltreiches durch expansive Erfolge gerecht werden und das Gewonnene schützen, um nach eigenem Verständnis die Welt vor dem Chaos zu retten. In Athen bildete eine aggressive Außenpolitik die notwendige Klammer für das sich entwickelnde Gemeinschaftsgefühl einer Polis, die nach der kleisthenischen Neuordnung ihre politische Partizipiationsmöglichkeit und Rekrutierungsbasis erheblich erweitert hatte Zugleich kanalisierte sie die inneraristokratische Konkurrenz und eröffnete ihr neue Entfaltungsmöglichkeiten.

Konfrontationsräume

Im Rahmen dieser Veränderungen gelang es auch anderen isonomen Poleis wie dem nahen Eretria, die für transmaritime Militäraktionen wichtigen Kriegsschiffe Schritt für Schritt in den Dienst der Gesamtgemeinde zu stellen. Seekriegspolitik wurde zur Aufgabe einer kriegs- und wehrbereiten Polisgemeinschaft; diese betrieb im Zuge ihrer staatlichen Institutionalisierung auch die Monetarisierung von Wirtschaft und Verwaltung und war so in der Lage, ihre expansiven Projekte mit Aussicht auf Erfolg zu be-

Dynamische Politik zur See

treiben. Wenige Jahre nach den Reformen des Kleisthenes konnte Athen bereits über eine Triërenflotte von 50 Einheiten mit einer Besatzung von rund 10 000 Mann disponieren. Das war die größte Kriegsflotte der griechischen Halbinsel.

Dem Wandel der politischen Ordnungen in die eine (Tyrannis) oder andere (Isonomie) Richtung waren fast durchweg bürgerkriegsähnliche Konflikte (*stáseis*, s. o. 2.5.1) vorausgegangen, in deren Verlauf sich die unterliegene Partei oft an fremde Helfer und Gastfreunde wandte, so wie das die Exulanten aus Samos und die Anhänger des Isagoras in Athen gegenüber den Spartanern getan hatten. Im Jahr 500 zogen die aus der isonomen Inselpolis Naxos verbannten Aristokraten nach Milet und baten den dortigen Tyrannen Aristagoras, sie mit militärischer Macht wieder in ihre Heimat zurückzuführen. Aristagoras regierte die Stadt im Auftrag der Perser und als Stellvertreter seines Vetters Histiaios, der in Persien weilte. Er entsprach der Bitte der Naxier wahrscheinlich auch deshalb, um seine Position als Tyrann zu stärken und seinen Einfluss gen Westen auszuweiten. Dem Satrapen in Sardes machte er die Sache schmackhaft, indem er auf die strategische Bedeutung von Naxos hinwies. Die Insel lag auf halber Strecke zum griechischen Festland und bot somit ein Sprungbrett für die persische Westexpansion. Dareios beorderte daraufhin seinen Vetter Megabates an die Seite des Aristagoras. Im Frühjahr 500 stieß ein persisch-phönikisch-milesischer Flottenverband von 300 Einheiten in See. Doch die Eroberung des gut vorbereiteten Naxos scheiterte. Die Hauptschuld lastete man Aristagoras an, und von ihm verlangten die Perser auch den Ausgleich der finanziellen Verluste, die mit dem Fehlschlag verbunden waren.

Aristagoras in Milet

Der in die Enge Getriebene wählte daraufhin den einzigen Ausweg, der ihm blieb, nämlich den Abfall von der persischen Herrschaft. Die Gelegenheit schien günstig, wenn man die nach wie vor intakte Flotte von immerhin 200 Kriegsschiffen unter Kontrolle bekam. Dies gelang, indem man deren Befehlshaber gefangen nahm oder von der Rebellion überzeugen konnte. Aristagoras selbst legte vor der Volksversammlung in Milet seine Tyrannis nieder und versprach die Einführung einer Isonomie. Dieses Angebot unterschied sich freilich von den westlichen Isonomien in zwei wesentlichen Aspekten: Sie war zum Zeitpunkt des Aufstandes nur mit einer Aufkündigung der persischen Herrschaft zu haben, während die bisherigen Isonomien in einem rein innergriechischen Konfliktfeld geboren wurden; und sie richtete sich faktisch in erster Linie an die adligen Familien der Stadt, die bisher nicht nur von der Mitregierung ausgeschlossen, sondern von den Tyrannen auch in ihrem wirtschaftlichen Handlungsspielraum eingeschränkt worden waren und ohne politische Kompensation die Last der Schiffskontingente für die Perser zu tragen hatten. Aristagoras musste diese Gruppe für sich gewinnen, und was er versprach, war deshalb eine Isonomie im ursprünglich aristokratischen Sinne, wie sie vor ihm auch andere Machthaber z. B. in Samos zur Diskussion gestellt hatten. Denn anders als in Athen und den Poleis der westlichen Ägäis, aber ähnlich den Verhältnissen in Sizilien, ist in Milet wie in allen Poleis der kleinasiatischen Küste nirgends von einem selbständig, ohne aristokratische Vorgaben handelnden Dêmos oder dessen Vertretern die Rede; vor allem fehlte eine politisierbare Hoplitenschicht, die als gesellschaftliche Mitte selbst einer gemäßigten Isonomie hätte fungieren können.

Der Ionische Aufstand

Diese Besonderheiten der kleinasiatischen Poleis waren zugleich die militärische Achillesferse der Rebellion, die man gemeinhin als „Ionischen Aufstand" bezeichnet (499–494): Den Rebellen fehlten schlagkräftige Landtruppen (Hopliten). Die Aristokraten fungierten als Schiffskapitäne oder Reiter, die jedoch der persischen Kavallerie schon quantitativ unterlegen waren. Da anders als in Sizilien auch nach der Niederlegung der Tyrannis keine Söldner zur Verfügung standen, wandte sich Aristagoras wie so viele vor ihm an die Spartaner, welche die Kunst des Phalanxkampfes der Hopliten wie niemand anders beherrschten. Doch Sparta sagte getreu seiner auf das griechische Festland gerichteten Politik ab. Nur in Athen und Eretria fand Aristagoras Gehör. Beide Poleis strotzten vor Selbstbewusstsein und besaßen kampfbereite Kriegsschiffe. Eine Expedition an die kleinasiatische Küste lag zudem aus Sicht der Athener auf der seit der Mitte des Jahrhunderts verfolgten Linie, ihren Einfluss in und über die Ägäis auszweiten. Hinzu kam die Aussicht auf reiche Beute. Der Goldreichtum von Sardes, der zentralen Münzstätte, war sprichwörtlich, und insofern wundert es nicht, dass die athenisch-eretrische Expeditionsarmee nach ihrer Landung an der kleinasiatischen Küste sofort auf die alte Residenz zumarschierte.

Auch wenn die Erstürmung der Satrapenfestung scheiterte, der Angriff selbst und die Plünderung der Stadt gaben das Fanal zur Ausweitung des Aufstandes. Die Athener erlitten auf ihrem

Rückzug eine schwere Niederlage und schieden fortan – im Gegensatz zu den Eretriern – aus dem Kampfgeschehen aus. An ihrer Stelle übernahmen die Poleis Zyperns und Kariens die Initiative, während Aristagoras, der anfängliche Initiator, in den Hintergrund trat. Mit der Beteiligung der griechischen Poleis auf Zypern veränderte das Unternehmen seinen Charakter, und spätestens jetzt verliert auch die moderne Bezeichnung „Ionischer Aufstand" ihren Sinn. Die Insel wurde seit jeher von Stadtkönigen dominiert. Die Entscheidung der griechischen Regenten, sich am Aufstand zu beteiligen, war daher nirgends mit irgendwelchen Angeboten innenpolitischer Veränderungen in Richtung auf eine (gemäßigte) Isonomie verbunden. Sie war allein darauf ausgerichtet, sich den Verpflichtungen gegenüber den Persern zu entziehen und im innerzyprischen Machtkampf gegenüber anderen Regenten und deren Städten Vorteile zu erringen.

Transformation des Aufstandes

Für die Perser selbst war die Ausweitung des Aufstandes in jedem Falle dramatisch. Er umfasste nun mit dem kupferreichen Zypern und der kleinasiatischen Mittelmeerküste das Kerngebiet der im Westen eingesetzten Flotte, von der sich ohnehin ein Großteil in den Händen der Aufständischen befand. Dareios musste reagieren, wenn er nicht die Kontrolle über seine nordwestliche Reichshälfte und deren Teilmeere verlieren wollte. Nach der üblichen Verzögerung, die mit der Aufstellung persischer Landarmeen verbunden war, rollten große Truppenverbände die Positionen der Aufständischen von der Landseite systematisch auf. Gleichzeitig drängte die phönikisch-persische Flotte die Griechen zurück und siegte schließlich 494 in den Küstengewässern Milets bei der Insel Lade. Die Sieger eroberten Milet, töteten, versklavten oder verschleppten die Einwohner und zerstörten die großen Gebäude und Heiligtümer. Binnen Jahresfrist nahmen die Perser die restlichen Widerstandsnester an der Ägäisküste ein und ersetzten die noch bestehenden Tyrannenregimenter durch aristokratische Isonomien. Das ohnehin im persischen Herrschaftsraum ungewöhnliche Experiment der Tyrannis war damit weitgehend ad acta gelegt und eine besser kontrollierbare Regierungsform begründet, die künftigen Aufstandsbewegungen den Wind aus den Segeln nehmen sollte. Zudem ließ Dareios das Land der abgabenpflichtigen Poleis neu vermessen, ein Hinweis darauf, dass es unter den Tyrannen zu Unregelmäßigkeiten bei der Veranlagung der Abgaben und maritimen Verpflichtungen gekommen war, die nun auf

Sieg und Nachkriegsordnung der Perser

alle Familien ihrem Vermögen entsprechend verteilt werden sollten.

Nur ein weiteres Jahr benötigte das Reich, um seine Herrschaft in Zypern und Karien sowie in der Hellespontregion wiederherzustellen. Im Norden der griechischen Halbinsel zwang der persische Feldherr Mardonios die Könige von Thrakien und Makedonien erneut zur Anerkennung der persischen Oberhoheit. Unerwartet zerschellte jedoch die nach Süden vorstoßenden persischen Schiffe am Berg Athos. Bereits 490 nahm eine neue Flotte unter dem Oberbefehlshaber Datis von Kleinasien direkt über die Kykladen Kurs auf das Festland. Sie bewegte sich auf der Route, die einst das Unternehmen des Aristagoras genommen hatte. An Bord waren der aus Athen vertriebene Tyrann Hippias sowie andere Exilanten, die offenbar in ihrer Heimat eine propersische Regierung errichten sollten. Diesmal war der Feldzug erfolgreich. Datis unterwarf Naxos und die Kykladen, zerstörte dann Eretria und landete auf Anraten des Hippias schließlich in der Bucht von Marathon. In Athen wurde Miltiades, der sich in der Zeit der Peisistratiden auf der Chersonnes eine lokale Herrschaft aufgebaut und am Skythenfeldzug des Dareios 513/12 teilgenommen hatte, zum Wortführer des Widerstandes. Einem solchen Kenner des persischen Militärs vertraute man, als er dazu riet, den Invasoren mit der gesamten Hoplitenarmee entgegenzutreten. Wenige Tage nach der Landung der Perser trafen die athenischen Schwerbewaffneten in der Ebene von Marathon ein. Religiöse Feiern verhinderten angeblich den rechtzeitigen Anmarsch einer spartanischen Hilfsarmee. Nur 800 Hopliten aus Plataiai schlossen sich an. Dennoch gelang es den griechischen Truppen, die Angreifer mehrere Tage hinzuhalten und ihnen beim geordneten Rückzug auf die Schiffe erhebliche Verluste zuzufügen. Doch erst als die um Kap Sunion segelnde Flotte auch bei der Landung in Phaleron und dem Direktangriff auf die Stadt scheiterte, war der persische Angriff endgültig abgeschlagen. Zum ersten Mal hatte eine Hoplitenmiliz, die es in Kleinasien nicht gab und die auf den Inseln nicht zum Einsatz gekommen war, eine persische Landarmee geschlagen und ihre isonome Ordnung verteidigt.

Die Perser in der Offensive

Schlacht bei Marathon 490

Die persische Sicht war naturgemäß eine andere. Trotz des Rückschlages bei Marathon und vor den Mauern Athens hatte die Expedition große Teile der ägäischen Inselwelt einschließlich des strategisch und ökonomisch so wichtigen Euboia sowie des Saro-

Strategische Lage nach Marathon

nischen Golfes unter persische Kontrolle gebracht. Dareios war seinem Ziel, die Ägäis zu einem *mare Persicum* zu machen und zusätzliche Einnahmen über Tribute, Zölle und Minenerträge zu erzielen, einen erheblichen Schritt nähergekommen. Allerdings konnte man den hartnäckigen Widerstand der Athener nicht einfach auf sich beruhen lassen, zumal er eine gefährliche psychologische Wirkung besaß. Die neben Sparta bedeutendste Stadt hatte als einzige Polis nicht nur ihre politische Ordnung gewahrt, sondern auch einen provozierenden Eingriff in das persische Hoheitsgebiet überstanden. Das mochte manche Athener zu einer Fortführung der bisherigen außenpolitischen Linie animieren, und tatsächlich gingen die Nadelstiche unvermindert weiter: Nur ein Jahr nach Marathon führte Miltiades mit Billigung der Volksversammlung 70 Kriegsschiffe gegen Paros, die Nachbarinsel von Naxos und seit dem Datisfeldzug unter persischer Kontrolle. Danach richtete man sich gegen Aigina, Persiens wichtigsten Verbündeten und Brückenkopf vor den Küsten Attikas – und den Athenern schon immer ein Dorn im Auge bei ihrem Bemühen, den Saronischen Golf unter Kontrolle zu bringen. Um den Konkurrenten in die Knie zu zwingen und die eigene maritime Schlagkraft zu erhöhen, hatte bereits in den Jahren 493/92 der Archon Themistokles vor der Volksversammlung den Antrag gestellt, den Kriegshafen im Piräus anstelle der offenen Bucht von Phaleron auszubauen. Gescheitert war er an den Kosten des Unternehmens, die vornehmlich von den reicheren Familien zu tragen gewesen wären. Doch als man in den Jahren nach Marathon in den Bergwerken von Laureion – offenbar nach gezielter Suche – neue Silberlagerstätten entdeckte, schien der Weg zur Aufrüstung frei, und diese wurde nun mit beispielloser Energie betrieben. 483 brachte Themistokles in der Volksversammlung den Antrag durch, mit Hilfe der Silbererträge 200 Triëren für den Krieg gegen Aigina bauen zu lassen. Auch wenn offiziell Persien weder Grund noch Objekt der in mehreren Phasen erfolgenden Aufrüstung war, so mussten die Perser die Entwicklung als ein weiteres Glied der langen Kette athenischer Provokationen ansehen, die sich immer unverhohlener und dynamisch steigernd gegen die Besitzungen und Verbündeten des Reiches in der Ägäis richteten. Es schien höchste Zeit, das athenische Dauerproblem mit neuen Kräften und in größeren Dimensionen anzugehen.

Zunächst verhinderten jedoch Aufstände in Babylonien und Ägypten sowie der Tod des Dareios die Umsetzung der Expansionspläne. Doch sein Sohn Xerxes setzte unmittelbar nach der Niederschlagung der Rebellionen die zuvor eingeleiteten Vorbereitungen für einen großen Griechenlandfeldzug fort. Diesmal sollte eine Invasionsarmee unter der Führung des Königs die griechische Halbinsel parallel zu Lande und zu Wasser von Norden über Thrakien und Makedonien aufrollen und die alten Widersacher endgültig zur Raison bringen. Der logistische Aufwand sowie der für griechische Verhältnisse ungewohnte kombinierte Angriff von Landarmee und Flotte bewogen die meisten Poleis Mittelgriechenlands, den persischen Boten „Erde und Wasser" als Zeichen der Unterwerfung und der Unterstützung der persischen Operationen zu geben. Von den rund 700 Poleis der Ägäiswelt konnten sich nicht mehr als 40 zur Abwehr aufraffen. Sie fanden sich im Jahre 481 in Korinth zu einer Wehrgemeinschaft (*symmachía*) zusammen, die den Krieg gegen Persien organisieren sollte und Sympathisanten des Feindes mit Vernichtung drohte. Die Spartaner beanspruchten den Oberbefehl, doch sie waren so klug, faktisch Kompetenzen im Bereich des Seekrieges an die Athener abzugeben, die ihre maritimen Rüstungen energisch vorangetrieben hatten und über die größte Triërenflotte verfügten. Da Gelon von Syrakus eine Beteiligung am Krieg gegen Persien ablehnte, war Athen die stärkste Seemacht im Hellenenbund.

Zug des Xerxes gegen Griechenland

Der Hellenenbund von 481

Nachdem dessen Vertreter zunächst geplant hatte, Truppen nach Nordthessalien zu entsenden, einigte man sich schließlich darauf, den persischen See- und Landstreitkräften auf der Höhe des Thermopylenpasses und zu Wasser am Kap Artemision im Norden Euboias entgegenzutreten. Das vordringliche Ziel scheint es gewesen sein, Zeit zu gewinnen und den Vormarsch der Perser zumindest ins Stocken zu bringen, in der Hoffnung, dass irgendwann die Versorgung des Feindes zusammenbrechen und der König selbst (wie einst Kambyses) aus Sorge vor erneut ausbrechenden Rebellionen wieder in seine Zentrallande zurückkehren würde. 480 verschanzten sich 300 Spartiaten unter ihrem König Leonidas mit 1000 Phokern am Engpass der Thermophylen. Nach drei Tagen umgingen persische Abteilungen die Abwehrstellung, vertrieben die Phoker und töteten die Spartaner bis auf den letzten Mann. Da keine Ersatztruppen bereitstanden, zog sich auf die Nachricht von der Niederlage auch die parallel operierende grie-

Strategie der Griechen

chische Kriegsflotte nach kurzem Gefecht in den Saronischen Golf zurück. Die Invasionsarmee konnte ungehindert nach Mittelgriechenland vorrücken. Die Mehrheit der Mitglieder des Hellenenbundes sprach sich dafür aus, auf dem Isthmos von Korinth eine neue Verteidigungslinie zu bilden, und man nahm dabei in Kauf, dass Athen zumindest von der Landseite dem Angriff der Perser schutzlos ausgeliefert war. Themistokles konnte daraufhin (oder schon vorher) die Athener dazu bewegen, Alte, Frauen und Kinder auf die nahen Inseln zu evakuieren, während die wehrfähigen Männer die Ruderbänke der Triëren besetzten. Die Schiffe bezogen mit den verbündeten Einheiten in der Meerenge von Salamis Stellung. Die Aufgabe der Stadt und die Evakuierung der Einwohner mussten die persischen Kommandeure zur Überzeugung gebracht haben, dass auch die griechische Flotte kurz davor war, sich in die Gewässer um Korinth zurückzuziehen, und Themistokles tat alles, um diesen Eindruck zu verstärken. Um den Griechen den Fluchtweg gen Südwesten aus der Bucht von Salamis abzuschneiden, teilte daraufhin der Perserkönig seine Armada und beorderte eine Flottenabteilung nach Süden; damit verlor die im Morgengrauen in den Sund von Westen einlaufende Flotte ihre zahlenmäßige Überlegenheit. Unerwartet griffen die vermeintlich fluchtbereiten griechischen Triëren an und fügten dem Gegner erhebliche Verluste zu. Am Ende gelang es der persischen Führung immerhin, mindestens die Hälfte ihrer Schiffe aus der Falle von Salamis zurückzuziehen.

Schlacht von Salamis 480

Obwohl keineswegs vernichtend geschlagen, befahl Xerxes angesichts der vorgerückten Jahreszeit den Rückzug. Die dezimierte Flotte segelte nach Kleinasien, die Landarmee überwinterte in Thessalien. Im Frühjahr 479 besetzte der persische Feldherr Mardonios erneut Athen. Abermals warfen sich die Athener auf ihre Schiffe. Doch diesmal ließen sich die Perser nicht auf eine Seeschlacht ein. Stattdessen versuchte Mardonios auf diplomatischen Wege Athen aus dem Hellenenbund zu lösen. Doch seine Bemühungen blieben erfolglos, und so kam es, nachdem die Perser ihre Truppen nach Boiotien zurückverlegt hatten, noch im gleichen Jahr zur Entscheidungsschlacht zu Lande bei Plataiai. Nach längeren taktischen Manövern siegte schließlich die von Sparta geführte Hoplitenarmee. Der Erfolg bedeutete den eigentlichen Wendepunkt des Krieges. Noch im Frühjahr 479 stach eine Teilflotte unter dem Spartanerkönig Leotychidas in See, um die

Schlacht von Plataiai 479

Kykladeninseln zu sichern und einem Gegenschlag der an die kleiasiatische Küste zurückgezogenen Flotte der Perser zuvorzukommen. Bei Mykale konnte er das persische Schiffslager zerstören. Damit war die unmittelbare Gefahr einer Wiederaufnahme des persischen Offensivkrieges zu Wasser und zu Lande gebannt.

Die Lage im Westen

In der Zwischenzeit hatte sich die Lage auch im westlichen Mittelmeer, einem strategisch und handelspolitisch inzwischen sensiblen Raum, zugespitzt. Die sizilischen Städte wurden wie die meisten ionischen Küstenpoleis von Tyrannen regiert, doch im Gegensatz zu diesen waren die sizilischen Herren bei ihrem Bemühen, ihr Einflussgebiet zu erweitern, nicht an die Befehle einer imperialen Oberherrschaft gebunden. Um das Jahr 480 hatten sich zwei machtpolitische Schwerpunkte herausgebildet: Den Süden beherrschte Theron von Akragas, den Osten Gelon von Syrakus. Nur die Nordküste um Himera sowie Selinus im Westen und Zankle (Messina) an der Meerenge gegenüber Italien konnten ihre Unabhängigkeit mit Mühe wahren. Als es Theron gelang, Terillos, den Herrscher von Himera zu vertreiben, wandte sich dieser nicht nur an seinen Schwiegersohn Anaxilas von Zankle, sondern auch an seinen karthagischen Gastfreund Hamilkar um militärische Hilfe. Hamilkar war zu diesem Zeitpunkt Oberfeldherr der karthagischen Truppen und sagte zu. Nach der Landung seiner Expeditionsarmee im Frühjahr 480 in Panormos konnte er zunächst das Aufgebot der Griechen von Himera und ein Entsatzkommando des Tyrannen Theron von Akragas zurückwerfen, wurde dann aber von den vereinten Truppen des Gelon vernichtend geschlagen.

4.4 Griechen in der Offensive: die syrakusanische Hegemonie im Westen und der Aufstieg Athens zur ostmediterranen Seemacht (478–460)

Gelon ließ sich als Retter von Hellas feiern, der thebanische Dichter Pindar behauptete, er habe durch seine Siege die Griechen auf ähnliche Weise vor der Knechtschaft der Barbaren bewahrt, wie dies die Poleis im Osten unter Führung Athens und Spartas getan hatten. Die Realität sah anders aus. Das karthagische Unternehmen von 480 war anders als der Feldzug des Xerxes nicht Glied einer langen Kette vorausgegangener Kampfhandlungen, sondern Ergebnis einer sukzessiven Machtakkumulation innerhalb der

Keine gedoppelte Geschichte

Welt der griechischen Tyrannen. Das Eingreifen Hamilkars basierte auf aristokratischen, die ethnischen und politischen Grenzen überkreuzenden Verpflichtungen, zu denen wahrscheinlich noch familiäre Verbindungen in Sizilien hinzukamen. Es mag sein, dass sich die karthagischen Behörden diese Beziehungen zunutze machten, ähnlich wie zwanzig Jahre vorher die Perser die Verbindungen des Aristagoras nach Naxos für ihre Expansionszwecke einsetzten. Die Ziele der Karthager und ihres Feldherrn besaßen jedoch schon allein aufgrund ihrer geringeren militärischen Kapazitäten bei weitem nicht die gleiche räumliche und ideologische Perspektive; wahrscheinlich ging es ihnen nur darum, das bedrohliche Machtübergewicht der beiden bedeutendsten sizilischen Tyrannen zu beschränken und die traditionellen Handelsverbindungen zu sichern. Von einer planmäßigen Eroberung griechischer Polisgebiete oder gar einer Unterwerfung *ganz* Siziliens konnte jedenfalls keine Rede sein (was hätte man damit auch gewonnen?). Genauso wenig wurden die karthagischen Aktivitäten mit dem Angriff des Xerxes koordiniert, wie eine spätere griechische Version glaubenmachen will. Die unterschiedliche Gesamtkonstellation im Westen und im Osten zeigt sich auch daran, dass auf die Niederlage des Hamilkar bei Himera in Sizilien ein siebzigjähriger Friede einsetzte, ohne dass es zu Racheakten oder Interventionen seitens der Karthager kam, während im Osten des Mittelmeerraums die Griechen nach Salamis und Plataiai beständig mit einer persischen Revanche rechnen mussten. Dort entwickelten die Ereignisse eine Eigendynamik, die sich aus der Aggressivität Athens, aber vor allem aus der imperialen Ideologie der Perser sowie ihren langfristigen Expansionszielen im ägäischen und griechischen Raum ergab. Gleiches war auf Sizilien angesichts des völlig anders gearteten Charakters des karthagischen Eingreifens von 480 nicht zu erwarten.

Beflügelte Expansionspolitiken

Auffällig ähnlich ist dagegen die Reaktion der Griechen auf ihre militärischen Erfolge. Anstatt das Erreichte zu konsolidieren, knüpften zumindest diejenigen Akteure, die bereits vorher ihr Einflussgebiet sukzessive erweitert hatten, nahtlos an ihre außenpolitische Linie an und setzen diese – eine bemerkenswerte Koinzidenz der Entwicklung in Ost und West – erstaunlich rasch und zielstrebig fort, wobei die Richtung der Expansion auch von der Qualität des Gegners bestimmt wurde: In Sizilien fügte Gelon von Syrakus zunächst die den Karthagern zuneigenden Städte durch

... im Westen

Bündnisse und Heiratsverbindungen seinem Herrschaftsbereich hinzu, ohne dass Karthago opponierte, und sicherte diesen mit territorialstaatlichen Kontrollen und Maßnahmen (wie planmäßigen Umsiedlungen), die der Poliswelt bisher fremd gewesen waren. Parallel dazu ließ Gelon ähnlich wie die Athener unter Themistokles einen neuen Kriegshafen errichten. Wenn man Herodot glauben will, besaß er 200 Triëren, die damit der Flotte Athens im Krieg gegen die Perser gleichgekommen wären.

Die maritime Stoßrichtung der syrakusanischen Tyrannen zielte aber bezeichnenderweise nicht gegen Karthago oder die karthagischen Außenposten auf Sizilien, sondern in die entgegengesetzte Richtung: Sechs Jahre nach der Schlacht von Himera schickte Hieron, Gelons Bruder und Nachfolger als Tyrann von Syrakus, seine Kriegsflotte durch die Meerenge von Rhegion an die Küsten Mittelitaliens, offiziell auf den Hilferuf der angeblich von den Etruskern bedrohten Griechen von Kyme. Die Polis war die nördlichste und eine der ältesten griechischen Apoikien nahe der etruskischen Erzverarbeitungsstätten, und es liegt auf der Hand, dass Hieron sich Zugriffsmöglichkeiten sichern wollte, ohne dass er oder die Griechen sich von offensiven Vorstößen der Etrusker hätten bedroht fühlen müssen. Sein Sieg über die gegnerische Flotte forcierte denn auch einen bereits zuvor erkennbaren etruskischen Machtrückgang; so hatte Aristodemos von Kyme gegen Ende des 6. Jahrhunderts den Etruskern in Latium schwere Niederlagen (bei Aricia) beigebracht, die auch Rom die Chance verschafften, sich von dem etruskischen Stadtregenten zu lösen. Hieron nutzte diesen Trend und nahm gleichzeitig ‚Rache' für die Schlacht von Alalia, welche rund eine Generation vorher die Phokaier zum Abzug aus Korsika gezwungen hatte. Wahrscheinlich traten Kyme und andere Poleis Kampaniens in ein ähnliches vertragliches Abhängigkeitsverhältnis zu Hieron wie die nach Himera auf Gelons Seite wechselnden sizilischen Gemeinden. Auf Pithekussai (Ischia) wurde eine Besatzung stationiert. Syrakus stieg endgültig zur mächtigsten griechischen Stadt des Westens auf und hatte eine vertraglich gesicherte maritime Vorherrschaft in den italisch-sizilischen Gewässer des Tyrrhenischen Meeres errungen, wie sie nie zuvor eine Polis besessen hatte.

Großmacht Syrakus

Ähnlich konsequent nutzen die Athener im ostmediterranen Raum die Abwehrerfolge gegen die Perser, allerdings mit Mitteln, die sich aus den Erfahrungen früherer Konflikte mit dem Gegner

Athens Expansionspolitik

ergaben und auf die Lage unmittelbar nach den großen Schlachten reagierten. Wie im Falle der syrakusanischen Expansion rückten dabei das Meer und der Seekrieg ins Zentrum außenpolitischer Machtentfaltung. Nach der Zerstörung des persischen Schiffslagers bei Mykale stellte sich für den Hellenenbund die Frage, wie man mit den kleinasiatischen Poleis umgehen sollte. Diese waren angesichts der Erfahrungen des Ionischen Aufstandes an einer langfristigen Unterstützung gegen die Perser interessiert und witterten nun die Chance, sich endgültig aus dem persischen Reichsverband zu lösen. Auf einer Konferenz der Bündnismitglieder in Samos (479) sprachen sich die Spartaner mit ihren Bundesgenossen gegen eine Erweiterung des Hellenenbundes über die Ägäis aus und kehrten damit zu der alten, auf die Peloponnes konzentrierten Politik zurück, die sie schon von einer Beteiligung des ersten Ionischen Aufstandes abgehalten hatte. Die Athener blieben dagegen ihrer gen Osten gerichteten Außenpolitik treu und konnten die Aufnahme wenigstens der Inselpoleis Samos, Lesbos und Chios in den Hellenenbund durchsetzen. Im Frühjahr 478 unternahm die Flotte des Hellenenbundes unter Führung des neuen spartanischen Oberkommandierenden Pausanias zum letzten Mal eine weiträumige Offensive, die bis nach Zypern und im Norden der Ägäis bis nach Byzantion an der strategisch so wichtigen Durchfahrt durch den Bosporus reichte und damit erneut die räumlichen Dimensionen des Ionischen Aufstandes von der Seeseite aus erreichte. In Zypern konnten nur kurzzeitig einige griechische Städte gewonnen werden, während Byzantion vollständig erobert wurde. Damit war die Ägäis unter griechischer Kontrolle und der politische-militärische Auftrag des Hellenenbundes aus spartanischer Sicht erfüllt. Anders war die Einschätzung der kleinasiatischen Poleis, die nach den Erfolgen des Pausanias umso mehr mit einer militärischen Gegenreaktion des Perserkönigs rechneten. Ihre Sorge kam wiederum den traditionell auf die Ägäis gerichteten Interessen der Athener entgegen, die sich spätestens seit dem Ionischen Aufstand als stammverwandte Schutzherren der Ioner gerierten.

Der ‚Hegemoniewechsel von Samos'

Der Interessenkonflikt innerhalb der beiden stärksten Poleis des Hellenenbundes sowie persönliche Dissonanzen führten schließlich dazu, dass im Winter 478/77 der Oberbefehl des Hellenenbundes von Pausanias auf Aristeides, den Feldherrn der Athener, wechselte, ohne dass Sparta intervenierte. Dieser schloss mit den kleinasiatischen Griechen Einzelverträge, die den Grundstock eines neuen Kampfbundes (*symmachía*) bildeten. Die küstennahen, durchweg maritim ausgerichteten Poleis mussten Schiffe, Soldaten oder die entsprechenden Geldsummen (*phóroi*) bereitstellen. Die Schiffe sammelten sich im Piräus, die Gelder gelangten (bis 454) in eine Bundeskasse auf Delos. Hier tagte auch die Bundesversammlung (*synhédrion*), in der jedes Mitglied unabhängig von seiner Größe eine Stimme hatte. Dennoch besaßen die Athener ein Übergewicht: Ihre Admiräle befehligten die Bundesflotte, aus ihren Reihen kamen die Beamten, welche die Mitgliedsbeiträge verwalteten, und sie bestimmten die Einsatzziele der Flotte. Damit besaß Athen vertraglich gesichert die politische und militärische Führung (Hegemonie). Deshalb bezeichneten die Athener die Gesamtheit des Bundes als „Die Athener und ihre Bundesgenossen", d. h. die Athener standen der Masse der nicht genannten Bündner gegenüber.

Gründung des Attischen Seebundes

Die Etablierung des Seebundes bildete den vorläufigen Abschluss und Höhepunkt einer aggressiven Außenpolitik, welche die Athener seit den Tagen des Peisistratos und verstärkt seit den isonomen Veränderungen des Kleisthenes immer weiter in die Ägäis und in Konflikt mit der persischen Expansion getrieben hatte. Ähnlich wie in Sizilien die Tyrannen von Syrakus bei der Ausweitung ihres Einflussgebietes Herrschaftsmethoden anwandten, die der Poliswelt eigentlich unbekannt waren, und diese mit einer kumulativen Vertragspolitik kombinierten, so nutzen die Athener bei der Organisation der Finanzbeiträge und Schiffskontingente der Bündner fremde, in diesem Falle eingespielte und (nach dem Ionischen Aufstand) bewährte persische Verfahren. Auch die im Gegensatz zum Hellenenbund unbefristete Geltungsdauer der Verträge barg den Keim langfristiger Herrschaftsbildung in sich. Dass die kleinasiatischen Poleis dennoch zustimmten, mag zum einen daran gelegen haben, dass Aristeides wohlweislich die Abgabenhöhe moderat gestaltete. Der Hauptgrund war aber wohl die reale Sorge vor einer persischen Revanche, die man nicht mit Hilfe Spartas, sondern nur mit Rückendeckung Athens, der stärksten Seemacht der Ägäis, zu bannen glaubte. Die Athener taten alles, um den Bund auf diese Erwartungen hin auszurichten und mit unverfänglichen Eigeninteressen zu verbinden. Das Ziel des Bundes war die Fortsetzung des Kampfes gegen die Perser. Dieser war nur möglich mit einer stehenden Flotte, die den Gegner von allen

als Glied längerfristiger Politik

Versuchen der Rückeroberung verlorener Gebiete abhalten sollte, was während des Ionischen Aufstandes noch gescheitert war. Gleichzeitig eröffnete die neuartige Struktur des Seebundes, die bewusst an imperiale Methoden der Perser zumal im Rahmen des Tributeinzuges anknüpfte, den Athenern auch die Chance, ihre aggressive Außenpolitik auf eine neue organisatorische Basis zu heben und in ungeahnte räumliche Dimension auszudehnen.

Der Seebund unter Kimon

Admiral der Flotte des Seebundes wurde der Athener Kimon (ca. 510–449), der Sohn des Miltiades. Er avancierte zu einem der erfolgreichsten Strategen, die Athen je hervorbrachte, und hat die Zeit von 478/77–462/61 so geprägt, dass man von einer „Kimonischen Ära" spricht. Viele seiner Operationen wie die Eroberung von Eion an der thrakischen Küste sowie die Vernichtung des persischen Schiffslagers und der Flotte an der Mündung des Eurymedon (in Pamphylien) 465 konnten mit der Sicherung beziehungsweise Vorfeldverteidigung des Bundesgebietes gegen die Perser und ihre Verbündeten (Makedonien) begründet werden. Daneben stabilisierte er den Einflussbereich Athens und weitete diesen sogar über die Ägäis hinaus. Bereits 475 war die Insel Skyros östlich von Euboia erobert worden. In den nächsten Jahren wurden Karystos, Naxos und das rebellierende Thasos in den Seebund eingegliedert. Aus Athener Sicht sicherten diese Aktionen die für den Erhalt der Flotte wichtigen materiellen Ressourcen sowie die Getreidehandelswege aus dem Schwarzmeergebiet. Nur so konnte man die Schlagkraft des Seebundes wahren und einer persischen Gegenoffensive Paroli bieten.

Sparta hält dagegen

Die Spartaner sahen sich dagegen in ihrem Misstrauen gegenüber dem alten Konkurrenten bestätigt, der in den 460er-Jahren immer unverhohlener eigene Machtinteressen verfolgte. Begnügte man sich in den ersten Jahren nach Plataiai noch mit diplomatischen Interventionen, um z. B. die Errichtung einer großen Festungsmauer in Athen zu verhindern, so scheute man sich in den folgenden Jahrzehnten nicht, direkt in das Verhältnis einzelner Mitglieder des Seebundes zu Athen einzugreifen. So versprach man den Thasiern, sie bei ihren Abfallbemühungen durch einen Einmarsch in Attika zu entlasten. Auch wenn dieses Angebot (wie so viele Versprechungen Spartas) aus schwer durchschaubaren Gründen – möglicherweise war es in der politischen Führungsschicht umstritten gewesen – nicht eingelöst wurde, hat allein die Bereitschaft, rebellierende Bündner Athens mit einer parallelen

Offensive zu Lande zu unterstützen, die Beziehungen zu Athen belastet: Misstrauen und Missverständnisse prägten fortan das Verhältnis der beiden Mächte.

Kimons Politik

Dass die Beziehungen Athens zu Sparta dennoch bis in die Mitte der 460er-Jahre stabil blieben, war auch ein Verdienst Kimons. Mit einem spartanischen Gegner im Rücken wären seine Erfolge gegen die Perser kaum möglich gewesen. Sie verschafften ihm nicht nur die Zustimmung des Volkes, sondern auch der aristokratischen Familien, denn diese stellten die Feldherren (Strategen) und sahen deshalb in der Ausweitung der maritimen Operationen die Chance, auch innerhalb der isonomen Ordnung Ruhm zu ernten sowie ihr Amt zur Bereicherung und innenpolitischen Machtpositionierung zu nutzen. Ferner verlangte die neue außenpolitische Lage schnelle Entscheidungen, die ohne die zeitaufwendige Mitwirkung des Dêmos im Kreis der adligen Familien und ehemaliger Amtsträger im Areopag getroffen wurden. Der Areopag gewann so im Zuge der maritimen Erfolge zeitweilig einen Einfluss, der eigentlich im Widerspruch zur isonomen Entwicklung stand. Da allein der Areopag die Amtsträger kontrollierte, konnte sich ein Mann wie Kimon eine Interessenvertretung schaffen, die seine Politik und etwaige Verfehlungen deckte.

... gerät in schweres Fahrwasser

Spätestens seit der Mitte der 460er-Jahre änderten sich jedoch die Rahmenbedingungen der kimonischen Außenpolitik. Die persische Gefahr schien nach dem Sieg am Eurymedon gebannt, und das Verhältnis zu Sparta hatte weitere Risse erhalten, als das Hilfsangebot für Thasos bekannt wurde. Selbst die besitzlosen Theten, die unter Kimon als Ruderer der Flotte das Meer erobert hatten, zweifelten an der Richtigkeit der Politik ihres Feldherrn und sahen v. a. nicht mehr ein, weshalb allein die hohen Herren im Areopag über ihre Einsätze bestimmen sollten. Wie in Sparta, so opponierte auch in Athen eine junge Politikergeneration gegen die Alten und nahm die Kritik auf. Ihre Wortführer waren ein Mann namens Ephialtes und der 25-jährige Perikles, ein Großneffe des Kleisthenes, der aus der Familie der Alkmaioniden stammte. Beide befürworteten zwar wie Kimon eine Ausweitung des Seebundes, aber, wenn nötig, auch gegen den Willen und auf Kosten Spartas. Lange Zeit konnte Kimon aufkommende Kritik unterdrücken. Die Wende brachte ein unvorhersehbares Ereignis: Im Jahre 464 rief das von einem schweren Erdbeben und einem Aufstand der messenischen Heloten erschütterte Sparta die Mitglieder des alten Hellenenbundes zur Hilfe. Unter ihnen waren auch die Athener, die besondere Erfahrung im Kampf gegen rebellierende Bündner hatten. Kimon konnte freilich erst zwei Jahre später (462) die Entsendung von 4000 Hopliten nach Lakonien durchsetzen. Dort hatte sich aber inzwischen offenbar die Kriegslage soweit zu Gunsten der Spartaner verändert, dass diese die Athener nicht mehr benötigten und Kimons Truppe kurzerhand wieder nach Hause schickten. Möglicherweise hatte man auch erkannt, dass ein Sieg mit Hilfe der Athener eine schwere Demütigung dargestellt und Athen in den Augen der Griechen endgültig eine überlegene Stellung verschafft hätte. Die öffentliche Meinung in Athen reagierte mit Empörung auf die Brüskierung und erblickte im gedemütigten Kimon den Schuldigen. Für Ephialtes bot sich die Chance, die angeblich spartafreundliche Politik des Strategen und deren Basis im Areopag zu stürzen. Schon während der Abwesenheit Kimons hatte er verschiedene Anträge vor die Volksversammlung gebracht, die sich gegen den Areopag richteten; vielleicht hatte er auch in Sparta selbst Nachrichten verbreitet, welche das Misstrauen gegenüber Kimons Truppe stärkten. Ein Scherbengericht führte schließlich zum ‚Sturz' Kimons und schickte den Sieger vom Eurymedon in die Verbannung. Ephialtes selbst wurde kurze Zeit später offenbar Opfer eines Anschlags. Die Kompetenzen in Athen weiter im Sinne der Isonomie auszurichten wurde davon jedoch nicht berührt: Der Areopag verlor seine Kontroll- und Aufsichtsrechte über die Exekutive. Fortan übernahmen der Rat der 500, die Volksversammlung und die Volksgerichte die Überprüfung der Qualifikation und Amtsführung der Amtsträger sowie etwaige Anklagen. Zu diesem Zweck richtete man zusätzliche Gerichtshöfe (Dikasterien) ein. In ihnen fungierten erloste Laien als Richter. Sie erhielten kurz nach 462 einen Sold, sodass nun auch die ärmsten Bürger über die Amtsträger zu Gericht saßen. Das lief auf einen konsequenten Ausbau der isonomen Verfassung hinaus, die in den folgenden Jahrzehnten als *dêmokratía* bezeichnet wurde.

Kimons Sturz (Randnotiz)

Demokratie und Außenpolitik: eine kontinuierliche Geschichte (Randnotiz)

Auch wenn die Neutarierung von 462/61 mit einem kurzen, scharfen Konflikt verbunden war, so lag sie doch auf der Linie einer Entwicklung, die sich seit Ende des 6. Jahrhunderts angebahnt und parallel zur außenpolitischen Machtentfaltung der Athener vollzogen hatte: Kleisthenes hatte die Hilfe des Dêmos gegen adlige Konkurrenten gesucht und auf militärische Bedrohungen durch Sparta und die Boioter reagiert. Themistokles setzte angesichts der Persergefahr den Bau der Triërenflotte durch und wies damit den Theten eine militärische Verantwortung zu, die weit über alles hinausging, was man den ärmeren Bevölkerungsschichten in anderen Poleis zugestehen wollte. Als sie 480 bei Salamis der Supermacht Paroli boten und ihre Heimat vor der Kapitulation retteten, hatten sie sich als ein existentiell wichtiger Teil der Bürgerschaft erwiesen, dem man eine stärkere Beteiligung an der Politik langfristig nicht versagen konnte. Allerdings mussten sie sich weiterhin als Ruderer bewähren, um ihren Wert zu manifestieren. Viele Adlige wie Aristeides oder Kimon erkannten die Chance, auch für sich Ruhm, Reichtum und Anhängerschaften zu erwerben, doch waren sie auf die Ruderer in besonderem Maße angewiesen – die Erfolge der Adligen waren auch Erfolge der Theten und damit weitere Schritte hin zur politischen Aufwertung der Besitzlosen. Der maritime Machtaufstieg bildete hierfür den notwendigen Rahmen: In anderen Poleis war üblicherweise die Agenda politischer Themen begrenzt, in Athen hingegen ergaben sich durch Seekrieg und Seebund eine Vielzahl komplexer Sachverhalte, die im Rat und der Volksversammlung behandelt und entschieden werden mussten. Die finanziellen Gewinne aus dem Seebundgebiet ermöglichten es, diese Institutionen zu unterhalten und größere Bevölkerungskreise mit den neuen Aufgaben zu betrauen. Politik als beständige Produktion kollektiver Entscheidungen konnte in Athen zu einem großen und dominierenden Feld werden.

Die 462/61 vollzogene Anpassung der formalen Ordnung an die gewandelten Verhältnisse spielte sich auffällig schnell und problemlos ein, obwohl sich die Außenpolitik in die Volksversammlung verlagerte: Die nach wie vor der Aristokratie entstammenden Strategen mussten bei der Planung und Durchsetzung ihrer Kriegspolitik nunmehr Rücksicht nehmen auf das Volk, weil sie sich nicht mehr nur vor ihresgleichen, sondern vor dem Dêmos und dessen Gerichten zu verantworten hatten. Die Theten als eine einflussreiche Gruppe befürworteten in der Regel eine aggressive maritime Politik, um ihren Anspruch auf politische Gleichberechtigung weiter festigen zu können, doch verlor diese Politik ihre einseitig gegen Persien gerichtete Tendenz. Die Sorge vor spartanischen Angriffen sowie das brüskierende Verhalten Spartas während des Helotenaufstandes waren Grund genug, den gesamten

Entgrenzung der Ziele

maritimen Raum der Ägäis sowie die westlichen Gewässer um die Peloponnes ins Visier zu nehmen. Ein besonderes Interesse richtete sich auf das wirtschaftliche Kraftzentrum am Saronischen und Korinthischen Golf. Um sich die Vorherrschaft in diesem Raum zu sichern, galt es, maritime Konkurrenten auszuschalten oder in den Seebund zu integrieren.

4.5 Rückschläge für Athen und Verfestigung der Gegensätze – ein bipolares Hellas? (460–431)

Athens Ausgreifen auf dem Festland

Der Hellenenbund war Geschichte, und Athen schloss zudem Verträge mit dem spartanischen Erbfeind Argos sowie den Thessalern. Kurze Zeit später gelang es, das nahe Megara auf dessen Bitte um militärische Unterstützung gegen Korinth auf Athens Seite zu ziehen. Zusammen mit dem Bündnis mit Argos schien Korinth von allen Seiten eingeschlossen. Die Athener dürften sich hieraus ergebende weitere Konflikte bewusst in Kauf genommen und sich darauf vorbereitet zu haben: 459 gingen sie daran, ihre Häfen Piräus und Phaleron durch „Lange Mauern“ von jeweils 7,2 und 6,3 Kilometern mit der Stadt zu verbinden und das gesamte Areal zu einer uneinnehmbaren Festung auszubauen. Zwei Jahre später wurde Aigina, die letzte unabhängige Polis am Saronischen Golf, nach längerer Belagerung unter harten Bedingungen in den Seebund eingegliedert. Eine zweite Stoßrichtung zielte auf den Korinthischen Golf. 460/59 hatten die aufständischen Heloten in Messene unter der Gewährung freien Abzuges kapituliert. Athen bot ihnen Siedlungsplätze in Naupaktos am Ausgang des Golfes an. Von hier aus kontrollierten athenische Kriegsschiffe die Einfahrt in den Golf und die Kornzufuhr nach Korinth. Zusätzlich waren Schiffe in Megaras Hafen am Ostende des Golfes stationiert. Damit hatte Athen seinen maritimen Einflussbereich auf fast alle Gewässer südwestlich der Peloponnes ausgeweitet. Dies ging erneut zunächst auf Kosten Korinths, das die Straße von Otranto als genuines Einflussgebiet betrachtete, doch spätestens jetzt musste sich auch Sparta bedroht fühlen.

457 marschierte ein Heer des Peloponnesischen Bundes nach Boiotien und konnte bei Tanagra einen Sieg über die vereinten Truppen der Athener und des Seebundes, der Thessaler und Argiver erringen. Doch anstatt ihren Sieg politisch zu nutzen, zogen

die Spartaner wieder ab. Zwei Monate später schlugen die Athener das boiotische Heer bei Oinophyta und stellten ihre Hegemonie in Boiotien (mit Ausnahme Thebens) wieder her. Gekrönt wurden die Erfolge im Jahre 456/55 durch die Flottenfahrt des Tolmides um die Peloponnes nach Nordwestgriechenland. Während der Umsegelung zerstörte er das spartanische Flottenarsenal in Gytheion, gewann die korinthische Kolonie Chalkis am Nordufer des Korinthischen Golfes und vielleicht die vorgelagerten Inseln Kephallenia und Zakynthos. Perikles ergänzte die Athener Machtdemonstration durch die Eroberung Sikyons und der Poleis Achaias am Golf.

Erster Peloponnesischer Krieg

Nie zuvor – auch nicht in der Krise der 510er-Jahre – hatte es eine so dichte Abfolge von großen Landschlachten zwischen Poleis der griechischen Halbinsel, von Angriffen und Eroberungen gegeben wie in diesen drei Jahren von 457 bis 454, die nicht ohne Grund als Erster Peloponnesischer Krieg bezeichnet werden. Es scheint, als ob die einstigen Bündner im Kampf gegen Persien nach rund zehnjährigem Abtasten ihre Erfahrungen und Energien nun geballt und konzentriert gegeneinander richteten, und wieder waren es die Athener, von denen die entscheidenden Impulse ausgingen. Der Erfolg gab ihnen recht: 454 kontrollierte Athen den gesamten maritimen Raum von der Ägäis, dem Saronischen Golf, dem Isthmos von Korinth bis zum Malischen Golf im Westen; große Teile Thessaliens und Boiotiens waren von Athen abhängig, die Hafen- und Handelsstädte Aigina, Megara und Troizen als Bündner gewonnen oder in den Seebund eingegliedert. In dieser Situation kam Sparta und seinen Bündnern ein unerwartetes Ereignis zu Hilfe. Ägypten hatte sich Anfang der 460er-Jahre von Persien befreien können und Athen um Unterstützung gegen persische Rückeroberungsversuche gebeten. Die Athener sagten zu, doch ihre langjährigen Unternehmungen endeten in einer Katastrophe. Der persische Gegenschlag führte im Jahre 454 zum Verlust von rund 200 Triëren und bis zu 20 000 Mann Besatzung im Nildelta. Das war die mit Abstand größte Niederlage, die Athens jemals erlitten hatte. Aus Sicherheitsgründen verlegte man 454/53 die Seebundkasse von Delos nach Athen.

Athen scheitert in Ägypten

Doch kaum vier Jahre später entfalteten sich erneut die aggressiven Energien Athens in den östlichen Mittelmeerraum. 449 führte der aus dem Exil zurückgekehrte Kimon eine Armada von 200 Triëren nach Zypern und konnte dort eine persische Flotte versenken, kam dabei jedoch ums Leben. Mit seinem Tod endete die Offensive Athens, eine erneute Intervention in Ägypten scheiterte. Offenbar waren die beiderseitigen Kräfte aufgebraucht. Seit 448 bestimmte ein Status quo die außenpolitische Szenerie. Man einigte sich – offenbar ohne formellen Friedensschluss, den die persische Reichsideologie nicht vorsah – darauf, dass Athen auf Expeditionen an die persischen Küstengebiete (Ägypten und Zypern) verzichtete und die Perser sich von der Ägäis fernhielten sowie den Beitritt der kleinasiatischen Städte in den Seebund akzeptierten (sog. Kalliasfriede). Damit war man auf das Prinzip der Definition weiträumiger Interessensphäre eingeschwenkt, wie sie bereits im Westen des Mittelmeeres seit der Mitte des 6. Jahrhunderts die Konflikte bändigte.

Faktischer Friede mit dem Perserreich

Rückschläge in Hellas

In Griechenland selbst schienen sich allerdings die Dinge zu Ungunsten Athens zu entwickeln, in eine Richtung, die Parallelen zu der großen Krise der 510er-Jahre aufwies. Sparta hatte während der athenischen Niederlage in Ägypten (unter anderem durch einen Friedensschluss mit Argos) seine Position auf der Peloponnes stärken können. Wenige Jahre später besetzten oligarchisch gesinnte Adelsgruppen mehrere bedeutende Städte Boiotiens. Als daraufhin die Athener im Jahre 447 unter dem bewährten Strategen Tolmides mit 1 000 Hopliten und einigen Verbündeten gegen sie zu Felde zogen und immerhin Chaironeia zurückerobern konnten, wurde die Expeditionstruppe auf dem Rückmarsch bei Koroneia überfallen und zu großen Teilen aufgerieben. Die Überlebenden gerieten, so Thukydides, in Gefangenschaft. Diese unerwartete Niederlage war in mehrfacher Hinsicht äußerst folgenreich: Die Boioter konnten sich als Sieger über einen aggressiven Eindringling feiern und damit die zumal von den Athenern geschürten Vorwürfe der einstigen Kooperation mit den Persern durch ein neues Narrativ überdecken, das sie selbst zu Verteidigern der Freiheit in ihrem eigenen Land stilisierte. In diesem Sinne bildete der Sieg offenbar eine Initialzündung nicht nur zur Vertreibung der letzten athenischen Garnisonen, sondern – noch wichtiger – eines pan-boiotischen Selbstbewusstseins und Gemeinschaftsgefühls, das schließlich zur Bildung eines neuen Staatenbundes (Koinón) führte. Für Athen selbst war die Formierung dieses neuen Machtblocks aus miteinander kooperierenden boiotischen Poleis ein Rückschlag für alle Ambitionen, die man offenkundig in Mittelgriechenland und gegenüber dem nördlichen Nachbarn verfolgte,

Folgen der Schlacht von Koroneia

und noch viel mehr als das: Sechzig Jahre zuvor, kurz vor den Perserkriegen, hatte man sich noch militärisch gegen eine Allianz der Boioter und Chalkidier durchgesetzt und damit eine wichtige Voraussetzung für den eigenen, bis in die Ägäis reichenden Machtaufstieg geschaffen. Nun drohten beinahe die gleichen Gegner wieder vieles zunichtezumachen: Athen musste sich (im Gegenzug für die Auslieferung der bei Koroneia gefangenen Kämpfer) vollständig aus Boiotien zurückziehen. Gleichzeitig und sehr wahrscheinlich in Kooperation mit den anti-athenischen Kräften in Boiotien sorgten oligarchische Revolutionen in Megara und auf Euboia für den Abfall bedeutender Poleis aus dem Seebund an der für Athen so macht- und handelspolitisch wichtigen westlichen und östlichen Flanke. Im gleichen Jahr rückte ein spartanisches Heer nach Attika vor. Die für Athen so existentiell bedrohliche Situation des Jahres 507 schien sich auf erschreckend wundersame Weise zu wiederholen.

Der Frieden von 446

Während jedoch damals offenbar innerspartanischer Streit den Einmarsch quasi in letzter Minute gestoppt hatte (s. o. S. 166), gelang es nun Perikles nach langen Verhandlungen und wahrscheinlich dem Einsatz nicht geringer Bestechungssummen, den spartanischen König zum Rückzug zu bewegen. 446 wurde offiziell Friede auf dreißig Jahre geschlossen. Der Vertrag legte den Status quo, also den zum Zeitpunkt des Vertragsschlusses bestehenden Besitzstand fest. Er bildet in gewisser Weise den Abschluss einer Entwicklung, die etwa in der Mitte des 6. Jahrhunderts im Westen begonnen hatte und die Konfliktparteien zur vertraglichen Abgrenzung und Anerkennung großräumiger Interessensphären veranlasst hatte. Ähnliches sah nun auch der Dreißigjährige Friede auf der griechischen Halbinsel und in der Ägäis vor, wobei die beiden Hauptkonkurrenten einige kompensatorische Verschiebungen vornahmen: Die Athener mussten Nisaia, Pagai, Troizen und die Küstenpoleis Achaias herausgeben; Sparta ließ Argos freie Hand. Beiden Parteien war es verboten, abtrünnige Bündner der Gegenseite aufzunehmen oder zu unterstützen, doch konnten sich die bündnisfreien Poleis nach freier Wahl einem der Bünde anschließen, d. h. die Anerkennung der beiden Bündnissysteme sollte eine Art Sogwirkung auf die noch Unentschlossenen ausüben. Gleichzeitig fixierte eine Auflistung der jeweils Athen und Sparta verbündeten Poleis und Staaten die bestehenden Machtbereiche im Innern. Das ergab in der Summe eine lückenlose Eintei-

Hegemoniale Befriedung?

lung des gesamten griechischen Polisgebietes in drei Kategorien: 1. Athen und seine Verbündeten; 2. Sparta und seine Verbündeten; 3. die neutralen Poleis, die freiwillig in eines der beiden Bündnissysteme eintreten durften. Offenkundig bestimmte somit ein zweifacher Geist die Natur des Vertrages: Einerseits suchte man durch eine politische Integration sämtlicher Poleis nach einer konflikthemmenden Friedensordnung, die aber andererseits nur durch die Dominanz zweier in etwa gleichrangiger Bündnissysteme gesichert werden konnte. Gesamtgriechische Stabilität schien nach Lage der Dinge nur durch die Unterwerfung unter ein duales Hegemonialsystem erreichbar zu sein, ein Gedanke, der zwar die reale Makroentwicklung der Zeit nach den Perserkriegen zu großen Teilen abbildete, aber angesichts der zahlreichen Neben- und Eigeninteressen in der vielgliedrigen Poliswelt auch recht künstlich entworfen wirkt. Insbesondere musste das offenkundige Bemühen, alles einer harmonisch austarierten dualen Hegemonie zu unterwerfen, von Sonderentwicklungen abstrahieren, die sich gerade auch als Reaktion auf die großen Bündnissysteme etabliert hatten, so z. B. der sich nach der Schlacht von Koroneia etablierende Boiotische Bund unter Führung Thebens oder die gerade in der Zeit des Ersten Peloponnesischen Krieges so häufig missachteten Macht- und Handelsinteressen Korinths. Für die Integration dieser Kräfte sah der Vertrag, so modern und in sich logisch er wirkte, keine befriedigenden Lösungen vor, außer der, dass sie vor Angriffen der Hegemonialmächte faktisch geschützt waren. Und selbst innerhalb der Bündnisgebiete waren Konflikte vorprogrammiert. Die Vertragsbestimmungen erschwerten zwar die Machtausdehnung der Hegemonialmächte *außerhalb* ihrer Bünde, schützten die Bundesmitglieder vor Übergriffen der Gegenseite und verschafften den Neutralen Rechtssicherheit. Im Gegenzug erhielten jedoch Sparta und Athen größeren Spielraum, um ihren Willen *innerhalb* der Bündnissysteme zur Geltung zu bringen: Abfallbereite Bündner hatten keine Hilfe mehr von außen zu erwarten, sondern mussten mit vertraglich sanktionierten Gegenmaßnahmen ihrer Hegemonialmächte rechnen, die sich nun ganz auf den Ausbau ihrer Hegemonie innerhalb der Bünde konzentrieren konnten. Das war der Preis, den die griechische Welt des Ostens für einen Frieden zu zahlen hatte.

Probleme des Vertragssystems

Der Vertrag von 446 teilte denn auch mittelfristig das Schicksal aller Friedensordnungen, die zu viel auf einmal wollten und keine Mittel fanden, die Schattierungen der Machtpolitik und wuchernde Sonderinteressen hinreichend zu berücksichtigen. Die größte Hypothek bestand darin, dass letztlich das gesamte Vertragswerk vom Gutdünken der Hegemonialmächte und der Akzeptanz der übrigen Poleis abhing. Das war ein gefährliches Spiel, das wie fast zu erwarten vor allen von den Athenern zunächst konsequent zum Ausbau ihrer Macht innerhalb des Seebundes genutzt wurde. Nach der Verlegung der Bundeskasse und der Auflösung der schon zuvor kaum in Erscheinung getretenen Bundesversammlung in Folge der ägyptischen Katastrophe entschied allein die Athener Ekklesia über alle Seebundsangelegenheiten. Die Athener gewannen damit auch eine direktere Zugriffsmöglichkeit auf die Tribute (*phóroi*). Deren sechzigster Teil wurde an die Kasse der Athena als sogenannte Erstlingsabgabe (*aparché*) abgeführt. Die Bundesgenossen sandten ihre Beiträge jährlich im Frühling zur Zeit der Dionysien nach Athen; dort wurden die eingehenden Beiträge auf der Bühne des Dionysostheaters dem Volk von Athen gezeigt. Im Zuge der verstärkten Kontrollen ging man nun auch dazu über, die Liste mit den Namen der Bündner und der Höhe ihrer *aparché* auf Marmorstelen zu veröffentlichen und auf der Akropolis auszustellen. Insgesamt zeigen die Neuveranlagungen keine inflationären Steigerungen, sie fielen bis 433 sogar geringer aus als die von Aristeides festgelegte erste Schatzung. Offenbar ging es den Athenern also nicht um die Ausbeutung der Bündner, sondern vielmehr darum, die Finanzorganisation des Bundes effektiver zu gestalten und die Kontrolle der Tribute zu verbessern. Zu diesem Zweck überwachten wohl spätestens seit 443 athenische Beamte die Einziehung der Phoroi in den Bundesstädten und sandten sie nach Athen, wo der Rat die Eingänge kontrollierte und die Volksversammlung das Ergebnis verkündete. Auch die wahrscheinlich seit der Jahrhundertmitte durchgesetzte Vereinheitlichung der Maße, Gewichte und Münzen nach der attischen Silberwährung weist auf das Bemühen hin, intensivere fiskalische Kontrollen auszuüben.

Athen reorganisiert den Seebund

Parallel mit der Effizienzsteigerung der Beitragsleistungen begannen die Athener ihre politischen Kontrollen zu verstärken. Gegenüber ehemaligen Rebellen wie Eretria und Chalkis ersetzte ein Beschluss der Athener Volksversammlung den zweiseitigen Bündnisvertrag. Dieses Dekret sicherte den wieder eingegliederten Bündnern formal die politische, rechtliche und fiskalische Auto-

... zum straffen Herrschaftsinstrument

nomie, doch nur dann, wenn sich die Städte keine Rechtsverletzungen zuschulden kommen ließen, regelmäßig ihre Phoroi entrichteten und den Athenern Heeresfolge leisteten sowie sich jeglicher Abfallbestrebungen enthielten. Kam jedoch nur der leiseste Verdacht des Zuwiderhandelns auf, behielten sich die Athener das Recht vor, militärisch einzugreifen, während sie selbst zu keinerlei militärischen Hilfen verpflichtet waren. Nicht selten hat man sogar die oligarchische Verfassung von Städten, die rebelliert oder sich als unzuverlässig erwiesen hatten, in eine Demokratie umgewandelt, um die athenfreundlichen Gruppen innerhalb der Bündnerstädte zu stützen. Viele Einzelbestimmungen beruhten auf Generaldekreten, die sich auf das gesamte Bundesgebiet bezogen, oder Einzelbestimmungen wurden später in Generalbestimmungen umgewandelt. So haben die Athener bereits vor 446 schwere Straftaten, die im Gebiet des Bundes verübt wurden, an sich gezogen und vom eigenen Volksgericht aburteilen lassen. Durch dieses Verfahren konnten Athenerfreunde vor einer ungerechten Hinrichtung bewahrt werden, während man der laxen Behandlung von athenfeindlichen Akteuren entgegenwirkte.

Imperiale Kolonisation

Einen herrschaftlicheren Charakter besaß auch die seit der Mitte des Jahrhunderts verstärkt einsetzende Kolonisationspolitik der Athener. In den etwa zwanzig Jahren seit der Verständigung mit den Persern (449/48) zogen rund 10 000 Bürger Attikas in neue überseeische Siedlungen (Kleruchien oder Kolonien, o. 2.4). Meist waren es Gebiete der Seebundmitglieder, die als unzuverlässig galten oder bereits abtrünnig geworden waren, wobei erneut die nördliche Ägäis einen Schwerpunkt bildete. Anders als die Apoikien der Archaischen Zeit verfolgten fast alle überseeischen Ansiedlungen Athens machtpolitische und strategische Ziele: Eine Gruppe sollte unzuverlässige Bundesgenossen einschüchtern und kontrollieren. Die zweite Gruppe sicherte die wichtige Kornzufuhr sowie den Zugriff auf andere, für die Wahrung der Seeherrschaft zentrale Ressourcen. Eine besondere Bedeutung kam dabei Amphipolis zu. Diese Stadt kontrollierte den einzigen Landweg von Makedonien zum Hellespont und eröffnete den Zugang zu den Goldminen des Pangeiongebirges. Vom nahen Eion aus gelangte man zu den für den Bau der Kriegsschiffe wichtigen Holzressourcen Makedoniens und der Chalkidike. Die dritte Gruppe umfasste die Kolonien an den Meerengen, den thrakischen Küsten und der Chersonnes. Sie dienten der militärischen Absicherung des Herrschaftsraums z. B. gegen thrakische Invasionen sowie der Machtdemonstration in einem traditionell für Athen strategisch bedeutsamen Gebiet. Die Absicherung nach außen verband sich mit einer verbesserten Kontrolle der bereits etablierten (oder wieder eingegliederten) Bündner sowie einer Steigerung des militärischen Potentials. Die athenischen Siedler waren zum Kriegsdienst als Hopliten verpflichtet. Athen schuf sich Militärstützpunkte, um bei günstiger Gelegenheit über das Gebiet des Seebundes hinaus vorzustoßen und andererseits der Flotte zusätzliche Anlaufpunkte zu verschaffen, von denen aus sie Nachschub, frische Ruderer und Materialien aufnehmen und in der Ägäis aktiv werden konnte. Jährlich wurden zwanzig Triëren gebaut. Perikles ließ jedes Athens Seereich Jahr für acht Monate 60 Schiffe in der Ägäis kreuzen, hinzu kamen die Flottillen der Strategen, die von Bündnern Tribut einzogen. Dagegen wurden jedem neuen Mitglied der Unterhalt einer eigenen Flotte verboten; wieder eingegliederte Poleis mussten ihre Schiffe abgeben. Der Sieg über rebellierende Seemächte verschaffte den Athenern auch die Kontrolle über deren Häfen. Zusammen mit den Kleruchien bekamen sie so die wichtigsten Anlaufpunkte und Seewege der Ägäis in die Hand. Am Hellespont überwachten Hellespontophylakes („Wächter des Hellespont") den Schiffsverkehr aus den getreidereichen Gebieten der Schwarzmeerregion. Bestimmten Poleis wurde verboten, durch den Hellespont Getreide einzuführen und weiter zu verhandeln. Derartige Verkehrs- und Handelsbeschränkungen sollten rebellierende Bundesgenossen von der Zufuhr wichtiger Importgüter abschneiden sowie die Handelsströme über See in den Piräus konzentrieren. Der Piräus wurde zum nahezu einzigen Absatzmarkt für Schiffsbauholz, Eisen, Kupfer, Flachs und Wachs.

4.6 Die Ausweitung imperialer Ambitionen nach Westen und der Peloponnesische Krieg

Bei allen Konsolidierungsbemühungen ihrer Herrschaft in der Ägäis verloren die Athener Politiker nie den Westen aus den Augen. In den großen Poleis Siziliens und der gegenüberliegenden unteritalischen Küste hatte in den 460er-Jahren ein überraschender Systemwechsel stattgefunden: Binnen gut eines Jahrzehnts (471–462) wurden die Tyrannen von Tarent, Rhegion, Akragas

Sizilien: Sturz der Tyrannen

und Syrakus gestürzt. Einige dieser Herrschaften endeten, als die Nachfolger der erfolgreichen Herrscher sich in Kämpfen untereinander zerrieben und ihre Söldnerarmeen sich in den Städten nicht mehr halten konnten. Letztlich scheiterten die Herren von Akragas und Syrakus an ihrer eigenen Herrschaftspolitik, die nicht auf Verträgen oder einem großflächigen Bündnissystem, sondern auf harschen territorialstaatlichen Methoden beruhte, nämlich der Einsetzung von Statthaltern in strategischen wichtige Poleis, dem regelmäßigen Einzug von Tributen, dem Einsatz von Söldnerarmeen sowie – das war für die Betroffenen die einschneidendste Maßnahme – massiven Bevölkerungsverschiebungen und Besitzkonfiskationen zur Schwächung oder Auslöschung eroberter sowie Besiedlung tyrannenfreundlicher Poleis und Stadtregionen. All diese Maßnahmen waren weder vertraglich abgesichert noch – wie im Attischen Seebund – durch bürokratische Strukturen, etwa den Aufbau eines Beamtenapparates, flankiert. Sie wurden von den Betroffenen deshalb zu Recht als das wahrgenommen, was sie letztlich auch waren: Ausdruck der individuellen Herrschaft einzelner Tyrannen und ihrer Familien, die ihre imperialen Ambitionen auf Kosten der besitzenden Polisbevölkerung auslebten und die permanente Unsicherheit von Bodenbesitzverlust auch nicht durch objektiven wirtschaftlichen Aufschwung auszugleichen vermochten. Als die Nachfolger der großen und charismatischen Tyrannen trotz ausbleibender außenpolitischer Erfolge ihre nach innen gerichteten Zwangsmaßnahmen immer brutaler gestalteten, gingen deshalb die Opponierenden nicht etwa mit dem Schlachtruf der Isonomie gegen die Zwangsherren vor – ihr unmittelbarer Hass richtete sich vor allem gegen deren Helfershelfer, die Söldner und zwangsweise auf Befehl der Tyrannen Neueingebürgerten, die ihnen Bodenbesitz weggenommen hatten und täglich ihren Macht- und Prestigeverlust vor Augen führten. Es kam vielerorts zu gewaltsamen Zusammenstößen und sogar zu Kriegen zwischen Bürgern und Söldnern. Um diese Konflikte zu beenden, waren eine Neuregelung der gegenseitigen Besitzansprüche und naturgemäß die Ausschaltung der Tyrannenherrschaften nötig.

466 wurde die Militärmonarchie der Deinomeniden gestürzt. An ihre Stelle trat wie fast überall eine politische Ordnung, die offiziell eine Restauration der Verhältnisse vor der Zeit der Tyrannen proklamierte. Tatsächlich entstand jedoch etwas Neues, das den Geist des Kompromisses atmete: Ähnlich wie um 450 das Bür-

... doch keine Demokratie

gerrechtsgesetz des Perikles die Rechte der Athener gegenüber den Metöken und adligen Mischehen bekräftigte, so sicherte in Syrakus ein Gesetz den Altbürgern das volle Bürgerrecht sowie ihre Rechte als politisch führende Grundbesitzer gegenüber den von Gelon eingebürgerten Söldnern; gleichzeitig wurden aber auch zumindest Teile der gewaltsam Angesiedelten als Neubürger integriert. Damit wurde der Kreis der Bürger insgesamt erweitert – Syrakus war spätestens jetzt allein gemessen an der Zahl der Bürger neben Athen die größte Polis – und innerer Friede konstituiert, allerdings im Zeichen einer für den Westen schon immer typischen aristokratisch-oligarchischen Ordnung. Manche Schriftsteller verwendeten hierfür den Begriff Demokratie, doch dies war allein schon deshalb eine anachronistische und die Wirklichkeit verzerrte Sicht, weil es nach wie vor in allen sizilischen Poleis keine breite und politisch aktive Hoplitenschicht als sozialen Unterbau einer isonom-demokratischen Entwicklung gab, geschweige denn den Willen, auch die Nichtbesitzenden in die Politik nachhaltig zu integrieren – die in Syrakus weitergeführte Flotte wurde mehrheitlich nicht von Bürgern, sondern von Fremden gerudert. So fehlten den politischen Institutionen auch wesentliche Elemente der Isonomien im ägäischen Raum, vor allem das Initiativrecht der Volksversammlung. Die dem Athener Scherbengericht ähnelnde Abstimmung mit Ölblättern (*Petalismós*) richtete sich gegen Politiker, die einer Tyrannis verdächtig waren, und schickte diese für fünf Jahre in die Verbannung; es war ein aristokratischer Regulationsmechanismus, aber kein Kristallisationspunkt demokratischer Entwicklungen, die mit dem Athener Modell vergleichbar gewesen wären.

Kontinuität imperialer Politik

Was allerdings auch nach der Ablösung der Tyrannis beinahe bruchlos, wenn auch mit veränderten Mitteln weitergeführt wurde – und das ist wiederum eine erstaunliche und die innenpolitischen Entwicklungen überspannende Parallele zu den Verhältnissen im Ägäisraum –, waren die außenpolitischen Ambitionen der großen Poleis. Insbesondere das neugeordnete Syrakus nutzte den erstmaligen Aufstieg eines einheimisch-sikelischen Heerführers namens Duketios nicht nur, um die Rüstungen zu Wasser und zu Lande wieder voranzutreiben und auf den alten Stand zu bringen, sondern auch, um an die imperialen Ziele der Tyrannen anzuknüpfen. Offenbar bereits in der Mitte des Jahrhunderts hatte Syrakus erneut eine Hegemonie begründet, deren Reichweite zumindest in Sizilien nur wenig hinter der Tyrannenzeit zurückstand, nun aber nicht mehr auf den in Verruf gekommenen territorialstaatlichen Methoden beruhte, sondern auf einem von Syrakus dominierten Bündnissystem. Im Zuge der gewaltsamen Ablösung der Tyrannen waren viele Städte aus der Herrschaft der Söldner und ihrer Herren befreit, wiederbesiedelt und als autonome Poleis wiederhergestellt worden. Sie konnten Anknüpfungspunkte und Objekte einer vertraglich fundierten Hegemonialpolitik werden – was gewaltsame Akte der Eroberung und Einschüchterung nicht ausschloss, diese vielmehr formal ummanteln konnte und in gewissen Rahmen berechenbar machte. Um sich gegen diese für Sizilien weitgehend neue Art der Vereinnahmung zu wehren und die gerade errungene Unabhängigkeit zu wahren, musste man nach auswärtigen Verbündeten suchen, die selbst (noch) nicht unmittelbar in die sizilischen Hegemonialkämpfe verwickelt waren. Das verkomplizierte die Situation und macht sie zeitweise unüberschaubar, forcierte aber letztlich – das war das historisch fundamentale, die zweite Hälfte des 5. Jahrhunderts prägende Phänomen – die Verflechtung transregionaler Bündnissysteme und Vertragsbindungen über die Straße von Otranto hinaus.

Neue Bündnisse

Athens Blick nach Westen

Nicht von ungefähr begannen sich die Athener in Sizilien zu engagieren, während Sparta wie üblich passiv blieb. Der Westen war für die maritime Vormacht des Ostens kein Neuland. Themistokles soll bereits vor Salamis das süditalische Siris als Besitz der Athener bezeichnet haben. Als sich deren Außenpolitik in den 450er-Jahren vom östlichen Mittelmeerraum auf die griechische Halbinsel zurückverlagerte und immer häufiger mit Korinth in Konflikt geriet, rückten auch die Straße von Otranto sowie die Poleis der gegenüberliegenden Küsten stärker in das Blickfeld athenischer Machtpolitik. Bereits um 457 schloss Athen ein Bündnis mit Segesta im Innern Siziliens und pflegte freundschaftliche Beziehungen zu dem Sikelerkönig Archonides. Mitte der 450er- oder 440er-Jahre folgten Verträge mit Leontinoi auf Sizilien und Rhegion an der Straße von Messina sowie wahrscheinlich mit Metapont. Kleruchien wurden in Hestiaiai und Unteritalien angelegt sowie Kolonisten nach Neapolis in Kampanien geschickt. 444/43 veranlasste Perikles Siedler zur Teilnahme an der Gründung der ‚panhellenischen' Apoikie Thurioi an der Stelle der zerstörten Stadt

Sybaris – dies offensichtlich auch eine Reaktion auf die wiedererstarkende Hegemonie von Syrakus (und Akragas).

Strategische und handelspolitische Interessen Athens

Mit den strategischen Ambitionen waren wie so oft handelspolitische Motive verbunden. Die Stützpunkte und Bündner Athens lagen mit Ausnahme von Segesta entlang der Seefahrtsroute nach Mittelitalien und Etrurien, einem wichtigen Absatzmarkt für athenische Keramik und Verschiffungsort wertvoller Mineralien. Gleichzeitig boten sie Zugang zu den Kornkammern Ostsiziliens. Damit wurden die machtpolitische und wirtschaftliche Konkurrenz zu Korinth sowie die hiermit einhergehenden Konflikte, die durch den Dreißigjährigen Frieden lediglich überdeckt worden waren, in und über die Straße von Otranto ausgedehnt und sie fügten nun mit Syrakus die älteste und ambitionierteste Kolonie Korinths in die sich ausweitenden Hegemonialkämpfe ein. Aus dieser Perspektive war es kaum überraschend, dass der bis zur Flottenfahrt des Tolmides im Windschatten der großen Politik gelegene Raum an der Straße von Otranto zum Brennpunkt sich überkreuzender imperialer Ambitionen und lokaler Rüstungen wurde. Ähnlich wie Syrakus hatte Korkyra (Korfu) in den 440er-Jahren eine Flotte von 100 Trieren auf Kiel gelegt und erfolgreich alle Versuche der Korinther vereiteln können, ihren im Osten schwindenden Einfluss durch stärkere Präsenz im Golf von Ambrakia auszugleichen. Als zwei Bürgerkriegsparteien aus dem nördlicher gelegenen Epidamnos (Durrazzo) sich jeweils an Korkyra und Korinth mit der Bitte um militärische Unterstützung wandten, griffen die Korinther zu und hofften auf einen Vorwand zur Schwächung Korkyras. Nach einigen Fehlschlägen wurde ein Flottenprogramm von mindestens 100 Trieren aufgelegt, Schiffbauholz aus dem Ägäisraum herangeschafft sowie Baumeister und Ruderer angeworben. Die Korkyräer baten daraufhin Athen um militärische Unterstützung und sie wussten, was sie taten: Zu groß war auf Seiten der Athener die Sorge, dass die von Korinth betriebene Abwerbung der Ruderer die Grundlagen der eigenen Flottenstärke unterminieren könnte, und zu reizvoll erschien die Chance, der seit Jahrzehnten betriebenen Westpolitik mit Korkyra einen neuen strategisch zentralen Markstein auf Kosten Korinths hinzuzufügen.

Korinths Politik

Obwohl korinthische Gesandte zu intervenieren versuchten, sagte deshalb die athenische Volksversammlung zu und schloss – offenbar in formeller Rücksichtnahme auf die Bestimmungen des

Athen vs. Korinth

Dreißigjährigen Friedens – eine Defensivallianz mit Korkyra. Ein zweiter Schlag richtete sich gegen die nur wenige Kilometer von Korinth entfernte Hafenstadt Megara, schon immer ein Zankapfel im Kampf um die Hegemonie im Saronischen Golf. Megara unterstützte die Korinther mit Kriegsschiffen und erleichterte über seine Apoikien in der Nordägäis die Anwerbung von Ruderern. Um diese Eingriffe in die Ressourcen des Seebundes und den weiteren Ausbau der korinthischen Kriegsflotte zu unterbinden, beschloss die Athener Volksversammlung auf Antrag des Perikles, die Megarer von allen Häfen des Seebundes auszuschließen (sog. Megarisches Psephisma). Fortan durften die Megarer ihre Kolonien weder zur Anwerbung von Ruderern noch zur Einfuhr von Getreide und Bauholz nutzen.

Ein drittes Exempel wurde gegenüber der korinthischen Apoikie Potidaia (auf der Chalkidike) statuiert. Potidaia war Mitglied des Seebundes und Ausgangspunkt für den Zugriff auf die thrakischen Wald- und Mineralreichtümer. Konsequent verlangten die Athener von den Potideiern, die dort tätigen korinthischen Funktionäre auszuweisen, die Mauern auf der Seeseite zu schleifen und Geiseln zu stellen. Die Potideier weigerten sich und erklärten nach Rücksprache mit Korinth und Sparta ihren Austritt aus dem Seebund. Daraufhin schloss eine athenische Expeditionsarmee die Stadt und ihr korinthisches Hilfskorps ein. Diesmal waren die Athener jedoch zu weit gegangen. 432 setzten Gesandte aus Korinth, Megara und Aigina vor der spartanischen Volksversammlung einen Beschluss durch, der Athen beschuldigte, den Dreißigjährigen Frieden gebrochen zu haben. Der Peloponnesische Bund erklärte wenig später Athen den Krieg.

Kein Zurückweichen: der Beginn des Peloponnesischen Krieges

Ein Jahr lang versuchten spartanische Unterhändler, die Athener zu einer Revision ihrer Beschlüsse gegen Megara und Potideia zu veranlassen. Doch die Athener wiesen unter dem Einfluss des Perikles die durchaus maßvollen Forderungen zurück. Der nun einsetzende Krieg dauerte beinahe dreißig Jahre; er hat fast sämtliche Staaten auch außerhalb Griechenlands in seinen Bann gezogen. Der Verlauf war und ist für viele ein Lehrbeispiel für den Konflikt zwischen einer großen Landmacht – Sparta – und der größten Seemacht – Athen. Diese Einschätzung geht auf den athenischen Geschichtsschreiber Thukydides zurück, der die Auseinandersetzung zum Gegenstand seiner Geschichtsdarstellung gemacht und den großen Krieg als einheitlichen Ereigniszusammenhang von 431 bis 404 historiographisch konstituiert hat.

Spartas Hauptmacht beruhte zwar auf den kampferprobten Hopliten, doch verfügte man daneben über rund 100 Kriegsschiffe; hinzu kam die neugebaute Flotte der Korinther. Allerdings benutzten Korinther und Spartaner einen robuster konstruierten Schiffstyp, der vornehmlich für den Nahkampf und den einmaligen Rammstoß konzipiert war. Eine solche Taktik war nur dort erfolgversprechend, wo sich die überlegene Manövrierkunst der Athener nicht entfalten konnte. Eines der wichtigsten Ziele der Athener bestand demnach darin, die Seeherrschaft über den Saronischen und Korinthischen Golf zu sichern und eine Vereinigung der gegnerischen Flotten zu verhindern. Zu Lande setzte man dagegen eher auf Defensive. Das uneinnehmbare Festungsdreieck zwischen der Stadt und dem Piräus bot genügend Platz, wohin sich im Angriffsfalle die Bevölkerung zurückziehen konnte. Die Flotte sorgte für den Nachschub an Getreide und sollte die Küsten der Peloponnes „ringsum mit Krieg überziehen“ sowie den Gegner von Getreidezufuhren abschneiden.

Athens Kriegsplan

Tatsächlich hat diese Strategie Athen vor einer frühen Niederlage bewahrt, als eine im Sommer 430 aus dem Osten eingeschleppte Seuche einem Drittel der Bevölkerung – unter ihnen auch Perikles – das Leben kostete. Man hielt jedoch an der globalen Ausrichtung der Seekriegspolitik fest. Im Herbst 429 besiegte der Stratege Phormion an der Einfahrt in den Golf von Korinth eine peloponnesische Flotte und konnte die Kornzufuhr von Sizilien nach Korinth und auf die Peloponnes weitgehend unterbinden. Vier Jahre später wagte man einen Angriff auf die Westküste der Peloponnes bei Pylos. Pylos lag nur wenige Kilometer vom Berg Ithome entfernt, auf dem sich zwischen 464 und 456 die rebellierenden messenischen Heloten verschanzt hatten. Als die Athener ein spartanisches Entsatzheer auf der Insel Sphakteria einschließen, eine Flotte des Peloponnesischen Bundes besiegen und im folgenden Jahr unter der politischen Führung Kleons die Spartaner zur Kapitulation zwingen und als Gefangene nach Athen bringen konnten, standen sie kurz vor dem endgültigen Sieg.

Athen in der Vorhand

In Sparta sahen nun die jüngeren Mitglieder der führenden Familien ihre Chance gekommen, die auf die Peloponnes und Mittelgriechenland beschränkte Kriegspolitik zu korrigieren. 424 mar-

Spartas neuartige Offensive

schierte der neu bestellte Feldherr Brasidas mit einem aus Söldnern, freigelassenen Heloten und Spartiaten gebildeten Expeditionsheer quer durch Boiotien und Thessalien nach Norden. Er schloss ein Bündnis mit dem Makedonenkönig Perdikkas, eroberte das für den Holzexport wichtige Amphipolis und gewann Zugriff auf die Goldminen des Pangeiongebirges. Mit diesen Ressourcen baute er eine Flotte, welche die Seeherrschaft Athens in der Nordägäis ins Wanken bringen sollte. In diesem Augenblick verweigerte jedoch die spartanische Führung ihre Unterstützung. Vermutlich fürchteten viele angesehene Familien, der allzu erfolgreiche Offizier schmälere ihren Ruhm und bedrohe die Gleichheit der Spartiaten. Nach dem Tod des Brasidas in einer Feldschlacht gegen die Athener unter Kleon, der ebenfalls fiel, wurde 421 auf Initiative des Atheners Nikias ein Friedensvertrag geschlossen, der den Status quo vor Ausbruch des Krieges festschrieb.

Athens Sizilische Expedition 415–413

Lange hielt der Friede indes nicht. Wieder ging die Initiative von einem ehrgeizigen Adligen aus, dem Athener Alkibiades. Sein Vorstoß richtete sich jedoch nicht direkt gegen Sparta, sondern auf den fernen Westen. Als Segesta um militärische Unterstützung gegen Leontinoi und Syrakus bat, gelang es Alkibiades gegen die Argumentation des Nikias, die Volksversammlung zu dem Beschluss zu bewegen, 143 Triëren sowie zahlreiche Transportschiffe mit über 25 000 Ruderern und 6 400 Mann Landungstruppen gen Westen zu schicken. Es war die größte Invasionsflotte, die jemals eine griechische Polis über diese Entfernung ausgesandt hatte – der Höhepunkt der globalen Seestrategie Athens des 5. Jahrhunderts. Das Unternehmen stand jedoch von Anfang unter keinem guten Stern. Zum einen waren sich die Kommandeure über die Ziele und Strategie nicht einig. Alkibiades ging zudem mit einem anhängigen Gerichtsverfahren wegen des sog. Hermenfrevels, einer religiös fatalen Verstümmelung von Hermesbildnissen, an Bord, das wohl inneraristokratische Neider kurz vor der Abfahrt angestrengt hatten. Als er wenig später zurückbeordert wurde, flüchtete er nach Sparta und verriet wesentliche Details des Feldzugsplanes. Ein weiteres Problem war die mangelhafte Ausrüstung, die nur bedingt dem Einsatzort angepasst war: Viele Triëren mussten zu Transportern umgebaut werden und verloren ihre militärische Effektivität. Ferner fehlten den Athenern eine gut geschulte Reiterei, Leichtbewaffnete und Belagerungsmaschinen. So gelang es zwar, die syrakusanische Flotte in einem ersten Gefecht im Hafen zu schlagen, doch die Eroberung der Stadt scheiterte.

Die endgültige Wende zu Gunsten der Syrakusaner brachte das Eingreifen eines recht kleinen Kommandos unter Führung des Spartaners Gylippos. Er reorganisierte die Verteidigung der Syrakusaner und veranlasste sie, die von den Korinthern bevorzugte robustere Bauart der Kriegsschiffe zu übernehmen. Damit gewannen die Hausherren in der Enge des eigenen Hafenbeckens die Oberhand. Nach mehreren fehlgeschlagenen Durchbruchsversuchen ließen die athenischen Generäle alle restlichen Schiffe verbrennen. Die zusammengeschmolzene Expeditionsarmee wählte den beschwerlichen Rückzug über Land. Hier waren die ausgemergelten Hopliten und Ruderer ständigen Angriffen ausgesetzt und mussten schließlich kapitulieren. Athen erlebte im Jahr 413 die größte Niederlage seit dem Verlust seiner Flotte im Nildelta gegen die Perser Mitte der 450er-Jahre. Sie war die Voraussetzung für den ersten, kurzzeitigen Umsturz der Demokratie (o. Kap. 3.7).

Athens letztes Hurra

Alkibiades brachte nach dem Scheitern der Revolution das Kunststück fertig, die innenpolitischen Fronten erneut zu wechseln. 411 wählten die Flottenmannschaften in Samos den charismatischen Mann zu ihrem Strategen und sofort setzten die militärischen Erfolge wieder ein. Binnen zwei Jahren wendete Athen den drohenden Verlust der Seeherrschaft im Norden der Ägäis und an den Dardanellen ab und machte den Aufstieg Spartas zur Seemacht zunichte (Schlacht bei Kyzikos, 410). Die Spartaner waren so demoralisiert, dass sie um Frieden baten. Die Volksversammlung lehnte jedoch ab. Vermutlich war man in Athen der Ansicht, zu viele Opfer gebracht zu haben, um sich mit einem Frieden ohne nennenswerte Zugewinne zufrieden geben zu können, und vermutlich blendeten die Seesiege und die Persönlichkeit des Alkibiades so sehr, dass man auf weitere Erfolge hoffte.

Der Optimismus schien zunächst gerechtfertigt. 409 konnte Alkibiades Kalchedon, Selymbria und Byzanz wiedergewinnen und mit dem Satrapen von Phrygien 409 einen Waffenstillstand schließen. 408 bereitete ihm seine Heimatstadt, die er noch sechs Jahre vorher an die Spartaner verraten hatte, einen triumphalen Empfang und wählte ihn zum unumschränkten Oberkommandierenden zu Wasser und zu Lande.

Rückkehr der Perser

Dabei zog man allerdings eine Macht nicht ins Kalkül, die bisher geschickt im Hintergrund gewirkt hatte, doch am Ende das lange Ringen entscheiden sollte:

Die Perser waren als einzige noch in der Lage, den kostspieligen Krieg im Gang zu halten. Bislang hatte man stets diejenige Seite unterstützt, die zu unterliegen drohte, und so tat man es auch jetzt. Die jüngsten Erfolge der Athener veranlassten die persischen Satrapen Kleinasiens, Sparta großzügige finanzielle Hilfen zukommen zulassen, zumal man von einem maritim starken Athen mehr zu fürchten hatte als von den traditionell auf das griechische Festland fixierten Spartanern. Zu Beginn des Jahres 407 sandten die Spartaner Lysander als Befehlshaber zur See (Nauarchen) in die östliche Ägäis, um diese Wendung der persischen Politik aufzugreifen. Er sicherte durch seine Freundschaft mit Kyros, dem Oberbefehlshaber der persischen Truppen in Kleinasien, den Geldzufluss und verlegte das Operationsgebiet der Flotte in die nordöstliche Ägäis, um Athen von der Getreideversorgung abzuschneiden. Trotz einiger spektakulärer Erfolge der Athener ging sein Plan auf. 405 verlor die letzte athenische Flotte ein entscheidendes Gefecht bei Aigospotamoi. Ein Jahr später schlossen spartanische Schiffe und Landtruppen Athen ein. Nach einem halben Jahr kapitulierte die Stadt. Sparta setzte gegen den Protest Korinths, Thebens und anderer Poleis durch, dass Athen „nur" seine Schiffe bis auf zwölf ausliefern, die Stadtmauern schleifen, alle auswärtigen Besitzungen freigeben und sich in den Peloponnesischen Bund eingliedern lassen müsse. In der Stadt wurde ein oligarchisches Regiment installiert und mit einer spartanischen Besatzung verstärkt.

Niederlage Athens 404

5 Neue Machtkonstellationen und Transformationen des Politischen (400–322)

5.1 Neue Konflikte, alte Fronten und der Wiederaufstieg Persiens bis zum Königsfrieden

Athen vorerst gescheitert

Die Kapitulation Athens markiert einen Einschnitt in der Griechischen Geschichte. Die maritime Hegemonialbildung der Stadt war abrupt beendet und auf den Stand der Zeit weit vor den Perserkriegen reduziert; damit hatte auch die Demokratie in den Augen vieler Beobachter ihre entscheidende Bewährungsprobe nicht bestanden. Zum Makel einer sich innerhalb des Seebundes auslebenden herrschaftlichen Hybris kam der des Versagens im Kriege dazu – wohl die größte Hypothek, mit der antike politische Ordnungen und zumal eine so innovative wie die der Athener belastet werden konnte.

Spartas erzwungene Transformation

Die langen und nur durch kurze Friedenszeiten unterbrochenen Auseinandersetzungen hatten aber auch die Gegner Athens verändert. Am deutlichsten traf das auf die Spartaner zu. War man zu Beginn als Hegemon des Peloponnesischen Bundes noch eher zögerlich auf Drängen der mächtigsten Bündner in den Krieg gezogen, so hatten die transmaritimen Operationen nach dem Nikiasfrieden in Sizilien, an der kleinasiatischen Küste und am Hellespont gezeigt, dass die außenpolitische Zurückhaltung einer expansiven Militärpolitik gewichen war. Unter Lysander wurden konsequent das Meer zum Kampfplatz und die von Persien finanzierte Flotte zum entscheidenden Instrument einer erfolgreichen Kriegführung. An sich war eine solche Richtung zwar nicht gänzlich neu; sie knüpfte an Tendenzen im späteren 6. Jahrhundert an (s. o.), doch der Umfang der Kriegsmittel sowie die Dauer ihres Einsatzes übertrafen alles bisher Dagewesene. Deshalb war sie auch in Sparta nicht unumstritten, sondern rief interne Auseinandersetzungen hervor. Diese wurden jedoch durch den fast permanenten Kriegsdruck, den bis zum Schluss nicht nachlassenden Gegner und durch die sich allmählich einstellenden Erfolge weithin überdeckt.

Außenpolitische Optionen

Nach der Niederlage Athens gab es zwei Optionen. Entweder man kehrte wie nach den Perserkriegen auf die alte Linie der machtpolitischen Beschränkung auf die Peloponnes und ihr unmittelbares Umfeld zurück und überließ die Entwicklung in Mittelgriechenland und der Ägäis dem freien Spiel der Kräfte. Oder man setzte die militärische Machtausdehnung fort und wandelte sie in eine herrschaftliche Ordnung um, die den ehemaligen Einflussbereich Athens mit umfasste und in die spartanische Herrschaft auf der Peloponnes integrierte. Dass Sparta – gegen den Willen der mächtigsten Alliierten Theben und Korinth – den zweiten Weg ging, lag gewiss nicht nur an der Initiative des siegreichen Lysander. Wenn dieser das weithin abgerüstete Athen als neues Mitglied des Peloponnesischen Bundes an sich band und innerhalb der Stadt ein spartafreundliches oligarchisches Regiment installierte, dann holte er im Prinzip nur das nach, was man vor der Zeit des Kleisthenes vergeblich versucht hatte, auch wenn nun anders als am Ende des 6. Jahrhunderts das Machtvakuum eines aufgelösten Seebundes einer Füllung harrte. Die entscheidenden Fragen, die sich den Spartanern stellten, waren somit: Wie sollte man mit dem ehemaligen Einflussgebiet Athens in der Ägäis umgehen; und zweitens: Würde sich das besiegte Athen wirklich langfristig in die spartanische Hegemonie einbinden lassen?

Was passiert mit Athen?

Schnell zeigte sich, dass beide Ziele mit enormen Problemen und Widerständen verbunden waren. Mochten die Athener auch die Niederlage akzeptiert haben, um ihre Stadt zu retten, so war doch die demokratische Ordnung in den Köpfen und im Leben der Mehrzahl der Bürger viel zu stark verankert, als dass sie bereit gewesen wären, sich einer von Sparta gedeckten oligarchischen Minderheit zu beugen, zumal diese äußerst brutal und mit wenig Geschick vorging – nach gut einem Jahr war die neuerliche Oligarchie in Athen am Ende (s. o. Kap. 3.7), und die Athener knüpften sehr schnell wieder an ihre frühere Politik an. Indirekt befördert wurde der Drang nach alter Machtentfaltung durch eine weithin verfehlte und allein an militärischen Maßgaben orientierte Außenpolitik des Siegers von 404. Sparta hatte die ehemaligen Mitglieder des Seebundes zu neuen Verträgen gedrängt, welche die Vormachtstellung des Hegemons festschrieben und sämtliche Bundesgenossen zur Tributzahlung und Heeresfolge verpflichteten. Zusätzlich ließ Lysander in den Poleis Kleinasiens und der Meerengen Garnisonen unter spartanischen Offizieren (Harmosten) einziehen. Ihre Besoldung mussten die Städte selbst übernehmen. Zehnerkommissionen (Dekarchien) richteten wie in Athen meist zusätzlich oligarchische Verfassungen ein. Diese harsche Ausweitung der spartanischen Herrschaft über die Ägäis erregte schnell den Missmut der Betroffenen, was die Spartaner zwang, das Dekarchiensystem schrittweise wieder aufzuheben. Als dann noch bekannt wurde, dass die Spartaner in der letzten Phase des Peloponnesischen Krieges die kleinasiatischen Griechen den Persern als Gegenleistung für die Finanzierung der Flotte preisgegeben hatten, wuchs erneut der Widerstand gegen die spartanische Machtentfaltung; sie erschien vielen drückender und ruchloser als die athenische Herrschaft im und über den Seebund.

Spartas Herrschaft

In dieser Situation kam den spartanischen Planern kurzfristig eine der vielen merkwürdigen ereignisgeschichtlichen Koinzidenzen entgegen, die der verengte Blick auf die innergriechischen

Thronstreit im Perserreich: der Putsch des Jüngeren Kyros

Verhältnisse oft übersieht. Etwa zur gleichen Zeit (Frühjahr 404), als Athen Lysander die Tore öffnen musste, war König Dareios gestorben. Als Erstgeborener setzte sich zwar Arsakes (Artaxerxes) durch, doch dessen jüngerer Bruder Kyros hatte bis zuletzt gegen die Thronbesteigung intrigiert, wahrscheinlich sogar seinen Bruder zu ermorden versucht. Als der erfolglose Kyros auf seinen alten Posten in die kleinasiatische Satrapie abgeschoben wurde, plante er von dort aus erneut, nun aber mit militärischer Gewalt gegen seinen inthronisierten Bruder vorzugehen. Zu diesem Zweck aktivierte er seine aus der letzten Phase des Peloponnesischen Krieges stammenden exzellenten Beziehungen zu Sparta und anderen Teilen der griechischen Welt; Kyros hatte sich seinerzeit gegen die Schaukelpolitik des Tissaphernes und für eine konsequente Unterstützung der Spartaner ausgesprochen. Diese konnten nun zuversichtlich hoffen, dass Kyros im Erfolgsfalle als neuer König auch das Verhältnis zu den kleinasiatischen Griechen in einer für Sparta akzeptablen Weise gestalten würde.

‚Dritter Ionischer Aufstand'

Tatsächlich gelang es Kyros, die offiziell noch der Satrapie des Tissaphernes unterstehenden Küstenstädte außer Milet, das gewaltsam genommen werden musste, zur Kooperation zu bewegen. Man kann in gewissem Sinne von einem dritten Ionischen Aufstand sprechen, diesmal ausgelöst durch innerpersische Prätendentenkämpfe und durch den Missmut mancher Griechen gegenüber einem konkurrierenden Satrapen (Tissaphernes), der rücksichtslos seine und die persischen Machtinteressen durchzusetzen und dabei die Gunst des neuen Königs zu erringen suchte. Offensichtlich vermischten sich hier strukturelle Probleme der persischen Monarchie mit den Schwierigkeiten, welche die Perser traditionell mit den Poleis der kleinasiatischen Küste hatten. Nicht ohne Grund bildete das Unternehmen des Kyros den Auftakt zu einer Reihe von Satrapenaufständen, die in der Folgezeit immer wieder die persische Herrschaft an der sensiblen – und durch den Abfall Ägyptens zusätzlich erschütterten – Westflanke des Weltreiches schwächten. Wie während des Aufstandes von 499 war der nun eingeleitete Machtwechsel mit innerstädtischen Kämpfen verbunden; die vor Tissaphernes geflüchteten, einst von Lysander eingesetzten oligarchischen Machthaber von Milet sammelten sich bei Kyros. Dieser befahl seinen Kommandanten in den Städten, peloponnesische Kämpfer anzuwerben. Einige Poleis am Hellespont steuerten sogar selbst Geld für die Finanzierung einer Söldnerarmee bei, deren Reihen sich rasch vor allem durch beschäftigungslose Kämpfer des Peloponnesischen Krieges füllten, darunter viele spartanische Hopliten und Offiziere.

Kyros scheitert

Sparta hielt sich währenddessen wohlwollend neutral, hoffte man doch, mit der Unterstützung des Kyros zwei Fliegen mit einer Klappe zu schlagen: einerseits ohne eigenen Aufwand ein spartafreundliches Regiment in den kleinasiatischen Städten, anderseits einen König auf dem Thron des Perserreiches zu bekommen, der die spartanische Sache genauso zielgerichtet unterstützen würde wie in den Tagen Lysanders. Nur an eines dachte man offenbar nicht: dass Kyros scheitern könnte. Als dies nur ein halbes Jahr später tatsächlich geschah und Kyros auf dem Schlachtfeld von Kunaxa (Mesopotamien) sein Leben ließ, war das Desaster perfekt. In Kleinasien war nun wieder der ungeliebte Tissaphernes unumstritten Herr der Lage. Als er die zu Kyros abgefallenen Poleis zur erneuten Unterwerfung aufforderte und diese sich (wie vor dem Ionischen Aufstand von 499) um spartanische Hilfe bemühten, gab es kein Taktieren mehr. Um nicht jegliches Ansehen als Anführer (*prostátes*) der griechischen Welt zu verlieren, sagte Sparta zu und entsandte noch im Herbst seinen Feldherrn Thibron mit einer Expeditionsarmee, unter ihnen viele der kurz zuvor unter abenteuerlichen Umständen zurückgekehrten „zehntausend" Söldner, die nun ein zweites Mal gegen den König und dessen Satrapen ins Feld zogen.

Spartas Krieg in Kleinasien

Tatsächlich waren die Spartaner auf diesen Krieg, der sich über zehn Jahre hinzog und mehrere Feldherren über die Ägäis führte, darunter den dynamischen König Agesilaos, schlecht vorbereitet. Insbesondere fehlte ihnen das militärtechnische *know how*, die gut befestigten persischen Stützpunkte und perserfreundlichen Städte einzunehmen – ein Fehler, aus dem erst Alexander lernen sollte. Auf der anderen Seite bewiesen die persischen Planer wie schon im Peloponnesischen Krieg, dass sie strategisch in größeren Zusammenhängen zu agieren vermochten, als es ihnen gelang, in kurzer Zeit eine moderne Kriegsflotte von angeblich 300 Einheiten auf Kiel zu legen und gegen den Gegner eine zweite Front in Griechenland zu errichten. 396 ernannte der persische König den Athener Ex-Strategen Konon neben Pharnabazos, dem athenfreundlichen Satrapen des Hellespontischen Phrygien, zum Admiral der neuen Flotte. Die Athener ergriffen sofort die Chance, sich aus der außenpolitischen Gängelung zu lösen, und verweigerten im folgenden Jahr zusammen mit Argos, Korinth und Theben dem spartanischen König Agesilaos Truppen für den Krieg in Kleinasien. 395 beschloss die Volksversammlung ein Defensivbündnis mit Boiotien. Im Herbst des Jahres siegte die thebanische Armee gegen spartanische Truppen. Danach schlossen sich Korinth, Argos und andere Poleis dem athenisch-boiotischen Bündnis an, um dem Hegemonialanspruch Spartas in Griechenland entgegenzutreten.

„Korinthischer Krieg“

Die Bezeichnung „Korinthischer Krieg“ verfehlt den größeren macht- und weltpolitischen Kontext der Auseinandersetzung. Auch wenn die Spartaner nach anfänglichen Misserfolgen die Verbände der „korinthischen Allianz“ mehrmals besiegten – der „Korinthische Krieg“ verschaffte den Persern die gewünschte Entlastung im Kampf gegen die Spartaner in Kleinasien. 395 wechselte die spartanische Marinebasis Rhodos die Fronten. Im August 394 vernichteten die neuerbauten Triëren des Konon und Pharnabazos bei Knidos die spartanische Flotte. Binnen weniger Monate wechselten fast alle spartafreundlichen Poleis auf die persische Seite. Kurze Zeit später stießen die persischen Schiffe (wie seinerzeit unter Dareios) in die Ägäis vor, gewannen die hundert Jahre zuvor verlorenen Kykladen zurück, eroberten Kythera und bedrohten sogar die Küsten der Peloponnes – ein spektakulärer Erfolg, der selbst Dareios und Xerxes verwehrt geblieben war. Um ein weiteres Gegengewicht gegen Sparta zu schaffen, ließ Pharnabazos im Sommer 393 Konon mit 80 Schiffen nach Athen zurückkehren. Dieser übergab der Stadt fünfzig Talente zum Wiederaufbau der Piräusbefestigungen. Zusätzliches Geld erhielten die Truppen der inzwischen mit Persien offiziell verbündeten korinthischen Allianz.

Die Perser obenauf

Der neue Perserkönig demonstrierte damit allen Griechen eindrucksvoll wie selten zuvor, wie weit seine Militärmacht, seine überlegenen finanziellen Ressourcen und sein diplomatischer Einfluss reichten. Um Sparta in die Schranken zu weisen, konnte er es sich sogar leisten, als Geburtshelfer einer neuen athenischen Seemacht aufzutreten. In Athen stellten sich beinahe reflexhaft die alten außenpolitischen Mechanismen ein, ohne dass Sparta opponieren konnte oder wollte: Nach der Rückkehr Konons ratifizierte die Volksversammlung Bündnisse mit mehreren Mitgliedern des alten Seebundes (u. a. Chios, Mytilene, Kos, Knidos) und reorganisierte die Kleruchien Lemnos, Imbros und Skyros. 392 fühlte man sich so stark, ein Friedensangebot Spartas abzulehnen, das den Vertrag von 404 komplett revidiert hätte. Wenig später offerierte der spartanische Gesandte Antalkidas dem Satrapen Tiribazos den Verzicht auf alle Ansprüche in Kleinasien. Athen protestierte als Haupt einer griechischen Gegengesandtschaft erfolgreich, da man die einstigen Bundesgenossen nicht ohne Weiteres preisgeben wollten. Sparta musste derweil nicht nur den Krieg in Kleinasien verlorengeben, sondern auch in Griechenland eine Niederlage gegen eine Kampftruppe thrakischer Peltasten unter dem athenischen General Iphikrates hinnehmen. Die Athener dehnten darauf ihre Machtpolitik in Dimensionen aus, die an den alten Seebund anknüpften: 389/88 gelang der Abschluss eines Dreierbündnisses mit Euagoras von Zypern und dem ägyptischen König Akoris. Etwa gleichzeitig operierte der Stratege Thrasybulos mit vierzig Triëren in der Ägäis und konnte Verträge mit den thrakischen Königen, Thasos, Samothrake, der thrakischen Chersonnes, Byzanz und Kalchedon schließen. Die Einrichtung einer Zollstation am Hellespont garantierte zusätzliche Einnahmen und die Kontrolle der Getreidezufuhr.

Athens erneuter Aufstieg

Erst jetzt reagierten die Perser und leiteten eine (aus dem Peloponnesischen Krieg bereits bekannte) Wende ein, indem sie nun wiederum Sparta als Gegengewicht gegen die Athener Expansionspolitik achtzig Schiffe zur Verfügung stellten, die gleiche Zahl an Einheiten, welche die Perser sechs Jahre zuvor mit Konon nach Athen geschickt hatten. Mit der neuen Flotte begann Antalkidas am Hellespont die Getreidezufuhr aus dem Schwarzmeergebiet zu blockieren. Parallel dazu bedrohte der Spartaner Teleutias von Aigina aus den Piräus. Damit war die Getreideversorgung Athens – seit jeher eine Achillesferse der Stadt – akut gefährdet. Auch auf Seiten des antispartanischen Bündnisses machten sich Zeichen der Erschöpfung breit.

Der „Königsfriede“ von 386

In gewissem Sinne wiederholten sich so mit einer etwas anderen Verteilung der griechischen Akteure die Ereignisse der letzten Phase des Peloponnesischen Krieges. Doch im Unterschied zu damals war es nun der Perserkönig, der die Initiative ergriff. Er ließ nach eingehenden Vorverhandlungen mit Sparta alle Teilnehmer des Korinthischen Krieges nach Sardes kommen und durch den Satrapen Tiribazos ein Schreiben verlesen, in dem er den Frieden und die Besitzverhältnisse festschrieb. Dieser „Königsfriede“ oder „Friede des Antalkidas“ war ein neuartiges Vertragsinstrument, das keine bilateralen Verpflichtungen vorsah, sondern sich als „Allgemeiner Friede“ (*koinê eirênê*) auf alle griechischen Gemeinden erstreckte, auch wenn diese gar nicht am Korinthischen Krieg teilgenommen hatten. Während der Perserkönig die Griechenstädte Kleinasiens, dazu Klazomenai und Zypern zurückgewann und gegen die Rebellen auf Zypern und in Ägypten vorgehen konnte, erklärte er alle Poleis des Mutterlandes mit Ausnahme von Lemnos, Imbros und Skyros, die an Athen fielen, für autonom. Alle bestehenden Bünde wurden aufgelöst. Nur Sparta behielt seine Hegemonie über den Peloponnesischen Bund und wurde – als nominell nach wie vor stärkste Macht Griechenlands – mit der Ausführung und Wahrung des Autonomieprogramms betraut. Allen, die sich nicht beugen wollten, drohte der Großkönig mit Krieg.

5.2 Neue Organisationsstrukturen und Verlagerung der Macht an die Randgebiete

Die Forschung hat sehr viel in dieses neuartige, von den Poleis des Korinthischen Krieges beeidigte Vertragswerk hineininterpretiert und ist zu teilweise recht differierenden Urteilen gekommen, obwohl Ziele und materielle Inhalte eigentlich offenkundig sind. Auszugehen ist von den Motiven der beiden Hauptakteure – Persien und Sparta – vor dem Hintergrund der Kriegsereignisse der vergangenen Generationen. In dieser Hinsicht bildet der „Königsfriede“ tatsächlich ein epochales Ereignis, auch wenn – wie rasch offenkundig wurde – sich sein Programm in der Realität kaum bewährte. Beide Seiten einte ein jeweils klares, aus dem Status quo und den Erfahrungen der Vergangenheit formuliertes außen- beziehungsweise machtpolitisches Interesse: Der Perserkönig suchte die unantastbare Herrschaft über die kleinasiatischen Griechenstädte sicherzustellen und, damit unmittelbar verbunden, endlich langfristige Stabilität an der westlich-ägäischen Flanke seines Reiches zu erwirken. Sparta verfolgte in etwa Gleiches auf der Peloponnes, v. a. an deren nordöstlicher Flanke zur Megaris und zu Athen, sowie eine unumstrittene Hegemonie in Griechenland. Die Erfahrung der letzten hundert Jahre hatte gezeigt, dass diese an sich gut miteinander zu vereinbarenden Ziele beider Parteien immer dann gefährdet waren, wenn sich im kritischen Raum *zwischen* den spartanischen und persischen Interessensphären kon-

... begünstigte Sparta und das Perserreich

kurrierende Machtzusammenballungen entwickelten, die expansiv und aggressiv nach außen strebten. Das klassische Beispiel hierfür war Athen mit seinem Seebund. Störfaktoren in bescheideneren Dimensionen bildeten aber auch die Ambitionen Korinths und Thebens, die traditionell ebenfalls weitgespannte Interessen verfolgten und nicht ohne Grund 404 gehofft hatten, die von Athen hinterlassene Lücke auf die eine oder andere Weise zu füllen.

Um dieses stets latente Gefahren- und Expansionspotential zwischen dem persischen und dem spartanischen Machtbereich nicht immer wieder militärisch und mit großem Aufwand eindämmen zu müssen, gab es nach Auffassung der beiden Hauptakteure nur die Möglichkeit, der rechtlichen Basis dieser Machtzusammenballungen von vorneherein einen Riegel vorzuschieben. Man konnte zwar den einzelnen Poleis nicht verwehren, sich mit wem auch immer zu einer Kampfgemeinschaft (Symmachie) zu verbünden – das war ja Teil ihrer nach außen gerichteten und jetzt noch einmal zugesicherten Autonomie. Doch was man unbedingt verhindern konnte und musste, war die Verwirklichung einer Symmachie mehrerer Parteien, die es dem militärisch stärksten Mitglied (*hêgemôn*) erlaubte, die Kräfte der Verbündeten anzuzapfen und für eigene expansive Zwecke einzusetzen, so wie es Athen konsequent und im großen Stil erreicht, Korinth und Theben auf etwas unspektakulärere Weise versucht hatten. Genau um dies zu verhindern, wurde die im Peloponnesischen Krieg zunächst als außenpolitisches Schlagwort geborene Autonomie zu einem Kernelement des *alle* griechischen Poleis umfassenden ‚Friedenswerkes' erhoben. Sie schloss jegliche Eingriffe einer Polis in eine andere aus und sollte so zunächst nichts anderes bewirken, als eine erneute aggressive Machtakkumulation, sei es in Form einer hegemonialen Symmachie oder anderer Bundesorganisationen, zu verhindern, die persische und spartanische Interessen bedrohten.

Autonomieklausel als Herrschaftsmittel

Ziele des Vertrags

Zweifellos war mit diesem *obstruktiven* Verhinderungs- oder Eindämmungselement des Vertragswerkes auch der *konstruktive* Wille verbunden, erneute Kriege zu verhindern und einen stabilen Friedenszustand unter der Aufsicht Spartas und Persiens zu erwirken. Doch scheint dies allenfalls ein sekundärer, aus dem Kalkül des Machterhalts der federführenden Partner geborenes Nebenziel gewesen zu sein, das sich in der Realität ohnehin kaum verwirklichen ließ. Die Hegemonialsysteme des 5. Jahrhunderts hatten im-

Befriedung als Hauptziel?

merhin dafür gesorgt, dass sich die notorischen Streitigkeiten zwischen den Poleis auf ein erträgliches Maß reduzierten sowie an die Zuständigkeit und Aufsicht des Hegemons gebunden wurden. Bürgerkriege entstanden meist dann, wenn sich die großen Bünde gegenseitig bekämpften und ein Hegemon in das Gebiet des anderen übergriff. Indem man nun die Bildung von Hegemonialbünden faktisch untersagte und die noch bestehenden auflöste, hatte man zwar deren *nach außen* gerichtetes Aggressions- und Unruhepotential, damit aber auch ihre *nach innen* wirkende Befriedungskraft aufgelöst. Mit dem Wegfall der Autorität des Symmachialhegemon gewannen die einzelnen Poleis zwar formell ihre volle Autonomie zurück – und das haben sicherlich viele der kleineren Gemeinden begrüßt –, doch begannen sie damit auch wieder in die alten Muster von Nachbarschaftskämpfen und regionalen Streitigkeiten zu verfallen, von denen die Geschichte der Griechen nie gänzlich frei war. Wieder lebten endlose Kämpfe um Grenzmarkierungen und regionale Vorherrschaften auf, die zuvor wenn nicht unterbunden, so doch zumindest eingedämmt worden waren. Das primäre Ziel des Königsfriedens, die ‚großen' und für Sparta und Persien gefährlichen Imperialismen der Hegemonialsymmachien zu unterbinden, wurde zu dem hohen Preis erkauft, dass sich auf lokaler und regionaler Ebene ‚Mikro-Imperialismen' entwickelten, die in ihrer heterogenen und unwägbaren Unüberschaubarkeit viel schwerer zu kontrollieren waren und für die Bevölkerung selbst nicht geringere Nöte hervorriefen als die großen Kriege der Vergangenheit. In deren Verlauf war es immer wieder auch innerhalb der Poleis zu politischen Richtungskämpfen gekommen, die nicht über Nacht beigelegt werden konnten; diese wurden nunmehr zu einem Alltagsphänomen. Krieg und Gewalt nahmen nach dem Königsfrieden nicht ab, sondern verstetigten sich geradezu, zumal die im Peloponnesischen und Korinthischen Krieg vielfach zu Berufskriegern gereiften Milizionäre nach neuer Beschäftigung suchten und ein Vorwand zum Krieg mit Verweis auf die Verletzung der Autonomie schnell zur Hand war. Hinzu kam, dass Sparta unmittelbar nach dem Königsfrieden die Autonomieklausel unverhohlen nutzte, um im Zuge der Auflösung größerer Bündnisse und Bundesorganisationen erneut prospartanische, meist oligarchische Regime zu installieren. Dabei schreckte man vor militärischer Gewalt nicht zurück. Auch das forcierte in den betroffenen Städten innere Spannungen und erhöhte noch

Probleme des Vertrags

Mikro-Imperialismen und andauernde Instabilität

Heimat- und Heillosigkeit

einmal die Zahl der Emigranten und Entwurzelten. Die einen verdingten sich als Gelegenheitsarbeiter in den Hafenstädten, andere traten als Söldner in den Dienst bedrängter Poleis, persischer Satrapen oder thrakischer Könige, wieder andere suchten ihr Glück in der Piraterie, die nach dem Ausfall der athenischen Flotte aufblühte. Dies alles verstärkte die mit dem Königsfrieden manifest gewordene Auffassung vieler Griechen, aufgrund ihrer notorischen Unfähigkeit zur Einigkeit (*homónoia*) nicht nur in einer Zeit tiefer außenpolitischer Ohnmacht, sondern auch innerer Zerrissenheit zu leben.

Und noch etwas anderes hatten die beiden federführenden Parteien der *koinê eirênê* von 386 offenbar nicht oder zu wenig auf ihrer Rechnung, nämlich die Tatsache, dass das Erbe der großen Symmachien nicht einfach mit einem Federstrich zu beseitigen war – nicht nur Athen klammerte sich an die glorreiche Zeit des Seebundes und sah hierin sein Lebenselixier und einen Garanten des inneren Friedens. Die Griechen waren auch findig genug, trotz und jenseits der formellen Beachtung der Autonomieklausel Machtpolitik in neuer Gestalt zu betreiben. Durch die Verweigerung der alten Routinen ergaben sich neue Formen und unerwartete Handlungsspielräume, die auf kurz oder lang die ‚alten' Mächte, auch das zunächst durch den Königsfrieden scheinbar gestärkte Sparta, ins Hintertreffen brachten. Neue Mächte kamen dabei meist dort auf, wo die alten Symmachialhegemone Athen und Sparta traditionell geringen Einfluss besaßen oder besessen hatten, nämlich an den Rand- und Zwischenzonen ihrer Bünde: z. B. in Zypern und an der gegenüberliegenden Küste, wo lokale Dynasten wie Euagoras oder Maussolos von Karien in Form von eher personalen Verbindungen und Abhängigkeiten am strategisch sensiblen Rande des Persischen Reiches eine zeitweilige oder wirklich beständige, überregional ausstrahlende Herrschaft errichten konnten. Diese Option stachelte auch manche kleinasiatischen Satrapen in ihren Konkurrenzkämpfen und ihrem machtpolitischen Ehrgeiz an, zumal ihnen allen für die Durchsetzung ihrer Ziele – anders als noch im 5. Jahrhundert – nicht nur erweiterte politische Gestaltungsspielräume, sondern auch eine größere Zahl jederzeit abrufbarer Söldner zur Verfügung stand.

Chancen für die Randzonen

Das gleiche gilt schließlich für einen anderen im Verlauf des 4. Jahrhunderts immer wichtiger werdenden Raum, nämlich Mittelgriechenland. Die spartanischen Regimenter konnten sich hier

Bundesstaaten

wie schon in den Jahren zuvor nicht lange halten, und in der Folge umgingen die ‚befreiten' Gemeinden das mit der Autonomieforderung verbundene Symmachieverbot dadurch, dass sich mehrere Poleis einer durch ethnische Tradition, Siedlungscharakteristika und regionale Ökologie geprägten Landschaft wie Thessalien, Boiotien – wo es ein solches Konstrukt schon seit Mitte des 5. Jahrhunderts gegeben hatte – oder noch weiter nördlich die Chalkidike zu Bundesstaaten (*koiná*) zusammenschlossen (o. 2.5.3). Die Gliedstaaten übertrugen freiwillig Teile ihrer politischen Entscheidungsmacht auf die Bundesorganisation. Diese formulierte in erster Linie eine gemeinsame Außen- und Verteidigungspolitik und setzte diese um, ließ aber ansonsten die Autonomie der Mitglieder unangetastet, ergänzte sie vielmehr: Der Bürger eines Koinon besaß das Bürgerrecht eines Gliedstaates und das Bundesbürgerrecht. Er konnte insofern auf die Entscheidungen auf Bundesebene direkt Einfluss nehmen.

Theben als neue Großmacht

Die Bundesorganisationen beließen in der Regel den aristokratischen Eliten der führenden Poleis genügend Spielräume, die heimischen Militärstrukturen den neuen Herausforderungen der Zeit entsprechend auszuschöpfen und eigene machtpolitische Ambitionen mit noch größerem Nachdruck zu verfolgen. Am eindrucksvollsten gelang dies den Thebanern unter ihren Strategen Pelopidas und Epaminondas an der Spitze des wiedergegründeten Boiotischen Bundes im Laufe der 370er-Jahre (o. 3.6). Wie geeignet auch der Raum nördlich von Mittelgriechenland für neue militärische Machtzusammenballungen war, bewies in etwa der gleichen Zeit der thessalische Adlige Jason aus Pherai. Er formte als oberster Feldheer (*tágos*) des Thessalischen Bundes die heimische Reiterei sowie zusätzlich die bereits im Peloponnesischen Krieg eingesetzten thrakischen Leichtbewaffneten zu einer gefürchteten Söldnerarmee und stieg mit deren Hilfe binnen kürzester Zeit zum mächtigsten Mann Mittelgriechenlands auf.

Militärische Moderne im Westen

Die sich im östlichen Mittelmeerraum nach dem Königsfrieden verfestigende Tendenz der Verschiebung der Macht an die Zwischen- und Randzonen der Poliswelt unter der Ägide ehrgeiziger Adliger und Aufsteiger findet in gewisser Weise ihr Pendant im westlichen Mittelmeerraum, wobei hier die Kontinuitäten noch ausgeprägter waren. Neue, kostspielige Militärtechniken, neben dem Söldnerwesen insbesondere die Reiterei, der Festungsbau und die Artillerie, waren auch in dieser Region unabdingbare Voraussetzung machtpolitischen Erfolgs. Dort ersetzte die schiere militärische Überlegenheit gewissermaßen die Hegemonialsymmachie als rechtliche Grundlage von Herrschaft: Was zählte, waren Geld, moderne Waffen sowie die Autorität, die neuen Ressourcen konsequent einzusetzen. Erneut zeigte sich auch hier: Das Verbot der alten Symmachien entspannte keineswegs die Lage, sondern machte umgekehrt den Weg frei für die Option, sich nicht mehr sonderlich um die schrittweise, durchaus komplizierte und viel Aufwand erfordernde Bildung einer vertraglich gesicherten Hegemonie kümmern zu müssen, sondern das jeweilige Ziel direkt und unverhohlen anzusteuern.

Syrakus

Wie bereits im 5. Jahrhundert bildete im Westen erneut Syrakus das ideale Terrain für diesen Weg und das Gravitationszentrum transregional-imperialer Herrschaftsansprüche. Die Syrakusaner hatten eine Generation nach der Abwehr der Athener erneut einen Angriff Karthagos (bis nach Kamarina) zurückschlagen können. 406 oder 405 ernannte die Volksversammlung einen gewissen Dionysios zum bevollmächtigten Oberbefehlshaber (*strategós autokrátor*). Er konnte im Zuge des Krieges gegen Karthago, trotz anfänglicher Misserfolge, in Syrakus eine Tyrannis errichten und begann in den Folgejahren, die heimischen See- und Landstreitkräfte zur modernsten Militärmaschinerie der griechischen Welt und seine Stadt zur mächtigsten Festung des Mittelmeerraumes auszubauen. Ingenieure entwickelten Katapulte, die zu Land und von mehrreihigen großflächigen Kriegsschiffen aus Geschosse mit viel größerer Treffsicherheit und Wucht ins Ziel bringen konnten als einfache Bogenschützen. Diese Kraftanstrengungen waren die Voraussetzung dafür, dass Dionysios in der Folgezeit seine Herrschaft bis in die Adria sowie nach Norditalien ausdehnen konnte und Syrakus mit einer Bevölkerungszahl von rund 100 000 Einwohnern erneut zum führenden Wirtschafts- und Handelszentrum des westlichen Mittelmeerraumes aufstieg.

Dionysios

5.3 Wechselspiele der Macht: Sparta verliert die Hegemonie, Theben steigt auf, Athen sucht den Anschluss

Nur wenige der alten Poleis auf der griechischen Halbinsel, die im 5. Jahrhunderts noch eine führende Rolle gespielt hatten, konnten hierbei mithalten, am wenigsten die Spartaner, die eigentlich gehofft hatten, ihre Hegemonie nach dem Königsfriedens fester zu begründen. Wesentliche Ursache hierfür war der Unmut der Griechen über die Unverfrorenheit, mit der Sparta die Autonomieklausel für sich nutzte und nach eigenem Gutdünken auslegte. Parallel hierzu wuchsen die inneren Probleme. Die Spartaner konnten zwar nach den militärischen Erfolgen über Athen zeitweise mit reichen Geldzuflüssen rechnen, doch wurden diese in den Kriegen der ersten Jahrzehnte des 4. Jahrhunderts rasch aufgebraucht. Einzelnen Offizieren und besonders den Königen (wie Agesilaos) eröffneten sich während der Feldzüge jenseits der Ägäis und auch während des Söldnerdienstes für verschiedene Mächte des ostmediterranen Raums neue Bereicherungsmöglichkeiten. Doch diese drohten den Zusammenhalt der Führungsschicht der *homoíoi* mindestens genauso zu unterminieren, wie sie für die Polis insgesamt zu einem finanziellen Rettungsanker in Zeiten kostspieliger Kriege wurden.

Erosionen in Sparta

Aus diesem Dilemma konnten sich die Spartaner nicht mehr befreien. Gegenmaßnahmen haben die Lage nur noch verschlimmert. Jeder Feldherr, der auch nur den Verdacht von Bestechlichkeit oder Illoyalität erregte, wurde mit strengen Rechenschaftsprozessen belegt. Das hemmte die Entfaltung militärischer Talente und schwächte den für jede erfolgreiche Kriegs- und Außenpolitik nötigen Rückhalt der Gesamtbürgerschaft. Parallel zu den verschärften Kontrollen verstärkte sich offenbar der Trend zur Konzentration des Bodenbesitzes und zur Verarmung von Vollbürgern. Da die Spartaner seit Beginn des 4. Jahrhunderts über ihr Erbgut frei verfügen konnten, verkauften ärmere Spartaner ihr Land, um an den gemeinsamen Mahlzeiten der Vollbürger (Syssitien) teilnehmen zu können. Die Höhe der Beiträge war jedoch unabhängig vom persönlichen Besitz, so dass sie bald erneut in Zahlungsschwierigkeiten gerieten und als *hypomeíones* („Mindere") ihre politischen Rechte und damit wohl auch ihren Platz in der Phalanx verloren. All dies verstärkte den durch Geburtenrückgang, Kriegsverluste und Naturkatastrophen ohnehin forcierten Rückgang der Spartiaten, den Aristoteles [Pol. 2,9, 1270a29–32] als *oliganthropía* bezeichnet. Belief sich die Zahl der Hopliten im Jahre 480 noch auf rund 8 000, so wurden in den 70er-Jahren des 4. Jahrhunderts nur noch 1 000 bis 1 500 gezählt. Die Konsequenzen waren dramatisch. Im Winter 379/78 vertrieben thebanische Exilanten die spartanische Besatzung und beendeten das pro-sparta-

Rückgang der Bürgerzahl in Sparta

nische Regime. Danach wurde der Boiotische Bund erneuert, ohne dass Sparta intervenieren konnte. Acht Jahre später schlug Thebens Feldherr Epaminondas in der Ebene bei Leuktra mit Hilfe der Reiterei und einer neuen Schlachtentaktik (der schiefen Schlachtordnung) die spartanische Hoplitenarmee vernichtend. Epaminondas führte danach das boiotische Heer mehrmals bis vor das lakonische Polisgebiet. Als sich der innere Kern des Peloponnesischen Bundes mit Mantineia lossagte und Messenien die spartanische Herrschaft abschüttelte, brach die spartanische Hegemonie auch auf der Peloponnes zusammen.

Spartas Niederlage bei Leuktra 371

Athen war trotz der Niederlage von 404 strukturell besser gegen die Herausforderungen der Zeit und die neuen Konkurrenten im großen Spiel um die Macht gewappnet. Wirtschaft und Bevölkerungszahlen erholten sich noch während des Korinthischen Krieges. Beides war eine notwendige Voraussetzung dafür, trotz der Drohungen des Perserkönigs und der Vorgaben der *koinê eirênê* von 386 an die alte maritime Machtpolitik anzuknüpfen. Die Reduzierung der Flotte und den Ausfall des Seebundes sollten zunächst Einzelverträge mit Getreide und Holz exportierenden Mächten der nördlichen Ägäis wie den odrysischen Regenten und dem Chalkidischen Bund ausgleichen. Zusätzlich verlieh man das Bürgerrecht an fremde Fürsten und schuf so einen Kreis von befreundeten Mächten, welche die Zufuhr lebensnotwendiger Güter von der Nordägäis in den Piräus sicherten. Zunehmende Professionalisierung in Handel und Krieg sowie die komplizierte außenpolitische Gesamtlage erforderten nun allerdings zunehmend Spezialisten. Während der Söldnerführer zum neuen Sozialtypus des Krieges avancierte, besetzten Männer die höchsten politischen Ämter, die so reich waren, dass sie sich durch ein modifiziertes Steuersystem als Wohltäter (*euergétai*) der Stadt gerieren konnten.

Athens Wiederaufstieg

Allerdings war diese Entwicklung nicht so prägend, dass sie das demokratische System substantiell verändert oder den aggressiven Zug der Außen- und Kriegspolitik gebremst hätte. Genau einhundert Jahre nach der Gründung des ersten Seebundes und beinahe zeitgleich mit der Wiederbelebung des Boiotischen Bundes (s. o.) fügte man mehrere Einzelverträge zu einem neuen Kampfbund zusammen, der sich faktisch gegen die Spartaner richtete. Im Frühjahr 377 forderte die Athener Volksversammlung in einem Beschluss alle Griechen und Barbaren, die nicht Unterta-

Zweiter Attischer Seebund

nen des Großkönigs waren, zum Beitritt auf. Neben den Poleis der Ägäis trat als einzige Landmacht Theben dem Bündnis bei. Die Organisation des Bundes verzichtete unter Wahrung der Autonomieklausel auf diejenigen Einrichtungen des Delisch-Attischen Seebundes, die den Athenern den Ruf herrschaftlicher Arroganz eingebracht hatten. Im Bundesrat (Synhedrion) besaßen alle Mitglieder unabhängig von ihrer Größe eine Stimme, nur der Gastgeber Athen war nicht vertreten. Die Beschlüsse des Synhedrion mussten deshalb in der athenischen Volksversammlung zusätzlich beraten und bestätigt werden. Es entstand so ein organisatorischer Dualismus, der den Bundesgenossen ein von jeglicher Dominanz Athens unabhängiges Gremium sichern sollte, den Athenern aber die Freiheit beließ, ihre militärischen Ziele durchzusetzen. Erneut stellte Athen die Bundesflotte, doch anstelle der alten *phóroi* zahlten die Bündner nun feste Matrikularbeiträge (*syntáxeis*), deren Höhe vom Synhedrion festgelegt wurde. Die Beiträge standen Athener Beratern (*sýnhedroi*) direkt zur Verfügung, doch durften fortan keine athenischen Beamten in die Bundesstädte entsandt oder Kleruchen dort angesiedelt werden.

Großmachtträume Spartas, Thebens, Athens – gescheitert

Trotz dieser formalen Beschränkungen gelang es den Athenern, sich binnen weniger Jahre wieder zur führenden Seemacht Griechenlands aufzuschwingen. 369 wurde sogar das nach der Niederlage von Leuktra in seinen Grundfesten erschütterte Sparta als Bündner aufgenommen. Der neue Gegner hieß nun Theben, das als führende Macht des Boiotischen Bundes auch mit Hilfe einer neu gebauten Flotte seine Herrschaft in Mittelgriechenland auszuweiten suchte. 362 besiegten die Thebaner die Truppen Spartas und Athens bei Mantineia, doch mit dem Tod des Epaminondas verlor der thebanische Aufstieg seine Dynamik. Dennoch nahm nun auch Sparta endgültig Abschied von der großen Politik: 360 war der Peloponnesische Bund faktisch aufgelöst. In dieser Zeit begannen sich auch die Mitglieder des Zweiten Seebundes gegen die erneuten Versuche Athens zu wehren, nach dem Ausfall beziehungsweise dem Niedergang der ärgsten innergriechischen Konkurrenten an die alten Herrschaftspläne des 5. Jahrhunderts anzuknüpfen. In der Mitte des 4. Jahrhunderts verließen Chios, Rhodos, Byzantion und Kos mit Unterstützung des karischen Dynasten Maussolos den Seebund und machten im sogenannten Bundesgenossenkrieg (357–355) alle Bemühungen der Athener zunichte, sie wieder mit Gewalt einzugliedern. Athen stand kurz vor dem Staatsbankrott. Erst Eubulos (s. o. 3.7) gelang es, die Staatsfinanzen zu sanieren, indem er die Ausbeutung der Minen forcierte und eine maßvollere, damit kostensparende Außenpolitik betrieb.

Auch die aufstrebenden Bundesorganisationen unter Führung adliger Feldherrn oder einer hegemonialen Polis wie Theben konnten in das machtpolitisch zerrissene Griechenland – trotz der Schwächung der alten Symmachien – kein stabilisierendes Gerüst einziehen, da auch sie immer wieder von inneren Machtkämpfen geschwächt wurden und keine richtungsweisende Form der Hegemonialpolitik entwickelten. Das Vakuum füllte ein von außen kommender Akteur, der sich um alte Strukturen wenig kümmerte oder sie einseitig zu seinen Gunsten formte.

5.4 Der Expansion Makedoniens unter Philipp II.

Noch während des Bundesgenossenkrieges hatten sich im Norden der griechischen Halbinsel, beinahe unbemerkt von den miteinander um Einfluss und Vorherrschaft ringenden Poleis des Südens, Entwicklungen angebahnt, welche die griechische Geschichte in eine ganz neue Richtung und damit auch aus der Sackgasse der ständig scheiternden inneren Befriedungs- und machtpolitischen Konsolidierungsversuche herausführen sollten. Makedonien gehörte bis zum Ende des Peloponnesischen Krieges zu den Gebieten, die wie Thrakien oder Thessalien über reiche Rohstoffreserven (besonders Bauholz, daneben Eisenerz, Silber- und Goldvorkommen) sowie fruchtbare Acker- und Weideflächen verfügten, aber im Spiel der großen Mächte zunächst keine bestimmende Rolle spielten. Der Aufstieg seiner Königsdynastie, der Argeaden, vollzog sich in Anlehnung an die Perser, die das Land vor allem wegen seiner strategischen und materiellen Bedeutung im Norden der Ägäis sowie als Aufmarsch- und Durchzugsgebiet ihrer Invasionsheere schätzten. Gegen Ende des 6. Jahrhunderts erscheint der Argeadenkönig in den Quellen als eine Art Funktionär (*hýparchos*) des Großkönigs. Nach den Perserkriegen versuchten die Argeaden zwischen den Interessen der Perser sowie Athen und seinem Seebund zu lavieren. Ihr Selbstbewusstsein stieg in dem Maße, in dem der Holzreichtum des Landes zu einem strategisch einsetzbaren Faktor wurde. Gleichzeitig standen die Könige jedoch vor der schwierigen Aufgabe, einerseits ihr Territorium vor allem im Nor-

Makedonien vor Philipp II.

den gegen die Illyrer zu verteidigen und andererseits die Partikularinteressen des grundbesitzenden Reiteradels in ihre Ziele einzubinden. Traditionell versuchten sie das zu erreichen, indem sie die Adligen in ihren Gefolgschaftsverband der *hetaíroi* („Gefährten") integrierten und sie durch ausschweifende Gelage, aber auch durch erfolgreiche Plünderungszüge bei der Stange hielten. Im Gegenzug konnte der König mit der Anerkennung seiner Regentschaft durch die *hetaíroi* rechnen. Das war neben der Zustimmung des Heeresaufgebotes eine wesentliche Legitimationsgrundlage seiner Herrschaft.

Der Blick nach Hellas

Die Polisgriechen haben die Makedonen besonders wegen des recht archaisch anmutenden Königtums und wegen des Fehlens stadtstaatlich-bürgerschaftlicher Strukturen zur ‚barbarischen' Randzone gezählt, obwohl die Makedonen einen nordwestgriechischen Dialekt sprachen. Die Argeaden taten ihrerseits alles, um die Vorurteile abzubauen, etwa indem sie seit Beginn des 4. Jahrhunderts bedeutende griechische Künstler und Philosophen an ihren Hof zogen. Gleichzeitig suchten sie die politische Anlehnung an Persien zu wahren, ohne dass dies ihre militärische Aufrüstung behinderte. Makedonien profitierte dabei wie fast alle Randgebiete der Ägäis von der Erschöpfung der alten Mächte und der Veränderung des Kriegswesens in besonderem Maße, musste jedoch immer wieder mit inneren Krisen kämpfen, die meist beim anstehenden Herrscherwechsel auftraten: Ein Schwachpunkt des Königtums waren und blieben die durch mehrere Eheschließungen oft unübersichtlichen dynastischen Konstellationen.

Philipps Expansionspolitik

Anfangs der 350er-Jahre hatte sich Philipp als König durchgesetzt und in einem ersten Achtungserfolg die Westgrenze Makedoniens gegen die Illyrer gesichert. Danach nutzte er die Schwäche Athens während des Bundesgenossenkriegs und besetzte mit Hilfe des Olynthischen Städtebundes die dem athenischen Einflussbereich zugehörenden Küstenregionen Makedoniens mit den Poleis Amphipolis, Pydna und Apollonia. Ein Jahr vor dem Einmarsch in Amphipolis hatte der Makedonenkönig das westliche Thrakien zwischen dem Strymon und Nestos erobert und die übrigen thrakischen Fürstentümer in seine Abhängigkeit gebracht. Selbst im Süden baute er seinen Einfluss zielgerichtet aus, indem er mehrmals, wahrscheinlich auf Bitten einheimischer Familien, militärisch in Thessalien intervenierte und schließlich in der Nachfolge Jasons von Pherai (s. o.) und dessen Verwandten zum obersten Feldherrn (*tágos*) und lebenslangen Regenten (*árchôn*) des von Adelsstreitigkeiten geschwächten Thessalischen Bund gewählt wurde.

Makedoniens militärische ‚Modernität'

Die Kontrolle Thessaliens war nicht nur von enormer strategischer Bedeutung, sondern beschleunigte auch noch einmal die Modernisierung der bereits hochgerüsteten Armee Philipps. So übernahm der Makedonenkönig die in Syrakus entwickelten und dann in Thessalien (unter Jason) eingesetzten Torsionsgeschütze und integrierte einen Großteil der thessalischen Adelsreiterei. Die Phalanx der Schwerbewaffneten erhielt als neue Angriffswaffe eine fünf Meter lange Lanze (Sarissa). Alle Teile des Heeres wurden einem eisenharten Drill unterworfen und bildeten eine professionelle Armee, die wegen ihres großen Aktionsradius, ihrer operativen Flexibilität sowie saisonal unbeschränkten Einsatzmöglichkeit konkurrenzlos war. Mit den Erträgen der Goldminen des thrakischen Pangaiongebirges finanzierte Philipp zusätzlich eine Söldnerarmee von bis zu 3000 Mann. Die von Athen eroberten Küstenstädte ermöglichten ihm sogar den Aufbau einer Flotte von leichten Fünfzig- und Dreißigruderern, mit welchen er einen Kaperkrieg gegen die athenischen Versorgungsschiffe führte.

Herrschaftstechniken Philipps

Bei der Integration unterworfener Gebiete orientierte er sich offenbar an fremden Vorbildern. Thrakien wurde anfänglich wie eine persische Satrapie organisiert. Um die Eliten besiegter oder unterworfener Völker mit der neuen Oberhoheit auszusöhnen, öffnete ihnen Philipp den Kreis der makedonischen Hetairenreiterei und verschaffte ihnen Land in den eroberten Gebieten. Sie bildeten so ein Gegengewicht gegen den makedonischen Adel, der sich den außenpolitischen Zielen des Königs unterordnen musste und in dessen Nähe leichter kontrollieren ließ. Die Söhne des Reiteradels wurden – wie die persischen Aristokratensöhne in Persepolis – als *basilikoí paídes* („königliche Burschen") am Hofe von Pella erzogen und später mit lukrativen Offiziersposten betraut.

Athen stemmt sich gegen Philipp

Die einzige Polis, die sich diesem wohlorganisierten und über eine professionelle Armee gebietenden Gegner entgegenstellte, war Athen. Zwischen 343 und 338 versuchte eine Politikergruppe um Demosthenes alles, um die makedonische Expansion zu stoppen. Die durch Eubulos eingeleitete finanzielle Erholung ermöglichte in relativ kurzer Zeit den Bau einer Kriegsflotte von nominell über 300 Einheiten, von denen wohl rund 100 einsatzbereit waren, und die Modernisierung der maritimen Infrastruktur. Im

Herbst 343 forderte die Volksversammlung unter Einfluss des Demosthenes von Philipp die Rückgabe strategisch bedeutender Poleis wie Amphipolis und Potideia. Ein Bündnis mit dem alten Gegner Theben unterstützte die Drohungen.

Der Makedonenkönig ließ sich durch diese Initiativen nicht beirren. In dem Maße, wie die Athener aufrüsteten sowie den Widerstand diplomatisch und militärisch organisierten, weitete Philipp seine außenpolitischen Initiativen aus: Auf der Peloponnes, in Megara und in Westgriechenland gelang es, zumindest zeitweise athenfeindliche Politiker zu unterstützen; gleichzeitig richtete sich sein Augenmerk über die Ägäis gen Osten, wo Verhandlungen mit dem kleinasiatischen Dynasten von Atarneus die Landung makedonischer Truppen vorbereiten sollten. In Athen gelang es derweil Demosthenes, zahlreiche griechische Städte in einer neuen Militärallianz zu vereinen. Das Glück schien diesem „Hellenenbund" hold, als Philipp noch im gleichen Jahre empfindliche Schlappen bei der Belagerung von Perinthos und Byzanz im Norden hinnehmen musste. Als der Makedonenkönig im Herbst des Jahres einen athenischen Getreidekonvoi kaperte, erklärte ihm die Athener Volksversammlung schließlich offiziell den Krieg. Am 2. August 338 ließen sich die Verbündeten gegen die Warnungen des Demosthenes auf eine offene Feldschlacht beim boiotischen Chaironeia ein. Nach zunächst unentschiedenem Verlauf setzten sich die Kampferfahrung der makedonischen Phalanx sowie die Hetairenreiterei gegen die Bürgeraufgebote der Poleis durch.

Makedoniens Sieg bei Chaironeia

Die Friedensbedingungen Philipps fielen je nach Gegner und außenpolitischen Zielen des Makedonen unterschiedlich aus. Während Theben mit einer Besatzung belegt wurde und seine Hegemonie über Boiotien aufgeben musste, beließ er Athen völlige Autonomie und bestätigte der Stadt sogar den Besitz der Klerucheninseln Lemnos, Imbros und Skyros sowie der Kleruchie auf Samos. Dagegen wurden der Hellenenbund und der ohnehin stark geschrumpfte Zweite Seebund endgültig aufgelöst. Parallel dazu ließ Philipp die Griechen – mit Ausnahme Spartas – in Korinth einen „Allgemeinen Frieden" schließen. Zentraler Bestandteil dieser *koinê eirênê* war neben der üblichen Zusicherung der Autonomie jedes Teilnehmers – was ein Verbot neuer, konkurrierender Bündnisse implizierte – ein unbefristetes Militärbündnis mit den griechischen Einzelstaaten (sog. Korinthischer Bund). Hegemon, das heißt militärischer Führer des Bundes, war Philipp selbst.

Korinthischer Bund

Bereits auf der konstituierenden Sitzung des Bundes wurde Philipp auf eigenen Antrag beauftragt, als bevollmächtigter Feldherr (*strategós autokrátôr*) Krieg gegen Persien zu führen, um Rache für die Zerstörung der Heiligtümer Griechenlands zu üben. Besonders die Athener konnten sich einer solchen Begründung kaum entziehen, hatte doch ihre Stadt einst am stärksten unter der persischen Invasion gelitten. Es waren nicht von ungefähr Athener Publizisten wie Isokrates, die bereits seit Jahrzehnten einen solchen panhellenischen Rachekrieg gefordert hatten, auch um die dauernden Zwistigkeiten unter den Griechen zu beenden und sie in einem neuen Feldzug gegen den gemeinsamen Gegner zu vereinen. Indem Philipp an diese Gedankenspiele anknüpfte, suchte er die Griechen mit seiner Vorherrschaft zu versöhnen. Sein Kriegsziel bestand wahrscheinlich – in der Tradition früherer Feldherren – zunächst nur darin, die kleinasiatischen Griechen von persischer Herrschaft zu befreien; gleichzeitig benötigte er unbedingt neue Einnahmequellen, um Armee, Staat und Herrschaft zu finanzieren. Nicht zuletzt musste der einheimische Adel beschäftigt und mit Beute versorgt werden, um Neid auf den erfolgreichen Anführer gar nicht erst aufkommen zu lassen.

Philipps Ermordung (336)

Doch dann wurden die Pläne jäh gestoppt. Während der Hochzeit seiner Tochter Kleopatra mit Alexander, dem König von Epirus, erstach ein Mitglied der Leibwache den König. Unmittelbar nach der Ermordung machte Philipps einziger erwachsener und legitimer Sohn Alexander seinen Anspruch auf den Thron geltend und wurde tatsächlich von der makedonischen Heeresversammlung zum Nachfolger akklamiert. Letzte Zweifel an seinem Herrscherwillen beseitigten kaltblütig ausgeführte Attentate auf Thronrivalen und aristokratische Opponenten. Die hohen Offiziere seines Vaters wusste der neue König ohnehin auf seiner Seite.

Alexander sichert seine Position

Genauso zielgerichtet, wie sich Alexander die Thronnachfolge gesichert hatte, übernahm er auch die außenpolitische und militärische Führungsrolle seines Vaters. In Thessalien beanspruchte er die von seinem Vater besetzte Position des Bundes-Archon, vom Korinthischen Bund wurde er als Hegemon und neuer Feldherr des hellenischen Rachekrieges bestätigt. Ganz in der Tradition der makedonischen Könige demonstrierte er Stärke durch einen erfolgreichen Feldzug gegen die Stämme jenseits der Donau. Ein von Persien finanziell unterstützter Aufstand der von Philipp gedemütigten Thebaner endete mit der Zerstörung ihrer Stadt – eine

Warnung an alle, die geglaubt hatten, aus dem Thronwechsel Kapital schlagen zu können. 334 sammelte Alexander eine Armee von rund 37 000 Mann, um den Perserkrieg zu eröffnen. In Makedonien übernahm Antipatros, der wichtigste Berater Philipps, als „Stratege Europas" die Aufgabe, Alexander den Rücken frei und die Griechen bei der Stange zu halten.

5.5 Griechenland im Schatten des Alexanderzuges

Alexanders Offensive in Kleinasien

Im Frühjahr 334 überquerte Alexander an der Spitze seiner Invasionsarmee den Hellespont. Unmittelbar vor der Küste schleuderte er seinen Speer in das Land und beanspruchte damit Kleinasien als „speergewonnen". In Ilion, der Stätte des alten Troja, ehrte er seinen mythischen Vorfahren Achilles, und auch Priamos, der einstige Herrscher der Troianer, erhielt ein Opfer zur Versöhnung. Troja war dem Mythos zufolge dereinst von Achaiern (‚Griechen') vernichtet worden, so wie die Perser zu Beginn des 5. Jahrhunderts große Teile Milets und wenig später die Tempel auf der Akropolis zerstört hatten. Alexander knüpfte an diese Ereignisse an und verschmolz mythische und historische Vergangenheit.

Alexander in Kleinasien

Ein erstes Aufeinandertreffen mit den Aufgeboten der persischen Satrapen am Fluss Granikos (Biga Cay, Mai/Juni 334) entschied Alexander für sich. Erneut achtete er peinlich genau darauf, den Sieg in den Kontext seines offiziellen Auftrages einzuordnen: 300 persische Rüstungen wurden nach Athen geschickt und der Stadtgöttin geweiht – ein Symbol für die Sühnung der Schmach, welche die Perser einst der Athena angetan hatten. Allerdings erbrachte der Sieg am Granikos noch keineswegs die propagierte Herrschaft über Kleinasien. Nach wie vor drohten die überlegenen persischen Seestreitkräfte unter dem Kommando des überaus fähigen Memnon von Rhodos Alexander von seinen rückwärtigen Verbindungen abzuschneiden – wie einst im Krieg gegen den Spartanerkönig Agesilaos entstand damit in der Ägäis sowie in Griechenland die Gefahr einer zweiten Front gegen die Makedonen.

Seine strategische Lage

Nur wenige Monate nach der Niederlage am Granikos gewannen die Verbände des Memnon die Ägäisinseln Chios und Lemnos. Alexander konnte nicht riskieren, die Loyalität der unzuverlässigen griechischen Flotte in einer offenen Seeschlacht zu testen, und so war er zur Passivität gezwungen. Der unerwartete

Tod Memnons im Mai 333 bei der Belagerung von Mytilene brachte zwar eine gewisse Entlastung, doch die Perser besaßen nach wie vor die unangefochtene Seeherrschaft. Gleichzeitig setzten sie ihre diplomatischen Einflussnahmen im Rücken Alexanders fort und unterstützten sogar den zum Krieg gegen die Makedonen bereiten spartanischen König Agis III. finanziell.

Alexander war unter diesen Umständen zu schnellen Erfolgen gezwungen und konzentrierte sich darauf, seinerseits die Aktionsspielräume der persischen Flotte zu minimieren, indem er ihr die Küstenbasen in Kleinasien nahm. Viele griechische Städte öffneten ihm freiwillig die Tore, doch in den bedeutendsten Hafenstädten wie Milet und Ephesos standen persische Besatzungen unter mutigen Kommandeuren, die nicht bereit waren, ihre wohlbefestigten Städte kampflos zu übergeben. Erst mit dem Einsatz des mobilen Belagerungstrains konnten, nachdem sich Sardeis ergeben hatte, Ephesos, Milet und Halikarnassos eingenommen werden. Alexander richtete die Behandlung der Poleis an machtpolitischen Erwägungen aus. So ließ er diejenigen, die ihm als Befreier von der Perserherrschaft die Tore geöffnet hatten, fortan „autonom“ nach ihren eigenen Gesetzen leben, doch faktisch wurden die bisherigen Tribute lediglich durch „Beiträge“ an den Makedonenkönig ersetzt. An strategisch wichtigen Positionen und dort, wo er auf harte Gegenwehr traf, setzte er Besatzungstruppen ein; an Stelle der persischen Satrapen traten makedonische Offiziere mit gleicher territorialer Zuständigkeit.

Sicherung Kleinasiens

Sieg bei Issos (333)

Da auch die persischen Interventionen in Griechenland und den ägäischen Inselstädten nicht recht fruchteten, ordnete Dareios III. den Rückzug der Truppen und Kriegsschiffe aus der Ägäis an. Erst jetzt konnte sich Alexander als Herr Kleinasiens wähnen. Im folgenden Frühjahr stellte sich ihm der Perserkönig mit der (sich vornehmlich aus westlichen Kontingenten rekrutierten) Reichsarmee in Nordsyrien bei Issos entgegen. Erst der schwer errungene Sieg Alexanders und die Flucht des Dareios eröffneten Perspektiven, die über die Kriegsziele Philipps hinausgingen: Alexander fühlte sich berechtigt, Anspruch auf das gesamte Persische Reich zu erheben, und lehnte Kompromissangebote wie die einer Reichsteilung und die Stellung eines gleichberechtigten Großkönigs ab. Der Ansehensverlust des Perserkönigs war so groß, dass eine Verteidigung der Restgebiete als unrealistisch eingeschätzt wurde. Tatsächlich leistete beim weiteren Vormarsch an der syrischen Küste nur die phönikische Hafenstadt Tyros erbitterten Widerstand und konnte erst nach achtmonatiger Belagerung eingenommen werden.

Anstatt sich jedoch nun direkt nach Osten zu wenden, zog Alexander weiter gen Süden nach Ägypten. Dort wurde er als Befreier begrüßt. Alexander opferte in der unterägyptischen Hauptstadt Memphis und ordnete die Wiederherstellung der von den Persern stillgelegten Heiligtümer in Karnak und Luxor an. Die Priesterschaften akzeptierten Alexander als neuen Pharao. Mit der Inthronisation war er nach ägyptischer Auffassung Sohn des höchsten Gottes Amun-Re, und diese Gottessohnschaft ließ er sich nach einem Wüstenmarsch von rund dreihundert Kilometern in der auch bei den Griechen berühmten Oase von Siwa bestätigen. Mit der Gunstbezeugung der Priester von Siwa gewann Alexander zugleich die Kontrolle über einen der wichtigsten Knoten- und Ausgangspunkte des gen Westen und Süden führenden afrikanischen Karawanenhandels. In diesen Kontext handelspolitscher Erwägungen gehört auch die Gründung der nach ihm benannten Stadt Alexandria am westlichen Ende des Nildeltas. Die Neugründung sollte vermutlich nach der Zerstörung von Tyros den Seehandelsverkehr zwischen Ägypten und Griechenland erleichtern sowie Ägypten als Umschlagplatz für die begehrten südarabischen Aromatika unabhängiger von den phönizischen Metropolen machen.

Alexander in Ägypten

Voller Selbstbewusstsein brach Alexander im April 331 von Ägypten auf, um die persischen Zentrallande zu erobern. Ein letzter Sieg über Dareios bei Gaugamela (östlich des Tigris) öffnete den Weg zu den Metropolen Mesopotamiens (Babylon) und den Residenzen der persischen Könige. In Susa bemächtigte er sich des Königsschatzes und bestieg den persischen Thron; der Palast von Persepolis wurde systematisch geplündert und ging in Flammen auf. Das symbolisierte für alle sichtbar den End- und Höhepunkt des Rachekrieges für die Zerstörungen der Perser in Griechenland. Damit hatte Alexander den Auftrag des Korinthischen Bundes erfüllt. Folgerichtig entließ er nach dem Weitermarsch in die alte medische Hauptstadt Ekbatana die griechischen Truppen des Bundes, während er selbst weiter dem flüchtenden Dareios nachhetzte. Wenn Alexander tatsächlich die Nachfolge der Achaimeniden antreten wollte, musste er sich der Person des Dareios versichern und die Loyalität der nördlichen und östlichen Reichs-

Herr über das Perserreich

teile prüfen – und wenn ihm das Orakel von Siwa nicht nur die Gottessohnschaft bestätigt, sondern die Weltherrschaft prophezeit hatte, dann musste er die Grenzen der Welt erreichen. Beide Motive führten ihn südlich des Kaspischen Meers entlang über den Kaukasus bis nach Indien. Am östlichen Zufluss des Indus musste er sich dann aber kurz vor dem Weitermarsch zum Ganges dem Wunsch der Mehrheit des durch weitere griechische Söldner verstärkten Heeres beugen, den Heimweg anzutreten. Ein Teil der Armee zog über die östlichen Satrapien (Karmanien), Alexander selbst wählte mit dem Großteil der Truppen den beschwerlichen und für viele tödlichen Marsch entlang der Küste durch die Gedrosische Wüste (Wüste Makran), während die parallel operierende Flotte unter Nearchos auf dem Seeweg von der Mündung des Indus bis in den Persischen Golf segelte. Als Alexander im Dezember 325 nach enormen Verlusten an der Küste des Persischen Golfes mit Nearchos zusammentraf und wenige Zeit später über Persepolis 324 in Susa anlangte, hatte er seinen Eroberungszug durch die Weite des Perserreiches vollendet. Nun zielte er nach Süden, um – wie einst Dareios – Zugriff auf die arabischen Weihrauchgebiete zu bekommen und die notorischen nomadischen Raubzüge einzudämmen. Kurz vor dem Aufbruch von Flotte und Heer wurde Alexander jedoch von heftigen Fieberanfällen geschüttelt. Am 10. Juni 323 starb der 33jährige Welteroberer in der Residenz von Babylon.

Zug nach Indien

Opferreicher Rückmarsch

Arabien bleibt unerobert

Auch wenn Leben und Herrschaft des Makedonen abrupt endeten und die Frage, wie es mit seinem Reich weitergehen sollte, offen schien, waren seine Eroberungen für die Griechen in mehrfacher Beziehung folgenreich. Abgesehen davon, dass die fernsten östlichen Länder wie Baktrien und Indien militärisch erschlossen und einem Tross an Gelehrten zugänglich gemacht wurden, zogen zahlreiche griechische Söldner mit an die (vermeintlichen) Grenzen der Welt. Viele siedelten sich in den Kolonien und Festungen an, die Alexander vor allem in der Sogdiana angelegt beziehungsweise ausgebaut hatte. Einige Kolonien wie Alexandreia Areia (Herat) sowie Alexandreia in Arachosien (später Kandahar) oder Alexandreia Eschate, das heutige Chodschent (Leninabad), blühten auf zu wichtigen Knotenpunkten des Überlandhandels und wurden zu Keimzellen griechischer Lebenskultur, die sich mit einheimischen Elementen vermischten und bald eine Grundlage unabhängiger griechischer Königreiche bildeten.

Eine neue Welt für Griechen

Das Söldnerproblem

Ein besonderes Problem bildeten die unter persischen Fahnen dienenden griechischen Söldner. Nach der Schlacht am Granikos hatte Alexander sie noch als Verräter behandelt und mit Zwangsarbeit in den makedonischen Bergwerken bestraft. Doch in dem Maße, in dem der Gedanke reifte, das gesamte Persische Reich zu erobern und den Thron des Dareios zu übernehmen, suchte er die professionellen Kämpfer in sein Heer einzugliedern, so wie das zuvor die Perser getan hatten. Auf dem weiteren Marsch gen Osten ergänzten sie den durch Verwundung, Tod oder Besatzungsaufgaben schwindenden makedonischen Heeresteil. Andere fanden in den Anfangsjahren den Weg nach Hause auf die griechische Halbinsel und standen hier etwaigen Gegnern zur Verfügung. So eröffnete der spartanische König Agis III. den Kampf gegen die Makedonen, als er nach der Schlacht bei Issos rund 8 000 Söldner aus den Reihen der persischen Armee unter sein Kommando bringen konnte. Die weiteren Siege Alexanders auf dem Schlachtfeld und die zu erhoffende Beute haben dann jedoch viele Söldner wieder in den Osten gelockt, und sie festigten damit indirekt auch das Ansehen des jungen Königs in Griechenland unter den Mitgliedern des Korinthischen Bundes. Bezeichnenderweise konnte der Spartanerkönig nur auf geringe Unterstützung hoffen: Athen hielt sich bedeckt, und so unterlag Agis 331 (oder 330), politisch weitgehend isoliert, dem makedonischen Heer bei Megalopolis.

Unruhe in Griechenland

Kompliziert blieb dennoch das Verhältnis Alexanders zu den Mitgliedern des Korinthischen Bundes, in dessen Auftrag er offiziell gegen Persien gezogen war. Der Feldherr musste ein waches Auge auf die einst bei Chaironeia mit Waffengewalt zur Kooperation gezwungenen Griechen haben, aber er wurde auch mit zunehmender räumlicher Distanz und jedem militärischen Erfolg selbstbewusster und betrachtete bald die ‚westlichen' Gebiete eher als Anhängsel seiner Eroberungen. Die Griechen selbst hatten jede Etappe des Alexanderzuges im Hinblick darauf zu bewerten, inwieweit sich ihnen neue Handlungsspielräume und politische Zukunftschancen eröffneten oder nicht. Wenig überraschend gab es hierbei selten einen schnellen Konsens. Vielmehr wurden die üblichen Konkurrenzkämpfe und Meinungsverschiedenheiten zumal auf außenpolitischem Feld durch die Frage, wie man sich gegenüber Alexander verhalten sollte, noch einmal zusätzlich verschärft und mit dem Kampf um innenpolitische Grundsatzpositionen verbunden. Alte, aus der Zeit der Symmachialhegemonien vertraute Konfliktmuster lebten so unter neuen Vorzeichen wieder auf: Während kooperationsbereite promakedonische Kreise eine aristokratisch-oligarchische Ordnung anstrebten und diese vielfach auch mit Unterstützung von Alexanders Stellvertreter Antipatros verwirklichen konnten, orientierten sich ihre Kontrahenten an demokratisch-isonomen Verfassungen. Nicht selten entluden sich die Auseinandersetzungen in offener Gewalt. Die Unterlegenen gingen, soweit sie nicht getötet wurden, wie eh und je in die Verbannung oder in den Söldnerdienst und suchten auswärtige Hilfe, um ihre Position zurückzugewinnen.

Vergiftetes Präsent: das Verbanntendekret

Der Einzige, der diese Konfliktspirale stoppen konnte, war derjenige, der sie hervorgerufen hatte. Nach Alexanders Rückkehr aus Indien sollten sich im Jahre 324 ungefähr 20 000 Verbannte in Susa versammelt haben. Der neue Weltenherrscher erließ darauf ein offenbar schon länger vorbereitetes Dekret, das allen Flüchtlingen und Verbannten, soweit sie sich keiner „Bluttat" schuldig gemacht hatten, die Rückkehr in ihre Heimat und wieder das volle Bürgerrecht zusicherte. Antipatros wurde angewiesen, diesen Beschluss auch gegen renitente Poleis durchzusetzen. Der Sondergesandte Nikanor sollte das Dekret bei den Olympischen Spielen 324 verkünden. Damit beanspruchte Alexander eine neue Rolle gegenüber den Mitgliedern des Korinthischen Bundes, indem er nun direkt in die inneren Angelegenheiten der Städte hineinregierte. Hiermit verbunden verstärkte er nach der Rückkehr aus Indien sein Bemühen, sich auch von den Griechen nicht mehr nur als Hegemon des Bundes, sondern als Gottkönig mit entsprechendem Herrscherkult in den einzelnen Poleis verehren zu lassen. Offensichtlich glaubte er, kraft seiner monarchischen, gottgleichen Befehlsgewalt, die längst den Rahmen des Korinthischen Bundes sprengte, sich das lästige Problem der Bittsteller, die ja auch aus antimakedonischen Kreisen stammten, vom Halse zu schaffen und wieder Ruhe und Ordnung in den griechischen Landen herstellen zu können. Die Suche nach Stabilität erschien umso dringlicher, als inzwischen zahlreiche aus dem Alexanderheer entlassene Soldaten nach Hellas zurückgekehrt waren und Beschäftigung suchten.

Allerdings wohnte der erzwungenen Rückführung innenpolitischer Konkurrenten auch erhebliches Konfliktpotential inne, das sogar rückwirkend die Beziehungen zwischen den Poleis betraf.

In dieser Hinsicht verband sich das Dekret mit der alten, wenig erfolgreichen Autonomie-Verkündung der *koinê eirênê*-Verträge. Denn es waren nicht nur innere Auseinandersetzungen, sondern auch außenpolitisch-militärische Ereignisse, die bereits vor dem Aufbruch Alexanders in den Osten manche Polisbewohner in die Flucht und Verbannung getrieben hatten; diese sollten nun ebenfalls zurückgeführt werden. Betroffen davon war vor allem Athen, das 366 Samos erobert und mit eigenen Bürgern besiedelt hatte. Diese mussten nun wieder abziehen und das Land den vertriebenen Altbesitzern überlassen. Dementsprechend empört reagierten die führenden Politiker Lykurg und Demosthenes. Sie hatten schon vorher konsequent die Aufrüstung der Flotte vorangetrieben und den machtpolitischen Einfluss ihrer Stadt im Schatten des Alexanderzuges in der Ägäis ausgeweitet; dieser Erfolg schien nun akut gefährdet.

Konflikt in Griechenland

Materielle Unterstützung erhielten sie zunächst unverhofft durch Harpalos: Der in Babylon residierende Schatzmeister Alexanders versorgte die Athener großzügig mit Geld und Getreide. Verkompliziert wurde die Lage, da just zu dem Zeitpunkt, als das Verbannten-Dekret verlesen wurde und Alexander die Räumung von Samos anordnete, Harpalos nach Athen floh und dort nach heftigen Diskussionen mit drei Schiffen und 700 Talenten Gold aufgenommen wurde. Alexander forderte sofort die Auslieferung seines ehemaligen Finanzchefs, was die Spannungen noch einmal verschärfte (sog. Harpalos-Affäre). Demosthenes konnte nach diplomatischen Gesprächen in Olympia seine Mitbürger nur mit Mühe von einem Kompromissangebot an Alexander überzeugen, wonach man den Makedonen fortan als Gott verehrte und sich von Harpalos distanzierte; er wurde nicht ausgeliefert, sondern unter Arrest gestellt. Im Gegenzug hoffte man auf ein Entgegenkommen Alexanders in Bezug auf die Räumung von Samos. Doch der König zeigte sich unnachgiebig und forderte in der Zwischenzeit die Herausgabe aller Gelder, die Harpalos nach Athen gebracht hatte. Dieser konnte sich zwar inzwischen absetzen, die Frage nach der Verwendung beziehungsweise Veruntreuung seiner Gelder entfachte jedoch in Athen einen Prozess, der sich zu einer Abrechnung der offensichtlich erfolglosen Außenpolitik des Demosthenes auswuchs und mit der harten Verurteilung des Redners und zahlreicher Mitangeklagter endete. Anstelle der vorsichtigen Diplomatie, die durch Kompromisse das Beste für Athen her-

Athen und die Harpalos-Affäre

auszuholen suchte, setzten sich die konsequent antimakedonischen Stimmen unter Führung des Redners Hypereides durch.

Athens letztes Aufbäumen: der Lamische Krieg

Der plötzliche Tod Alexanders im Sommer 323 schien ihnen in die Karten zu spielen. Hypereides und der Stratege Leosthenes votierten sofort für den Krieg und propagierten ihn als „hellenischen Freiheitskampf". Dem Aufruf schlossen sich allerdings nur die Aitoler und Phoker sowie einige Poleis auf der Peloponnes an. Den Oberbefehl über die Bündner erhielt Leosthenes. Nach anfänglichen Erfolgen kam der Stratege bei der Belagerung der sich in Lamia verschanzenden Makedonen ums Leben. Das Bundesheer begann sich aufzulösen, und eine makedonische Entsatzarmee sprengte den Belagerungsring. Niederlagen der Athener Flotte gegen die neugebauten Schlachtschiffe im Sommer des gleichen Jahres beendeten alle Träume einer neuen Seemacht und bedeuteten die Vorentscheidung im Lamischen Krieg. Einen Monat später verloren auch die Landtruppen des Bundes die letzte Schlacht bei Kramnos in Thessalien.

Die Athener Volksversammlung verurteilte daraufhin unter dem Druck des Antipatros in aufgeheizter Stimmung Hypereides und Demosthenes zum Tod. Athen musste die von Antipatros diktierten Friedensbedingungen akzeptieren: Samos ging (neben der Polis Oropos) endgültig verloren, eine makedonische Besatzung zog in die attische Festung Munichia. Die Verfassung wurde oligarchisiert: Politische Rechte genoss nur, wer mindestens 20 000 Drachmen Vermögen vorweisen konnte. Das war nach griechischem Verfassungsdenken das Ende der klassischen Demokratie und außenpolitisch der Beginn einer neuen Ära. Die Hellenen mussten sich endgültig darauf einstellen, die Wünsche der Makedonen als Befehle zu lesen.

Aufgenötigte Oligarchie in Athen

Das Ende der Griechischen Geschichte?

In älteren Darstellungen firmieren die Niederlage Athens und der Tod des Demosthenes im Jahr 322 als markanter Einschnitt, ja Endpunkt: Griechenland habe danach keine *eigene* Geschichte mehr gehabt, sondern sei nur noch „das Anhängsel irgendeines fremden Central- und Oberstaates unter seinen Nachbarn Makedonien, Aegypten, Syrien und Rom" gewesen [1.2.1: GROTE, Geschichte 6, 659 = History 12, 301 f.]. Das Hellas der ‚echten' Griechischen Geschichte bestand für Historiker wie Grote im Kern in einer losen „Vereinigung autonomer Stämme oder Gemeinschaften, die frei untereinander, mit wenig oder keinem Druck von Außen, agiren und reagiren"; das Hauptinteresse lag dementsprechend „in dem freien Aneinanderschließen der verschiednen hellenischen Bruchtheile; in dem selbstbestimmten Zusammenwirken und Gegenwirken; in den verunglückten Versuchen, etwas Derartiges wie ein Staatenganzes zu Stande zu bringen oder zwei permanente rivalisirende Staatenbünde nebeneinander zu erhalten; in dem energischen Ehrgeize und der heroischen Ausdauer der Männer, denen Hellas die ganze politische Welt war" [ebd.]. Anders als manche seiner schwärmerischen Nachfolger idealisierte der lebenskluge und pragmatische Engländer die Griechen nicht vollständig, sondern hob die Möglichkeitsbedingungen ihrer Leistungen wie ihrer Fehler hervor.

Kontinuitäten in den Hellenismus

Über die Geschichte der Griechen in der anschließenden Epoche, dem Hellenismus, wissen wir heute zweifellos viel mehr als die Gelehrten Mitte des 19. Jahrhunderts, und viele der im vorliegenden Band herausgestellten Phänomene, etwa die Seefahrt, die Polis und der Bundesstaat, erwiesen sich als überaus lebendig – ja, die griechische Stadt als kulturell wie politisch dichter Lebensraum verbreitete sich im Osten bis an die Grenzen Indiens und wurde auch in Italien, sogar in Karthago zu einem in vielen Punkten imitierten Modell. Sie erlangte damit ‚Weltgeltung', doch ‚Weltgeltung' ist etwas anderes als Handlungsspielräume („Freiheit"), und tatsächlich konnten die Griechen nach 322 nur noch in engen Grenzen und seltenen Momenten so etwas wie ‚große Politik' machen. Andererseits sollte aus dem vorliegenden Buch auch deutlich geworden sein, dass sie ihre spezifischen Gestaltungen des Lebens, Kämpfens, Politisierens und Herrschens, des Wirtschaftens, Feierns und Inschriften- Setzens bereits zuvor kaum je in einem leeren Raum, gänzlich unbeeinflusst von anderen Mächten entwickelt haben. Die Zäsur mit dem Jahr 322 zu setzen, lässt sich somit gut rechtfertigen; zugleich ist sie keine absolute – doch das gilt für alle geschichtlichen Einschnitte.

Chronologische Übersicht

Verzeichnet sind nur ‚echte' Daten, nicht Zeiträume von Großprozessen (z. B. Polisbildung; Kolonisation). Der Asterik (*) bezeichnet Fixierungen, die als nicht gesichert oder sogar unwahrscheinlich angesehen werden müssen, sich aber konventionell eingebürgert haben. Doppeljahresangaben mit einem Schrägstrich verweisen auf eine Fixierung nach dem im Sommer beginnenden athenischen Archontenjahr. – Für Athen s. die detailliertere Übersicht o. S. 129–131.

Naher Osten und Kleinasien	Griechische Halbinsel und Ägäis	Großgriechenland und der Westen
		*814: Karthago von Tyros aus gegründet
	*776: Beginn der Siegerliste in Olympia	*773: Metapont durch Achaier gegründet
Begründung des Neuassyrischen Großreichs durch Tiglatpilesar III. (744–727)	*733/706: Korkyra durch Korinther gegründet	*733: Syrakus durch Korinther gegründet *721: Sybaris durch Achaier gegründet
	ca. 700–680: Erster Messenischer Krieg Spartas	*688: Gela durch Rhodier und Kreter gegründet
	*669/68: Niederlage Spartas gegen Argos	
	*664: erste Seeschlacht zwischen Griechen (Korinth vs. Korkyra)	
*668/659: Byzantion durch Milesier gegründet	*657: Kypselos Tyrann in Korinth	
*647: Olbia durch Milesier gegründet	ca. 650: früheste Gesetze in Dreros (Kreta); ‚Große Rhetra' in Sparta	ca. 650: Tarent durch Spartaner gegründet
seit ca. 625: Griechen in Naukratis	ca. 625: Periander Tyrann in Korinth	*632: Kyrene durch Theraier gegründet
609: Untergang des Neuassyrischen Reiches	ca. 630–600: Zweiter Messenischer Krieg Spartas	*598: Massilias durch Phokaier gegründet
626–539: Neubabylonisches Reich	*594/93: Solon Archon in Athen	*580: Akragas durch Gela gegründet

https://doi.org/10.1515/9783486848809-002

Naher Osten und Kleinasien	Griechische Halbinsel und Ägäis	Großgriechenland und der Westen
ca. 560: Kroisos, König des Lyderreichs, unterwirft die Griechenstädte Kleinasiens.	*561/60: Peisistratos erstmals Tyrann in Athen	
559–530: Kyros begründet das Perserreich.	*554: Tegea von Sparta geschlagen; Vertrag als Keimzelle des Peloponnesischen Bundes	
ca. 546: Der Lyderkönig Kroisos verliert sein Reich an Kyros; Griechen Kleinasiens Untertanen des Perserkönigs	*546–510: Tyrannis des Peisistratos († 527/26) und seiner Söhne in Athen	
12. Okt. 539: Babylon fällt an das Perserreich.		
ca. 540–522: Polykrates Tyrann von Samos	525: Spartaner und Korinther unterstützen samische Aristokraten gegen Polykrates.	ca. 535: Seeschlacht bei Alalia (auf Korsika) zwischen Phokaiern, Etruskern und Karthagern
530–ca. 522: Kambyses persischer Großkönig. Er erobert u. a. Ägypten; vor und nach seinem Tod Bürgerkrieg		ab ca. 530: Kroton Zentrum der Philosophie des Pythagoras († nach 510) und der Medizin
ca. 522–486: Dareios persischer Großkönig	ca. 520–490: Kleomenes I. König in Sparta	
ca. 517: Die Inseln Chios, Lesbos und Samos kommen unter persische Herrschaft.		ca. 514: Unternehmungen des Spartaners Dorieus († 508/07)
513/12: Skythenfeldzug des Dareios; Eroberung Thrakiens	510: Ende der Tyrannis des Hippias in Athen durch spartanische Intervention	510: Zerstörung von Sybaris durch Kroton
	508/07: Kleisthenische Reformen in Athen	
	507/06: Athenische Gesandte bitten den Perserkönig um Hilfe. Intervention Spartas gegen Athen scheitert.	

Naher Osten und Kleinasien	Griechische Halbinsel und Ägäis	Großgriechenland und der Westen
499–494: Ionischer Aufstand, an dem sich Eretria und anfänglich auch Athen beteiligen		
494: Eroberung Milets; Deportation der Eliten	ca. 494: Sieg Spartas über Argos	498–491: Hippokrates Tyrann in Gela
492: Festigung der persischen Herrschaft in Thrakien; Wiedergewinnung der Kontrolle über Makedonien		491–485: Gelon Tyrann in Gela 485–478: Gelon Tyrann in Syrakus
	490: Athen wehrt bei Marathon und vor den Stadtmauern eine persische Invasion ab.	
	489: Miltiades' Paros-Expedition scheitert.	
486–465: Xerxes persischer Großkönig	seit 483: Bau von 200 Trieren in Athen auf Initiative des Themistokles	ca. 483: Zwangsumsiedlungen aus Gela, Kamarina, Megara Hyblaia u. a. Orten nach Syrakus
	481: Ca. 30 Poleis schließen sich zum Hellenenbund zusammen.	
480–479: kombinierter Land- und Flottenfeldzug des Xerxes zur Unterwerfung Griechenlands		
	480: Rückzugsgefechte beim Kap Artemision und an den Thermopylen. Der Hellenenbund behauptet sich in der Seeschlacht bei Salamis (Sept.).	Frühjahr 480: Niederlage des Karthager Hamilkar gegen griechische Verbände bei Himera
	479: Niederlage der persischen Armee bei Plataiai; die Perser räumen Griechenland. Sieg der griechischen Flotte bei Mykale	
	478/77: Gründung des Attischen Seebundes	478–467: Hieron I. Tyrann von Syrakus
	475: Athen erobert die Insel Skyros.	474: Hieron I. besiegt etruskische Verbände bei Kyme.

Naher Osten und Kleinasien	Griechische Halbinsel und Ägäis	Großgriechenland und der Westen
	ca. 471/70: Themistokles ostrakisiert; Exil im Perserreich	
	ca. 470: Die Sezession der Naxier von Athen scheitert.	
465–424: Artaxerxes I. persischer Großkönig	465: Sieg Athens unter Kimon gegen persische Land- und Seestreitkräfte bei Eurymedon	466: Etablierung einer vom Adel dominierten Isonomie in Syrakus und anderen Städten
	463: Thasos zurück in den Seebund gezwungen	
	462: athenisches Hilfskorps für das durch einen Helotenaufstand und ein Erdbeben erschütterte Sparta zurückgeschickt; Kimon ostrakisiert	
460–454: Expedition Athens nach Ägypten zur Unterstützung eines Aufstandes gegen die Perser, scheitert am Ende katastrophal	457–446: sog. Erster Peloponnesischer Krieg 456/55: Flottenoperation Athens gegen die Peloponnesier; Gründung von Naupaktos als messenisch-athenisches Bollwerk gegen Sparta	
	ab 457: Bündnisse Athens mit Segesta sowie (ca. 445) Leontinoi und Rhegion	
	454: Verlegung der Kasse des Attischen Seebundes von Delos nach Athen	
	449: Flottensieg Athens unter Kimon bei Salamis (auf Zypern)	
449/48: sog. Kalliasfriede: Der Großkönig und Athen erkennen gegenseitig ihre Machtsphären an.		
	446: Niederlage Athens gegen die Boioter bei Koroneia; Sezession Euboias	

Naher Osten und Kleinasien	Griechische Halbinsel und Ägäis	Großgriechenland und der Westen
	446/45: sog. Dreißigjähriger Frieden zwischen Athen und Sparta	444/43: Thurioi auf dem Gebiet von Sybaris unter Federführung Athens gegründet
	439: Unter Perikles' Führung wird Samos in den Seebund zurückgezwungen	
	437/36: Gründung von Amphipolis durch Athen	
	432: Kriegserklärung des Peloponnesischen Bundes an Athen auf Drängen von Korinth, Megara und Aigina	
431–404: Peloponnesischer Krieg zwischen Sparta und Athen		
	431–421: sog. Archidamischer Krieg	
	seit 430: Seuche in Athen (Perikles † 429)	
	427: Athen erobert Plataiai und Mytilene. Bürgerkrieg in Korkyra. Theben erobert Plataiai.	
	427–424: erste Expedition Athens nach Sizilen	
	425: Athen lehnt ein spartanisches Friedensangebot ab.	
	424: Niederlage der Athener bei Delion; Operation des Spartaners Brasidas, der Amphipolis von Athen erobert	
	422: Aufstand von Heloten gegen Sparta	
423–404: Dareios II. persischer Großkönig	421: Nikias-Friede auf der Basis des status quo ante	

Naher Osten und Kleinasien	Griechische Halbinsel und Ägäis	Großgriechenland und der Westen
	418: Sieg Spartas gegen einen peloponnesischen Sonderbund bei Mantineia	
	416: Athen exekutiert das neutrale Melos.	
	415–413: Die (zweite) Sizilische Expedition Athens scheitert katastrophal.	
	413: Sparta besetzt Dekeleia in Attika	
	411/10: oligarchischer Umsturz der „Vierhundert" in Athen	
	410–407: Erfolge des Alkibiades zur See und Rückkehr nach Athen	409: Invasion Karthagos auf Sizilien; Selinunt und Himera fallen.
seit 412: Die Perser unterstützen griechische Kriegsparteien, zunächst Sparta		406: Karthager erobern Akragas.
	405: entscheidende Niederlage Athens bei Aigospotamoi	406–367: Tyrannis des Dionysios I. in Syrakus
404–359: Artaxerxes II. persischer Großkönig 401: Kyros d. Jüngere fällt im Thronstreit mit seinem Bruder Artaxerxes II. bei Kunaxa.	404: Athen kapituliert vor Lysander. Auflösung der Flotte und des Seebunds. Bürgerkrieg und Regime der Dreißig (bis 403)	
400–394: Feldzüge Spartas in Kleinasien gegen das Perserreich	395–386: Korinthischer Krieg 394: Persische Schiffe unter dem Athener Konon vernichten die Flotte Spartas.	
	392: Athen lehnt ein Friedensangebot Spartas ab.	
	386: sog. Königsfrieden als „Allgemeiner Frieden"; Garantiemacht in Hellas ist Sparta.	
	382: Sparta besetzt die Kadmeia in Theben.	

Naher Osten und Kleinasien	Griechische Halbinsel und Ägäis	Großgriechenland und der Westen
	379/78: Sturz der spartafreundlichen Oligarchie in Theben; Neuorganisation des Boiotischen Bundes; Epaminondas und Pelopidas († 364) führende Köpfe	
	377–355: Zweiter Attischer Seebund	
	371: Die vernichtende Niederlage bei Leuktra gegen Theben beendet Spartas Vormachtstellung.	
	370: Jason von Pherai in Delphi ermordet	
	362: Theben besiegt Sparta bei Mantineia erneut, doch Epaminondas fällt dabei.	
	360: Peloponnesischer Bund faktisch aufgelöst	
	359–336: Philipp II. König von Makedonien	357: Dion vertreibt Dionysios II. aus Syrakus.
	356–346: Dritter Heiliger Krieg	
359–338: Artaxerxes III. persischer Großkönig; Aufstände in Ägypten (bis 343/42) und Kleinasien	346: Philokrates-Frieden zwischen Philipp und Athen	344–337: Der Korinther Timoleon konsolidiert die Lage in Syrakus.
	2. Aug. 338: Philipp II. besiegt eine von Athen und Theben geführte Koalition bei Chaironeia.	
	336–323: Alexander III. („der Große") König von Makedonien	

Naher Osten und Kleinasien	**Griechische Halbinsel und Ägäis**	**Großgriechenland und der Westen**
334–324: Alexander erobert das Perserreich. 330: Tod des Großkönigs Dareios III., Alexander d. Große neuer Herrscher	335: Zerstörung Thebens nach Erhebung gegen Alexander 324: Verbanntendekret Alexanders	
	323–322: Lamischer Krieg (Aufstand Athens und anderer Poleis gegen Makedonien)	

Glossar

Die ausgewählten Erklärungen sind bewusst elementar gehalten; Genaueres ist den Lexika zu entnehmen (s. Bibliographie 1.6.1), teils auch über die Register des vorliegenden Grundrisses zu finden.

agôn (Plural *agônes*). Wettkampf, Wettbewerb, besonders bei den großen panhellenischen Festen. Wurde in verschiedenen musischen und sportlichen Disziplinen ausgetragen.

agorá, „(Platz der) Versammlung". Ein großer, offener Platz im Zentrum einer Stadt für Märkte und Volksversammlungen, im Laufe der Zeit durch öffentliche Gebäude bereichert.

Akropolis, „Hochstadt", Burg. Bei entsprechender Topographie konnte die A. einer Polis als Herrschaftssitz, Tempelbezirk, Festungsanlage und /oder Zufluchtsort dienen.

Amphiktyonie, Zusammenschluss der „rings herum Siedelnden". Mehrere Staaten umfassende Assoziation für die Sicherung und den Betrieb eines überregional wichtigen Heiligtums; am bekanntesten war die Delphische A.; s. Kap. 3.3.

Anachronismus, „Zeitwidrigkeit". Eine nicht den Verhältnissen der beschriebenen Zeit entsprechende Übersetzung (eines Begriffs) oder Erklärung, häufig einer als ähnlich oder gleich angesehenen späteren historischen Formation entnommen, z. B. „Kolonisation" für die Gründung neuer Städte in überseeischen Gebieten.

Apoikie, „abgeleitete Siedlung". Neugründung einer griechischen Stadt, oft als ‚Tochterstadt' oder anachronistisch als ‚Kolonie' übersetzt.

Archon (Plural: Archonten), „jemand, der anfängt / vorausgeht". Bezeichnung der obersten Amtsträger in vielen Poleis, in der Archaik auch in Athen; dort wurden deren drei funktional unterschieden: eponymer („dem Jahr seinen Namen gebender") A., A. Basileus (kultische Aufsicht), A. Polemarchos („Anführer im

https://doi.org/10.1515/9783486848809-003

Krieg“). Außerdem gehörten sechs Thesmotheten dem neunköpfigen Gremium an.

Areopag, „Areshügel“. In Athen Bezeichnung für den aus (allen?) ehemaligen Archonten bestehenden ‚Adelsrat‘, benannt nach dem Tagungsort. Kompetenzen in der Archaik unklar. Verlor 462/61 wichtige Aufsichtsrechte über die Amtsträger, behielt aber Aufgaben in der Blutgerichtsbarkeit. Im 4. Jahrhundert Kristallisationspunkt bei Debatten über eine weniger demokratische, gemäßigtere „Verfassung der Väter“ (*pátrios politeía*).

Aristokratie. Bezeichnet im modernen Sprachgebrauch die spezifisch griechische Elite als Kollektiv, im antiken eine „Herrschaft der Besten“ als Verfassungsform. S. Kap. 2.3.2.

Atimie. Verlust aller Rechte eines Bürgers, faktisch mit einer Exilierung identisch.

Autonomie (*autonomía*), „Leben unter den eigenen Gesetzen“. Recht eines Staatswesens, seine inneren Angelegenheiten selbst zu bestimmen. Im 5. und 4. Jahrhundert häufig als polemische Formel gegen Bündnissysteme in Stellung gebracht.

basileús (Plural *basileís*). In der frühen Eisenzeit allgemein Bezeichnung für eine führende Persönlichkeit einer Siedlung, oftmals im Plural. Später durch Rückprojektion in eine angeblich monarchische Frühzeit sowie als Bezeichnung für ‚echte‘ Alleinherrscher in Makedonien und im Perserreich zum „König“ verengt.

boulê, Ratsversammlung (Plural *boulaí*). Eine der drei institutionellen Säulen in den meisten Polisordnungen; häufig im Sinne einer kontinuierlichen Beteiligung der Bürgerschaft (kopfstarke *b.*) oder der Aristokratie (meist kleine *b.*) an der Politik zusammengesetzt. Vielfältige Aufgaben, bereitete in Athen Antragsvorlagen für die Volksversammlung (*probouleúmata*) vor und versah laufende Routineaufgaben. – Das Amtsgebäude des Rates hieß meist *bouleutêrion*.

Charisma. In der Definition Max Webers die einer Einzelperson von einer Gruppe zugeschriebene besondere Qualität, die jenen zur Führung erwählt, oft aus einer besonderen Nähe zu Gott oder dem Göttlichen erwachsen.

Dekarchie, „Herrschaft von zehn Männern". Von Sparta nach 404 in vielen Städten eingesetzte Regierungen aus spartafreundlichen Politikern.

Demagoge, „Volksführer". Da in der Demokratie politischer Wille erst gebildet werden musste, gab es Politiker, die in der Volksversammlung das Wort ergriffen, die Optionen aufzeigten und Beschlussvorschläge machten, wobei das abwertende Begriffsverständnis – „Volksverführer" mit starken eigenen Interessen – im Zeichen grundlegender Kritik an der Demokratie mitschwingen konnte.

dêmos, „Volk". 1) Die politische Wortbedeutung meint die (versammelte) Bürgerschaft einer Polis, in Demokratien als Träger der Entscheidungsgewalt. 2) In Athen bildeten die Demen seit Kleisthenes lokal definierte ‚Unterbezirke' der Bürgerschaft und Poleis im Kleinen, mit je eigenem Vorsteher (Dêmárchen), Versammlungen und einer Kasse. Dort wurden die Bürgerlisten geführt; die Demenzugehörigkeit (Dêmotikón) war Teil des vollständigen Personennamens: „Perikles, Sohn des Xanthippos aus dem Demos Cholargos".

dêmiourgós, „der für das Volk nützliches Werk verrichtet". Bei Homer Bezeichnung für einen spezialisierten Handwerker, später in vielen Regionen und Städten ein Amtstitel (Elis, Arkadischer Bund, Kreta).

Demokratie. Im Selbstverständnis der Athener eine politische Ordnung, in der die Bürgerschaft durch Mehrheitsentscheidungen die Politik lenkt und alle Bürger sich möglichst aktiv beteiligen; in der meist demokratiekritischen politischen Theorie dagegen die interessengeleitete Herrschaft der Armen über die Wohlhabenden. S. Kap. 2.5.2.

Dikasterien (*dikastêria*), Gerichtshöfe. Das in Athen von Solon begründete Volksgericht (*heliaía*) trat während der entwickelten Demokratie in Einheiten von 201, 301 usw. vereidigten Laien zusammen, die jeweils unmittelbar vor der Verhandlung aus einem Pool von 6 000 Bürgern über 30 Jahren ausgelost worden waren, um Bestechung zu verhindern. Im Anschluss an die rein mündlichen, auf einen Tag begrenzten Verhandlungen wurde sogleich ohne Beratung über das Urteil abgestimmt, wobei die Mehrheit den Ausschlag gab.

Dioikismos, „Auseinandersiedlung". Zwangsweise Auflösung eines politischen Verbandes in verschiedene isolierte Siedlungen; am bekanntesten der von Sparta erzwungene D. von Mantineia in vier Dörfer (385).

dokimasía. In Athen formale Prüfung, ob jemand ein Amt bekleiden darf (Bürgerrecht, Vermögensverhältnisse).

Drachme. Wörtlich „eine Handvoll" (Eisenspießchen), später Gewicht und Basisgröße einer (Silber-)Münze in vielen griechischen Städten, in Athen 4,37 Gramm, in Aigina 6,24. Es gab Münzen mehrfachen Gewichts (Didrachme, „doppelte Drachme") und Stückelungen: 1 Drachme = 6 Obolen.

ekklêsía, Volksversammlung. Das (tatsächlich oder formal) zentrale Entscheidungsorgan in einer Polis bestand aus den männlichen, stimmberechtigten Bürgern, entweder allen (in der Demokratie) oder einem nach Vermögen eingeschränkten Kreis (in der Oligarchie). Sie bildete die politisch verfasste Gesellschaft und Wehrgemeinschaft schlechthin, keine Legislative im Sinne moderner Gewaltenteilung, obwohl sie u. a. Gesetze verabschiedete.

Ephoren, „Aufseher". Die jeweils fünf für ein Jahr gewählten Amtsträger sollten in Sparta das Funktionieren der Ordnung gewährleisten; sie bildeten zudem ein Gegengewicht zu den Königen, die sie kontrollieren sollten, sowie ein Organ, das politische Initiative ermöglichen sollte.

Epoche. In der Historikersprache ein Zeitabschnitt, dem unter bestimmten Gesichtspunkten gegenüber der Zeit davor und danach eine größere Einheitlichkeit zugesprochen wird; die einschlägige Operation heißt Periodisierung, die Epochengrenzen werden oft als Zäsuren bezeichnet. In der Griechischen Geschichte überlappen verschiedene Arten der Epochengliederung einander: nach dem ‚Leitmetall' (Bronzezeit, Eisenzeit), nach der Überlieferung und den Lebensverhältnissen (*Dark Ages*), nach aus der Kunstgeschichte entlehnten Bezeichnungen (Archaik/Archaische Zeit; Klassik/Klassische Zeit) oder einfach nach gezählten Jahrhunderten. Eine erfolgreiche Kopfgeburt ist der Hellenismus (J. G. Droysen).

éthnos (Plural *éthnê*). Zunächst allgemein „Schar", „Haufen", „Volk", dann Bezeichnung für politische Verbände, die nicht durch ein städtisches Zentrum (s. Polis), sondern durch regionale Kooperation gekennzeichnet waren. Bindemittel waren gemeinsame Heiligtümer und Kulte, ferner verbindende, meist Verwandtschaft suggerierende Mythen und Ursprungserzählungen. Aus solchen Verbänden gingen seit dem späteren 6. Jahrhundert bisweilen stärker institutionalisierte Staatsgebilde, sog. *koiná* (Singular *koinón*) hervor, die modern meist als Bundesstaaten bezeichnet werden und deren Gremien (Amtsträger; Ratsversammlung) von den Gliedgemeinden nach Größe und Gewicht besetzt wurden. Die neuere Forschung fasst die Prozesse des Zusammenwachsens und der Identitätsbildung einschlägiger Verbände als Ethnogenese; s. Kap. 2.5.3.

Gerusie, Rat der Alten in Sparta. Bestand aus 28 über sechzig Jahre alten Männern (Geronten) und den beiden Königen; genoss wegen des in Sparta geachteten Vorrangs der Älteren und als Gremium v. a. der gesellschaftlichen Elite hohes Ansehen.

hêgemôn, „Anführer". Das Wort (davon „Hegemonie") bezeichnete im zwischenstaatlichen Bereich eine meist vertraglich fixierte, in der Regel auf militärischer Überlegenheit ruhende Führung durch eine Vormacht; s. Symmachie.

Heiliger Krieg. Ausschließlich Bezeichnung eines Krieges zur Befreiung oder zum Schutz des Heiligtums von Delphi; s. Kap. 3.3.

Heloten. S. Spartiaten.

hippeís (Singular *hippeús*). Reiter. Da das Pferd in Griechenland nicht als Arbeitstier genutzt werden konnte und Pferdezucht viel Platz benötigte, waren diese Tiere Statussymbole von Wohlhabenden, etwa beim Wagenrennen im Rahmen der Agone; s. u. Timokratie.

Hopliten, Schwerbewaffnete (von *hópla*, „Waffen"). Die mit einem Brustpanzer, Beinschienen, Helm, Stoßlanze, Schwert und Rundschild ausgestatteten Fußkämpfer bildeten seit dem 7. Jahrhundert die markanteste ‚Waffengattung' der griechischen Landkriegführung. Sie waren vielfältig einsetzbar, u. a. in der *phálanx*, einer geschlossenen Formation von meist acht Mann Tiefe, in der jeder Kämpfer mit der linken Hälfte seines Schildes seinen linken Nebenmann zu decken hatte.

Isonomie, „Gleichheit vor dem Gesetz". Der Begriff scheint in der Phase breiterer Beteiligung am politischen Prozess neben anderen mit iso- („gleich") gebildeten Wörtern um 500 eine Rolle im politischen Diskurs in Griechenland gespielt zu haben; er konnte sich auf die Gleichheit und den Anspruch von Aristokraten gegenüber einem Tyrannen, dann auf die gleiche Teilhabe der Bürger an der Polis beziehen.

klêros (dorisch *klâros*), Landanteil. Diese Bezeichnung für ein Grundstück anbaufähigen Bodens im Eigentum betont die Eigenschaft, (gleicher) Teil eines Ganzen zu sein, daher oft als „Landlos" übersetzt. Jedoch waren in Sparta die Besitzanteile der Spartiaten in historischer Zeit ungleich, und auch die egalitäre Verlosung von Land in neugegründeten Apoikien war wohl kaum Standard.

Kleruchie. Die Athener bezeichneten seit dem späten 6. Jahrhundert Siedlungen athenischer Bürger auf erobertem Gebiet als K. n. Anders als in den Apoikien behielten die Siedler ihr athenisches Bürgerrecht und mussten für Athen Militärdienst leisten.

koinê eirênê, „allgemeiner Friede"; s. Kap. 5.2.

kômê. Politisch unselbständige Siedlung, „Dorf".

Konnektivität / *connectivity*. Im Zeichen der Migrations- und Verflechtungsgeschichte stehen Verknüpfungen von Räumen und Gruppen sowie ihre verändernden Auswirkungen im Zentrum der Aufmerksamkeit.

Kontingenz, kontingent. Als k. werden Ereignisse bezeichnet, die so oder anders oder gar nicht eintreten können, also weder notwendig geschehen noch ausgeschlossen sind. Anders als der „Zufall" als völlig regelloses, unvorhersehbares „Dazwischenkommen" bezieht sich K. eher auf Konstellationen, die eine gewisse, jedoch nicht beliebige Varianz von Möglichkeiten bereithalten.

Liturgie (*leiturgía*). Leistung wohlhabender Bürger für das Gemeinwesen in Athen, Äquivalent zu einer ‚Reichensteuer', darunter die Choregie (Unterhalt eines Chores für Tragödienaufführungen) und die Triërarchie (Ausstattung eines Kriegsschiffs).

Metöken (*mĕtoikoi*): „Mitbewohner". In Athen und anderen Städten dauernd ansässige Ausländer genossen Rechtsschutz und gingen ihren Geschäften nach, konnten jedoch als Nichtbürger keinen Landbesitz erwerben und zahlten eine Metökensteuer.

Metropolis, „Mutterstadt". Eher moderne Bezeichnung einer Polis, von der aus eine oder mehrere Apoikien gegründet wurden.

Miliz / Milizsystem. Rekrutierung der Streitkräfte aus den Bürgern, statt Söldnern oder neben diesen.

misthós. In Athen Aufwandsentschädigung für die Beteiligung am Gericht oder an politischen Gremien; generell auch der Lohn eines Söldners.

nómos (Plural *nómoi*), das „Zugeteilte". Ursprünglich eine verschieden fixierte, gruppenbezogene übliche Handlungsweise oder Verhaltensnorm unter den Mitgliedern einer Gemeinschaft, daher oft mit „Brauch", „Sitte", „Regel" o. ä. übersetzt, später auch die schriftlich fixierte Satzung („Gesetze"), daher Nomothet, „Gesetzgeber".

ôbaí (Singular *ôbá*, eingedeutscht Oben / Obe). Alte Gliederungseinheit der spartanischen Vollbürgerschaft neben den drei Phylen; unklar ist, ob sie auf gentilizischer oder geographischer Grundlage ruhten.

oíkos. Haus, Haushalt, Familie; s. Kap. 2.2.

oikouménê. Griechisches Wort für die gesamte bewohnte Erde, bisweilen auch eingeschränkt für die „zivilisierte" Welt.

Oligarchie, „Herrschaft von Wenigen" (*olígoi*). Faktisch die am weitesten verbreitete, im von Athen geprägten politischen Sprachgebrauch seit Mitte/Ende des 5. Jahrhunderts jedoch meist negativ gekennzeichnete politische Ordnung; s. Kap. 2.5.2.

Panathenäen (griechisch *Panathenaia*). Das zu Ehren der Stadtgöttin Athene alle vier Jahre („Große Panathenäen", daneben jährliche „Kleine P.") über mehrere Tage im Sommer gefeierte kultische Hauptfest in Athen, das eine große Prozession vom Kerameikos über die Agora zum Tempel der Athena Polias auf der Akropolis einschloss; an ihr nahmen verschiedenen Gruppen der Gesellschaft teil, darunter Reiterei, Hopliten, junge Mädchen, Metöken u. a. Daneben sportliche und musische Wettkämpfe, Opfer und gemeinsame Mahlzeiten.

Peltasten. Neben den Hopliten zunehmend wichtige Gattung von Leichtbewaffneten, die mit Wurfspieß und einem leichteren Schild (*péltê*) ausgerüstet waren.

Pentekontaëtie. Der Zeitraum zwischen den Perserkriegen (480–479) und dem Peloponnesischen Krieg (431–404) wurde von dem Geschichtsschreiber Thukydides als einheitlicher Zeitraum wachsender Rivalität zwischen Sparta und Athen gefasst.

Periöken (*períoikoi*), „Umwohner". Als freie Angehörige der Polis Lakedaimon/Sparta lebten die P. in eigenen Städten weitgehend selbstverwaltet und stellten Kontingente für die spartanische Armee, genossen jedoch nicht das Vollbürgerrecht der Spartiaten und durchliefen nicht deren strikte zentralisierte Erziehung (*agôgê*). Handel und Gewerbe sowie die Seefahrt lagen in ihren Händen. Faktisch waren sie Mitglieder eines sehr engen, von den Spartanern geführten Bundes. – P. gab es auch in Thessalien.

Peripherie, „Umfangslinie“, daher die Bedeutung Rand, Randgebiet. Im Begriff ist stets ein „Zentrum“ mitgedacht, im Sinne eines Gefüges von Zonen unterschiedlicher Dichte, bezogen auf Besiedlung, Produktivität, Herrschaft usw. In der griechischen Polis lassen sich abstrakt unterscheiden: *ásty* (städtisches Zentrum), *chôra* (agrarisch genutztes Umland) und *eschatíê* (unwirtliches Randgebiet in den Bergen).

Pfadabhängigkeit. Erklärungsfigur für historische Prozessvorstellungen: Bestimmte Entwicklungen und Entscheidungen ‚lenken‘ weitere Entscheidungen in eine bestimmte Richtung und machen dadurch Entwicklungen in eine ganz andere Richtung weniger wahrscheinlich, weil sie mit hohem Aufwand verbunden wären.

Phalanx. S. Hopliten

phóros, „(Herbei-)Getragenes“. Die Beiträge der Bündner im Ersten Attischen Seebund zur gemeinsamen Sicherheit und Kriegführung bestanden teils in selbst unterhaltenen und bereitgestellten Schiffen, überwiegend und zunehmend jedoch in jährlichen Geldzahlungen an die Vormacht Athen, die damit ihre Flotte unterhielt, aber auch andere Ausgaben finanzierte (Ausbau der Akropolis).

Phyle (Plural Phylen), „Stamm“. Die Bezeichnung suggeriert Blutsverwandtschaft, doch entstanden die Phylen vermutlich aus Siedlungsgemeinschaften verschiedenen Altersranges. Gängig waren drei Phylen (Sparta, Kreta u. a.: Dymanes, Hylleis, Pamphyloi) oder deren vier (Athen, Chios und andere „ionische“ Städte). In vielen Poleis stabilisierten in der Archaik Phylenreformen als Neuformierungen der Bürgerschaft in gleichrangige Untereinheiten den Zusammenhalt und verbreiterten die politische Teilhabe. In Athen bildete die Phylen-Demenreform des Kleisthenes Ende des 6. Jahrhunderts die institutionelle Grundlage für die Entwicklung zur Demokratie.

Phratrie, „Bruderschaft“. Neben den Phylen bildeten die P.n vielerorts eine weitere Form von Vergemeinschaftung auf der Basis einer fiktiven Verwandtschaft. Bei Homer spielen sie in der Heeresorganisation eine Rolle, im Athen des 7. Jahrhunderts in der Befriedung nach Tötungsdelikten. Eine weitere wichtige Funktion war die Anerkennung der legitimen Abkunft; offenbar stellten die P.n neben den jüngeren Demen besonders religiös stabilisierte *face to face*-Gemeinschaften dar (Kult des Zeus Phratrios und der Athena Phratria).

Polis. Gängige Bezeichnung für den in einer Siedlung verdichteten, nach Autonomie strebenden „Stadtstaat“ oder „Bürgerstaat“ in Griechenland. S. Kap. 2.5.1.

polítês (Plural *polítai*). Bürger.

proboúleuma, „Vorbeschluss des Rates“. Beschlussvorlage oder Stellungnahme des Rates (s. *boulê*) zu einem Beschlussantrag für die Volksversammlung. In Athen konnte diese die Vorlage ergänzen, abändern oder verwerfen. Das *p.* war für das reibungslose Funktionieren des Beschlussapparates v. a. in Routineangelegenheiten unentbehrlich.

próxenos (Plural *próxenoi*). Bürger einer Polis, die in ihrer Heimat die Interessen einer auswärtigen Macht vertreten, indem sie Gäste von dort beherbergen und Informationen sammeln. Zur Zeit des Ersten Attischen Seebundes (478–404) galt die Proxenie als eines der Herrschaftsmittel Athens. Ein *p.* genoss den Schutz athenischer Amtsträger und wurde in Athen öffentlich belobigt.

Prytane. In vielen Poleis West- und Südwestkleinasiens, auf den vorgelagerten Inseln sowie in Korinth und mehreren korinthischen Apoikien des Westens in der Archaik Bezeichnung für das einstellige jährliche Oberamt, analog dem Archon. Im demokratischen Athen hieß hingegen der von jeweils einer Phyle gestellte, 35 Tage lang amtierende Ausschuss des Rates der 500 (s. *boulê*) Prytanie; die 50 Prytanen führten die laufenden Geschäfte, wobei wiederum ein Teil dieser Gruppe in einem gesonderten Amtsgebäude, dem Prytaneíon, saß und dort ständig ansprechbar sein musste. Volksversammlungen leitete ein täglich neu ausgeloster Prytane.

Psêphisma. In Athen Beschluss der Volksversammlung. Im 4. Jahrhundert wurden dauerhaft geltende Regelungen („Gesetze“) in einem gesonderten, einem Gerichtsverfahren ähnlichen Verfahren in Geltung gesetzt oder geändert (Nomothesie-Verfahren).

Rhetra (Plural Rhetrai). (Feierlicher, autoritativer) „Spruch“. Bedeutungen daher „Gesetz“, „Vereinbarung / Vertrag“. Zur „Großen Rhetra“ als dem Fundamentalgesetz Spartas; s. Kap. 3.4.

Satrap. Chef eines der gut zwanzig Verwaltungsbezirke (Satrapien) des Perserreiches mit unumschränkter militärischer, politischer, administrativer, fiskalischer und richterlicher Gewalt. Er entschied im Alltag weitgehend selbständig, war jedoch auf das Vertrauen des Großkönigs angewiesen. Selbständiges Agieren und Sezession lagen dabei besonders im 4. Jahrhundert nahe beieinander.

Spartiaten. Die sich als Gleiche (*homoíoi*) bezeichnenden und maximal ca. 9 000 Köpfe zählenden Sp. bildeten als Phalanxkämpfer und Vollbürger den Machtkern Spartas. Ihr Leben war auf Zusammenhalt (gemeinsame Erziehung, *agôgê*; Speisegemeinschaften, *syssítia*), militärische Tüchtigkeit und die Kontrolle über die unterworfenen, das Land der Sp. bebauenden Heloten ausgerichtet.

spondaí, „Trankspenden“. Von dem Besiegelungsritual, Wein für die Götter zu vergießen, abgeleitete Bezeichnung für einen zwischenstaatlichen Vertrag zur Beilegung eines Konflikts. Eine ‚Garantie‘ auf Einhaltung des Vertrags konnten lediglich die beteiligten Gottheiten bieten.

Stásis. „Auseinandertreten“, Bezeichnung für eine latente oder offene Spaltung einer Polis, bis hin zum offenen Bürgerkrieg. S. Kap. 2.5.1.

Stratege, „Heerführer“. Allgemeine Bezeichnung eines Feldherrn. In Athen war der *stratêgós* seit dem frühen 5. Jahrhundert ein Jahresamt. Die Strategen führten bei Bedarf das militärische Kommando; sie unterlagen wie alle Amtsträger einer strikten Kontrolle, doch war eine Wiederwahl möglich. Ein außerordentlicher, mit weitgehenden Vollmachten ausgestatteter einzelner oder höchster Stratege wurde meist als *stratêgós autokrátôr* („selbst bestimmender Stratege") bezeichnet.

Symmachie, „Kampfgemeinschaft". Die seit dem 7. Jh. nachweisbare Bündnisform zwischen griechischen Poleis reichte sehr weit, da sie auf dem eidlichen Versprechen der Bündner ruhte, „denselben Freund und Feind zu haben". Da eine *symmachía* meist zwischen machtpolitisch ungleichen Partnern geschlossen wurde, bestimmte faktisch die Vormacht über Krieg und Politik (sog. hegemoniale Symmachie). Alle großen Bündnissysteme, so der Peloponnesische Bund und der Delisch-Attische Seebund, basierten auf dieser Formel. Für die schwächeren Partner stand gegen das Risiko, in einen Krieg der Vormacht verwickelt zu werden, die Sicherheit gegen fremde Übergriffe.

Synoikismos, „Zusammensiedlung". Eine aus politischen oder militärischen Erwägungen heraus vorgenommene Formierung mehrerer benachbarter Siedlungen zu einer Polis, mal mit, mal ohne Umsiedlung. Die meisten überlieferten Synoikismen der Frühzeit (z. B. in Attika) sind nicht historisch.

Syssitien. S. Spartiaten.

Theôriká, „Schaugelder". Staatliche Zahlungen, die in Athen auch den Armen den Besuch der Theateraufführungen ermöglichen sollten. Im 4. Jahrhundert stellte die Theorikakasse das wichtigste Instrument zur Finanzierung außerordentlicher Aufgaben (inklusive Rüstung) dar, weswegen die Leitung dieser Kasse zum innenpolitisch wichtigsten und einflussreichsten Amt in Athen wurde.

Theten. Angehörige der untersten und letzten Vermögensklasse in Athen, meist ohne Grundbesitz und festen Verdienst. Seit den Perserkriegen leisteten die Th. als Ruderer auf den Triëren einen wesentlichen Beitrag zu Athens Macht und wuchsen dadurch auch in eine stärkere politische Teilhabe hinein.

Timokratie, „Herrschaft nach Ansehen/Vermögen“. Antik selten belegte, meist moderne Bezeichnung für die Abstufung politischer Teilhaberechte der Bürger nach Vermögensklassen; in Athen waren dies: Pentakosiomédimnoi („500 Scheffel Getreide erwirtschaftend“), Hippeis (die sich ein Pferd leisten konnten), Zeugiten (mittlere Bauern mit einem Ochsengespann, *zeúgos*), Theten (wie eben).

Triëre, „Dreiruderer“. Ca. 35 Meter langes, 4,5 Meter breites Kriegsschiff mit bronzebeschlagenem Rammsporn am Bug, drei versetzt übereinander angeordneten Reihen von bis zu 170 Ruderern und einem Segel für die Marschfahrt. Die T. revolutionierte seit dem 6. Jahrhundert den Seekrieg, war aber durch ihre Ausrichtung auf Schnelligkeit und Wendigkeit bei schlechter See gefährdet. Eine gut trainierte Mannschaft, über die v. a. die Athener verfügten, machte das ganze Schiff zur Waffe. Bei Bedarf konnte die T. jedoch auch als Träger von Hopliten (*epibâtai*) oder sogar als Transportschiff dienen.

Trittyen (Singular *trittýs*, „Drittteil“). In der Ordnung der Bürger Athens seit Kleisthenes wurden zunächst benachbarte Demen an der Küste, im Binnenland und in der Stadt Athen zu einer *tr.* zusammengefasst, so dass es jeweils zehn Tr. in jeder der drei Regionallagen gab. Im nächsten Schritt wurde jeweils drei Tr. aus den verschiedenen Regionallagen miteinander zu einer der zehn Phylen vereinigt; deren Zusammensetzung orientierte sich so zum einen am Nachbarschaftsprinzip, sorgte aber andererseits auch für eine Durchmischung von Bürgern aus verschiedenen Teilen Attikas, die so eine stärkere Solidarität entwickeln konnten.

Tyrannis / Tyrann (*týrannos*). Alleinherrscher in einer Polis aus eigener Machtvollkommenheit. S. Kap. 2.5.2.

xénos. Je nach Kontext ein Fremder, Gast oder Feind.

Karten

Karte 1: Griechenland, die Ägäis und Westkleinasien
Quelle: Peter Palm-Karten.

https://doi.org/10.1515/9783486848809-004

Karte 2: Die Griechen im Kontext der benachbarten Akteure
Quelle: Josiah Ober, Das antike Griechenland, Klett-Cotta 2016, S. 22 (mit freundlicher Genehmigung von Princeton University Press).

Karte 3: Peloponnes und südliches Mittelgriechenland
Quelle: Josiah Ober, Das antike Griechenland, Klett-Cotta 2016, S. 205 (mit freundlicher Genehmigung von Princeton University Press).

Karte 4: Attika und Boiotien
Quelle: Josiah Ober, Das antike Griechenland, Klett-Cotta 2016, S. 213
(mit freundlicher Genehmigung von Princeton University Press).

Karte 5: Großgriechenland und Karthago
Quelle: Peter Palm-Karten.

Karte 6: Das Herrschaftsgebiet Athens in den 440er-Jahren
Quelle: Josiah Ober, Das antike Griechenland, Klett-Cotta 2016, S. 278
(mit freundlicher Genehmigung von Princeton University Press).

Karte 7: Bünde und Machtbildungen im 4. Jahrhundert
Quelle: Peter Palm-Karten.

Namen, Ethnien, Bevölkerungsgruppen

(„Athener" und „Spartaner" sind weggelassen.)

https://doi.org/10.1515/9783486848809-005

Orte/Örtlichkeiten und geographische Bezeichnungen

Sachen

Oldenbourg Grundriss der Geschichte

Herausgegeben von Hans Beck, Karl-Joachim Hölkeskamp, Achim Landwehr, Benedikt Stuchtey und Steffen Patzold

Band 1a
Wolfgang Schuller
Griechische Geschichte
6., akt. Aufl. 2008. 275 S., 4 Karten
ISBN 978-3-486-58715-9

Band 1b
Hans-Joachim Gehrke
Geschichte des Hellenismus
4. durchges. Aufl. 2008. 328 S.
ISBN 978-3-486-58785-2

Band 2
Jochen Bleicken
Geschichte der Römischen Republik
6. Aufl. 2004. 342 S.
ISBN 978-3-486-49666-6

Band 3
Werner Dahlheim
Geschichte der Römischen Kaiserzeit
3., überarb. und erw. Aufl. 2003.
452 S., 3 Karten
ISBN 978-3-486-49673-4

Band 4
Jochen Martin
Spätantike und Völkerwanderung
4. Aufl. 2001. 336 S.
ISBN 978-3-486-49684-0

Band 5
Reinhard Schneider
Das Frankenreich
4., überarb. und erw. Aufl. 2001.
224 S., 2 Karten
ISBN 978-3-486-49694-9

Band 6
Johannes Fried
Die Formierung Europas 840–1046
3., überarb. Aufl. 2008. 359 S.
ISBN 978-3-486-49703-8

Band 7
Hermann Jakobs
Kirchenreform und Hochmittelalter
1046–1215
4. Aufl. 1999. 380 S.
ISBN 978-3-486-49714-4

Band 8
Ulf Dirlmeier/Gerhard Fouquet/
Bernd Fuhrmann
Europa im Spätmittelalter 1215–1378
2. Aufl. 2009. 390 S.
ISBN 978-3-486-58796-8

Band 9
Erich Meuthen
Das 15. Jahrhundert
4. Aufl., überarb. v. Claudia Märtl
2006. 343 S.
ISBN 978-3-486-49734-2

Band 10
Heinrich Lutz
Reformation und Gegenreformation
5. Aufl., durchges. und erg. v. Alfred
Kohler 2002. 283 S.
ISBN 978-3-486-48585-2

Band 11
Heinz Duchhardt / Matthias Schnettger
Barock und Aufklärung
5., überarb. u. akt. Aufl. des Bandes „Das Zeitalter des Absolutismus“
2015. 302 S.
ISBN 978-3-486-76730-8

Band 12
Elisabeth Fehrenbach
Vom Ancien Régime zum Wiener Kongreß
5. Aufl. 2008. 323 S., 1 Karte
ISBN 978-3-486-58587-2

Band 13
Dieter Langewiesche
Europa zwischen Restauration und Revolution 1815–1849
5. Aufl. 2007. 261 S., 4 Karten.
ISBN 978-3-486-49734-2

Band 14
Lothar Gall
Europa auf dem Weg in die Moderne 1850–1890
5. Aufl. 2009. 332 S., 4 Karten
ISBN 978-3-486-58718-0

Band 15
Gregor Schöllgen/Friedrich Kießling
Das Zeitalter des Imperialismus
5., überarb. u. erw. Aufl. 2009. 326 S.
ISBN 978-3-486-58868-2

Band 16
Eberhard Kolb/Dirk Schumann
Die Weimarer Republik
8., aktualis. u. erw. Aufl. 2012. 349 S., 1 Karte
ISBN 978-3-486-71267-4

Band 17
Klaus Hildebrand
Das Dritte Reich
7., durchges. Aufl. 2009. 474 S., 1 Karte
ISBN 978-3-486-59200-9

Band 18
Jost Dülffer
Europa im Ost-West-Konflikt 1945–1991
2004. 304 S., 2 Karten
ISBN 978-3-486-49105-0

Band 19
Rudolf Morsey
Die Bundesrepublik Deutschland
Entstehung und Entwicklung bis 1969
5., durchges. Aufl. 2007. 343 S.
ISBN 978-3-486-58319-9

Band 19a
Andreas Rödder
Die Bundesrepublik Deutschland 1969–1990
2003. 330 S., 2 Karten
ISBN 978-3-486-56697-0

Band 20
Hermann Weber
Die DDR 1945–1990
5., aktual. Aufl. 2011. 384 S.
ISBN 978-3-486-70440-2

Band 21
Horst Möller
Europa zwischen den Weltkriegen
1998. 278 S.
ISBN 978-3-486-52321-8

Band 22
Peter Schreiner
Byzanz
4., aktual. Aufl. 2011. 340 S.,
2 Karten
ISBN 978-3-486-70271-2

Band 23
Hanns J. Prem
Geschichte Altamerikas
2., völlig überarb. Aufl. 2008.
386 S., 5 Karten
ISBN 978-3-486-53032-2

Band 24
Tilman Nagel
Die islamische Welt bis 1500
1998. 312 S.
ISBN 978-3-486-53011-7

Band 25
Hans J. Nissen
Geschichte Alt-Vorderasiens
2., überarb. u. erw. Aufl. 2012.
309 S., 4 Karten
ISBN 978-3-486-59223-8

Band 26
Helwig Schmidt-Glintzer
Geschichte Chinas bis zur mongolischen Eroberung 250 v. Chr.–1279 n. Chr.
1999. 235 S., 7 Karten
ISBN 978-3-486-56402-0

Band 27
Leonhard Harding
Geschichte Afrikas im 19. und 20. Jahrhundert
2., durchges. Aufl. 2006. 272 S.,
4 Karten
ISBN 978-3-486-57746-4

Band 28
Willi Paul Adams
Die USA vor 1900
2. Aufl. 2009. 294 S.
ISBN 978-3-486-58940-5

Band 29
Willi Paul Adams
Die USA im 20. Jahrhundert
2. Aufl., aktual. u. erg. v. Manfred Berg 2008. 302 S.
ISBN 978-3-486-56466-0

Band 30
Klaus Kreiser
Der Osmanische Staat 1300–1922
2., aktual. Aufl. 2008. 262 S.,
4 Karten
ISBN 978-3-486-58588-9

Band 31
Manfred Hildermeier
Die Sowjetunion 1917–1991
3. überarb. und akt. Aufl. 2016. XXX S.
ISBN 978-3-486-71848-5

Band 32
Peter Wende
Großbritannien 1500–2000
2001. 234 S., 1 Karte
ISBN 978-3-486-56180-7

Band 33
Christoph Schmidt
Russische Geschichte 1547–1917
2. Aufl. 2009. 261 S., 1 Karte
ISBN 978-3-486-58721-0

Band 34
Hermann Kulke
Indische Geschichte bis 1750
2005. 275 S., 12 Karten
ISBN 978-3-486-55741-1

Band 35
Sabine Dabringhaus
Geschichte Chinas 1279–1949
3. akt. und überarb. Aufl. 2015.
324 S.
ISBN 978-3-486-78112-0

Band 36
Gerhard Krebs
Das moderne Japan 1868–1952
2009. 249 S.
ISBN 978-3-486-55894-4

Band 37
Manfred Clauss
Geschichte des alten Israel
2009. 259 S., 6 Karten
ISBN 978-3-486-55927-9

Band 38
Joachim von Puttkamer
Ostmitteleuropa im 19. und 20. Jahrhundert
2010. 353 S., 4 Karten
ISBN 978-3-486-58169-0

Band 39
Alfred Kohler
Von der Reformation zum Westfälischen Frieden
2011. 253 S.
ISBN 978-3-486-59803-2

Band 40
Jürgen Lütt
Das moderne Indien 1498 bis 2004
2012. 272 S., 3 Karten
ISBN 978-3-486-58161-4

Band 41
Andreas Fahrmeir
Europa zwischen Restauration, Reform und Revolution 1815–1850
2012. 228 S.
ISBN 978-3-486-70939-1

Band 42
Manfred Berg
Geschichte der USA
2013. 233 S.
ISBN 978-3-486-70482-2

Band 43
Ian Wood
Europe in Late Antiquity
2022. ca. 288 S.
ISBN 978-3-11-035264-1

Band 44
Klaus Mühlhahn
Die Volksrepublik China
2017. 324 S.
ISBN 978-3-11-035530-7

Band 45
Jörg Echternkamp
Das Dritte Reich. Diktatur, Volksgemeinschaft,
Krieg
2018. 344 S., 2 Karten
ISBN 978-3-486-75569-5

Band 46
Christoph Ulf/Erich Kistler
Die Entstehung Griechenlands
2019. 328 S., 26 Abb.
ISBN 978-3-486-52991-3

Band 47
Steven Vanderputten
Medieval Monasticisms
2020. 304 S.
ISBN 978-3-11-054377-3

Band 48
Christine Hatzky/Barbara Potthast
Lateinamerika 1800–1930
2021, 370 S., 2 Karten
ISBN 978-3-11-034999-3

Band 49
Christine Hatzky/Barbara Potthast
Lateinamerika seit 1930
2022, 416 S., 1 Karte
ISBN 978-3-11-073522-2